事例で学ぶ ロールシャッハ法入門

伊藤宗親［編］

金子書房

は じ め に

　本書を編んだきっかけは主に二つある。一つは，自分が若かった頃と比べて研究会などで目にする事例が複雑化しているという印象を持っていたこと。このことは，日本ロールシャッハ学会の大会シンポジウムで指定討論者の深津千賀子先生から同じ趣旨の質問をされ，やはり同じ感覚をお持ちなのだなと実感したのも手伝っている。具体的には，一見してわかりにくく，パーソナリティの構造や病理が複雑に思えるということである。一時期，コモビディティ（comorbidity）という言葉が流行ったが，症状が多彩で，主従がはっきりしないケースという印象が強い。こうしたケースを予備知識もなく，いきなり解釈せねばならないというのが，今の初学者の悩みどころなのだろう。研究会でも毎回難題であるかのような事例が提示される。そこで，ロールシャッハの事例集というのはここ数年新しいものが出ていないなぁということ，少しでも初学者の参考になるような事例集が出せないだろうか，というのが理由の一つである。

　いま一つの理由は，ややプライベートながら，恩師である小川俊樹先生の記念出版を目論んでいたためである。実は，筑波大学定年退職の折に記念出版を思い立ったのだが，ほぼ同時に日本ロールシャッハ学会の事務局を仰せつかってしまい，そちらの仕事が忙しく（というのは言い訳だが），延び延びになってしまっていたという経緯があった。2018 年にようやく 6 年間の事務局業務から解放され，数えてみれば恩師は古稀を迎えるではないか，と思い再度出版企画をと思い立ったのが理由の二つ目である。

　さて，小川俊樹先生の薫陶を受けた身としては，研究もさることながら，やはり臨床実践を大切にしたいと思い，事例集という企画を思いつくに至った。さらに，秋谷たつ子先生のもとで，日本ロールシャッハ学会教育研修委員として学んだことの中に，"技法によらずに臨床的に理解する"，"教える側も研修を受ける"という姿勢を学ぶ機会を得た。そのこともあって，今回の事例集にはいくつかの特徴がある。

　まず，第一に典型例と鑑別困難例を織り交ぜたことである。これは初学者が比較対照しやすいようにということを意図している。第二に，スコアリングシステムが様々であることである。相対的には片口法が多いが，名大法，阪大法が掲載事例には含まれている（包括システム等については別の機会に取り上げたい）。

各システムを比較検討するのも学びの一つになろうとの意図である。第三に，執筆者が小川研究室出身ではあるが，それぞれが現在指導している，あるいは一緒に学んでいる若手・中堅との連名というスタイルを取っているものもあるということである。臨床家としての世代間伝達がどのようになされているのか，あるいは，初学者がどういう点で困難を覚え，それをどう整理していくのかの一端が少しでも見えるようにとの考えによる。

したがって，パーソナリティの理解や診断などに関して，読み方によっては読者と異なる結論になっているかもしれない。執筆者の結論が絶対的というものではなく，様々な見方・考え方があってもよい，というのが我々のスタンスである。しかし，何でもいいというわけではなく，それなりの根拠を元に各事例とも結論を述べている。大半の事例は，その必要性からテストバッテリーが組まれているので，紙面の許す限り他の検査結果も掲載し，ロールシャッハの結果と組み合わせた総合的なアセスメントを試みている。その際のポイントなども整理して掲載されているので，参考にしていただければと思う。各執筆者とも個性があり，スコアリングシステムの違い以上に解釈における着眼点やテストバッテリーの組み方などもみていただくと，学習の助けとなろう。

本書で取り上げられている事例は，統合失調症をはじめ，自閉スペクトラム症，双極性障害からアルコールや覚醒剤の問題，パーソナリティの問題など多岐にわたっている。また，それらの参考として，いわゆる健常者の例（第 12 章）を掲載している。各疾患のプロトコルと健常例のそれとを比較したり，例えば，統合失調症の典型例（第 2 章）と統合失調症が疑われた例（第 3 章）を比較してみるという読み方もできよう。診断名は異なっていても，各事例の共通点や相違点などを比較検討してみるのもよいかもしれない。さらに，初学者の道しるべとして，冒頭にアセスメント概論を，終章にさまざまなロールシャッハ指標を紹介するページを設けているので，併せてお読みいただければと思う。

なお，事例として取りあげたものは，プライバシー保護の目的から内容を一部改変したものである。

本書の趣旨を理解し，協力いただいたみなさまには改めて感謝の意を評したい。そして，困難な時代を生きる初学者にとって，本書が自身のアセスメントの実践において少しでも参考になれば幸いである。

編者　伊藤宗親

目　　次

第1章

心理アセスメントの事例研究をめぐって

小川俊樹（筑波大学）

　本書の題名は『事例で学ぶ　ロールシャッハ法入門』で，第2章からいろいろなロールシャッハ事例が紹介されている。とりわけ診断，特に鑑別診断へのロールシャッハ法の有用性が検討され報告されている。事実，ロールシャッハ法は心理臨床の中でも病院臨床の分野で用いられることが多い。各種心理検査の利用状況に関する小川・岩佐・李・今野・大久保（2011）の調査によれば，ロールシャッハ法の利用率は全体としては順位第6位で利用率45.9%であるが，調査対象者の主な心理臨床業務の領域を病院に限った場合の利用率は69.6%と高くなっている。一方，診断とはあまり関わりの少ない教育・発達施設や学校での利用率は，それぞれ12.2%，13.3%と低い。鑑別診断がその主要な役割となるのは，司法領域における精神鑑定ではなかろうか。精神鑑定に採用される心理検査は鑑定の目的に適った検査が用いられるわけであるが，菊池・山上・石井（1992）の調査では，精神鑑定事案27例中96%がロールシャッハ法を採用していた。このように，ロールシャッハ法は診断という営為と深く関わっていると言えよう。本章では，心理診断について考えてみるとともに，心理学における事例研究についても考察する。

1.　心理診断と心理アセスメント

(1)　心理診断とは何か

　心理診断（psychodiagnosis）とは，どのように定義されるのであろうか。サイコセラピー（psychotherapy）が臨床心理士によって行われる場合には「心理療法」と言われ，精神科医によって実施される場合には「精神療法」と呼ばれるように，心理診断は臨床心理士による診断を指すのであろうか。診断は後述するように医

学用語であって医療行為の1つであり，臨床心理士によって行われるものではない。フランスの心理学辞書（Piéron, 1973）で調べてみると，心理診断（psychodiagnostic）には2種類の定義がなされている。1つは，デュプレ（Dupré, E.）の定義で「診断確定の見地からみた精神疾患患者の精神症状の分析」である。デュプレは想像妄想や虚言症，体感異常などを提唱したフランスの精神科医であるが，身体症状や生理的所見から離れてもっぱら心理的体験から診断を進めていくことを心理診断とみなした。もう1つの定義は，「インクのシミの解釈を通してパーソナリティを理解する方法で，ロールシャッハ法のこと」とある。確かに心理診断学（Psychodiagnostiks）は，ヘルマン・ロールシャッハ（Hermann Rorschach）が創案した心理検査の解説マニュアルのタイトルである（なお，Psychodiagnostiks の翻訳本のタイトルは2冊とも『精神診断学』と訳されているが，精神分析学同様，psycho を心理と訳するか，精神とするかによる違いである。片口のロールシャッハ法の解説書は『心理診断法』となっている）。

　ヘルマン・ロールシャッハが解説マニュアルのタイトルに「精神診断学」という用語を採用したのは，恩師であるブロイラー（Bleuler, E.）の提唱した統合失調症と他の精神疾患との鑑別の有力な一手段としてインクのシミ検査を考えていたからに他ならない。しかしながら，彼はそのマニュアル（Rorschach, 1921）の中で，「これらの被験者すべてに共通したもの（情動の衝動的な放出傾向）が，一次的色彩反応 Fb（純粋色彩反応）の症候的価値である」と述べており，インクのシミへの反応はいわば心理的症状とみなしている。このことは，心理的体験を診断の基盤としたデュプレの定義とも重なる。なお，今日のフランスの心理学辞書（Doron & Parot, 2008）では，心理診断は後者の，つまりロールシャッハ法のこととしか見出せない。もっぱら精神症状だけというデュプレの定義は，他の生理学的検査や画像診断などの発達によって，また医学と心理学の乖離によって用いられなくなったと言えよう。

　米国心理学会編集の辞典（VandenBos, 2007）でも同様に，2種類の定義が挙げられている。心理診断（psychodiagnosis）とは，「1. 特に病的行動の原因となる諸要因を発見することを意図した手続きのこと。2. 心理学的な手法や検査を用いた精神疾患の診断」とある。直接は言及していないものの，2. の検査を用いた精神疾患の診断との定義にはロールシャッハ法が含まれよう。

　したがって，心理診断とは診断者の職種にかかわらず，心理的機能や症状の把握から精神疾患あるいは心理的障害の診断を下すことと言える。しかし，心理検

査での心理診断は 2 段階の推論であることに留意しなければならない（Holt, 1968）。心理検査が明らかにするのは先ずもって心理的機能の特徴や状態であって，心理検査の結果が精神疾患の診断と一義的に結び付いているわけではない。心理検査の結果はある心理的機能の特徴を示唆しており（第 1 段階の推論），その心理的特徴が特定の精神疾患と関連しているのである（第 2 段階の推論）。ヘルマン・ロールシャッハ自身が述べている上述した症候的価値を例に取れば，一次的色彩反応 Fb が多いという検査結果は先ず情動の衝動的放出という心理的特徴を示唆しているのである。そしてそのような心理的特徴が，てんかんや躁病，支離滅裂な統合失調症，進行麻痺といった疾患を疑わせるのである。後述するように，第 2 段階の推論には精神疾患についての知識が必須となる。

(2)　心理診断から心理アセスメントへ

　本書にはいろいろな精神疾患のロールシャッハ事例が掲載されており，ロールシャッハ法による心理診断事例集と言ってもよいが，今日「心理診断」という用語は死語化したとまでは言わないまでも，あまり用いられなくなった。心理診断に代わって心理アセスメント（psychological assessment）という用語が頻用されている。戦前からの蔵書を持つ某大学図書館で，「心理診断」と「心理アセスメント」を題とする書籍の蔵書検索を行ったところ，2019 年 1 月末現在で「心理診断」で 10 冊，「心理アセスメント」で 17 冊が見つかった。それらの発行年を調べてみると，「心理診断」は 1950 年代が 2 冊，60 年代が 3 冊，70 年代が 2 冊，80 年代が 2 冊，90 年代が 1 冊となっている。一方，「心理アセスメント」と題する書籍の発行年は，1970 年代が 1 冊，90 年代が 1 冊，2000 年代が 10 冊，10 年代が 5 冊となっている。一大学図書館の蔵書検索ではあるが，「心理診断」という用語は 1990 年代を境に採用されなくなっているのがわかる（1990 年代といっても，1992 年の出版となっている）。それと対照的に「心理アセスメント」は，1990 年代以前にはほとんどない。90 年代の「心理アセスメント」の出版は，1993 年である。このような用語の変遷は日本に限ったものではない。米国の異常心理学の代表的なテキストであった "Abnormal Psychology and Modern Life" でも同じような用語の変化が認められる。手元にあるその第 1 版は 1950 年の出版であるが，12 章は「診断（Diagnosis）」となっている。ところが 1972 年に出版された第 4 版では，19 章は「アセスメント（assessment）」となっており，1980 年出版の第 6 版もアセスメントであり，1992 年に発行された本書の最後の版で

ある第 9 版もアセスメントという用語を採用している。蔵書検索のようにいつ用語が変わったのかは残念ながら第 2 版，第 3 版を持ち合わせていないので不明だが，第 3 版が 1964 年に出版されているので，おそらく米国では 1960 年から 70 年にかけての時期に心理診断という用語が心理アセスメントに変わったのではなかろうか。秋山（1969）は『人格診断総説』と題した文献の中で，「査定という意味の言葉が，心理学の領域でも最近よく用いられるようになってきており，臨床心理学者の仕事の一面を表すには，psychodiagnosis よりも assessment という言葉の方が適切であるという主張もある」と述べているが，この文献は 1969 年のものである。

　日本臨床心理士資格認定協会が発足して認定業務を開始したのは 1988 年であるが，臨床心理士の専門業務として臨床心理査定（アセスメント）を挙げている。この業務の解説として，日本臨床心理資格認定協会は当初は医師の行う診断と区別するために，臨床心理士の固有の専門業務として臨床心理査定という用語を採用したという。同様に，専門業務としての従来の心理療法（therapy）は臨床心理面接（interview）と呼ばれることになった。しかしながら，心理診断が心理アセスメントとなるには，単に医学用語との区別だけではなく本質的な相違があると考えられる。上述したような，介入者の職種によって心理療法と精神療法と名称の変わるのとはまったく異なっている。ちなみに，先に挙げた異常心理学のテキストでは，第 1 版では「13 章　治療（Therapy）」となっており，第 4 版でも「今日の治療的アプローチ」という章題で治療という言葉は消えてはいない。第 6 版にも第 9 版にも治療という言葉は用いられており，第 9 版の章題は「17 章　生物学的治療（biologically based therapies）」，「18 章　心理学的治療（psychologically based therapies）」となっている。治療という言葉に関しては，米国では日本におけるような臨床心理士の独自性を表す表現とはなっていないのである。

　「診断」を国語辞典（松村，2006）で調べてみると，「①医者が患者を診察し，症状を判断すること。②物事を調べて欠陥がないかなど，その状態を判断すること」とある。また，英語の diagnosis は 2 つを意味する dia と認識を意味する gnosis というギリシャ語に由来するという。diagnosis を英英辞典（Fowler & Fowler, 1958）で調べてみると，「①患者の症状などから疾病を同定すること。②人の性格分類，種の割り当て」とある。一方，査定とは「物事を調べて，その等級・金額・合否などを決めること」であり，アセスメントは「①評価・査定，②事前評価」とある。英語の assessment の語源はラテン語や古い仏語で「裁判など

への陪席」を意味するが，今日では「課税額を決めたり，課税のための資産の見積もり」を意味している。

　シュナイダー（Schneider, 1936）は精神医学における診断について，正にギリシャ語の語源にぴったりの定義を下している。「類型と医学的診断とは違う。診断は，病気であるかないかの二つの中一つをはっきり決めることであり，……直ちに確定できないにしても，事実はこの人間が進行麻痺であるのか，ないのかの二つの中の一つである」。病気であるのか否か（診断），あるいはAという疾患か，Bという疾患か（鑑別診断）をはっきり決めるという二者択一という意味が診断という言葉にはある。ところが，心理学ではこのような二者択一という観点はないのである。相対的視点が心理アセスメントの本質である。知能検査で測定されるIQ は比率尺度ではないし，向性検査の得点に 0 点は想定されていない。心理アセスメントの多くは順序尺度や間隔尺度の水準である。相対的ないし連続量として対象を見積もるという考えは，アセスメントという言葉の持つ意味に添っていると考えられる。つまり診断が医学用語であるという以上に，診断の持つ意味が心理アセスメントとは本質的に異なるのである。

　また，診断が医学用語に限定されないことは，上述の国語辞典の②で明らかであろう。中小企業診断士といった国家資格の名称や企業診断といった言葉は医学用語ではない。これらが意味していることは，経営上の問題点や欠陥を発見して，早期に対策を講じるために役立て，経営を健全にするためである。医学用語としての診断も経営学分野での診断も，いずれも悪いところを見つける，誤りを発見するといった否定的な性質に焦点を当てがちである。この点，心理アセスメントに関してはどうだろうか。心理アセスメントのフィードバックに関する書物の中に，健康的な側面や長所，あるいはポテンシャルについても触れることといった但し書きをしばしば認める。心理アセスメントは確かに診断に有用であり，その意味ではネガティヴな側面を強調しがちという点は否めない。個人的な体験ではあるが，ある症例について精神科医と詳細な検討会をもったとき，症例の軽重判断に相違を強く感じたことがある。臨床の場では統計的には同じ誤りであるにしても，false positive よりも false negative に注意を払いがちである。重い方を考える，あるいは取り返しのつかないような事態を避けるといった安全弁を考えるからである。

　心理アセスメントの基本は被検者の心理的特徴の把握である。個人のパーソナリティや才能の相違や類似を明らかにする心理アセスメントは，個の重視と密接

に関連している。ワイナー（Weiner, 2003）が全12巻から成る心理学叢書"Handbook of Psychology" を編んだとき，実験心理学や教育心理学といった従来の心理学とは別個に，その一巻として査定心理学（Assessment Psychology）を加えたのは，今日の共生社会における個人の重視と個性の尊重と無縁ではない。しかしながら，その心理的特徴の把握を通して診断に有用な情報を得ることができるのも確かである。したがって，心理的特徴の把握という広義の意味では心理アセスメントも心理診断と同じではあるが，その目標として精神医学的診断に役立てる場合は今日，心理診断とも呼ばれている。心理診断と心理アセスメントでは図1-1 に見るように，得られた心理的特徴を判断する基礎知識が異なる。

　心理アセスメントではいわゆる一般心理学の知識が基盤となるが，心理診断では病態心理学（異常心理学）や精神医学の知識が必須となる。心理診断が2段階の推論であることは上述したが，図1-1 の個人の心理的側面の理解が第1段階の推論にあたり，その上で第2段階の推論として病理的機能や病的心的過程の理解がある。なお，図1-1 は心理検査に限定した心理診断や心理アセスメントであり，心理アセスメントの方法には面接（査定面接）や観察もある。

2.　心理学と事例研究

(1)　心理学と事例研究

　上述したように，本書の主要な基幹はロールシャッハ法の事例研究である。今日では事例研究は臨床心理学分野では当たり前の研究方法となっているが，心理

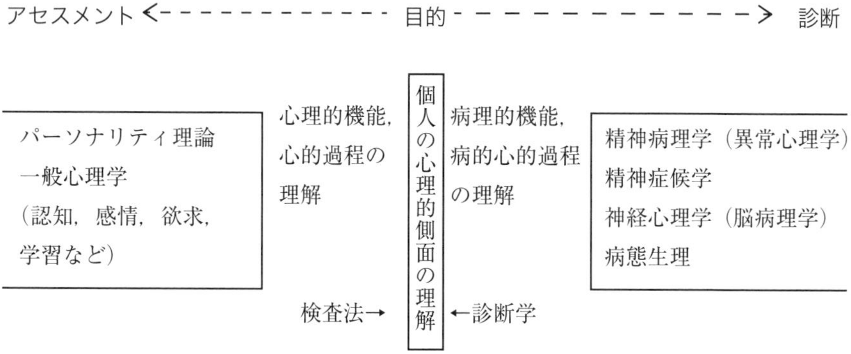

図 1-1　心理アセスメントと心理診断 （小川，2009）

6

学分野で以前は事例研究があまり認められていなかった。個人的な体験であるが，大学院で心理学を学びながら医学部精神医学教室の研究生となって臨床心理学を学んでいた頃，心理学教室での体験との激しい違いを感じたものである。毎週開かれる症例検討会は当然のことながら一症例の多面的な検討であった。心理検査や脳波検査などの生理学的検査結果も報告された上で，診断をめぐっての論議が進められていた。心理学では実験がまずもって研究法の王道であったからである。大学で心理学の学習を始めると，まずは心理学基礎実験を実習体験し，心理学史では心理学の誕生はヴント（Wundt, W.）がライプチッヒ大学に心理学の実験室を創設したときに始まると教わる。その結果，心理学の成立イコール実験という考えが形成されることとなった。

ヴントは確かに実験室を創設したが，それは心理学の，ロッキングチェア心理学と呼ばれる形而上学的心理学からの脱皮を意図していたからに他ならない。そのことは，ヴントが心理学を経験科学の学問と定義し，かつ間接経験の学である自然科学から分けて直接経験の学としたことから明らかであろう。直接経験（意識的心的過程）の反復観察（内省）のために，実験室を設けたのである。その意味では，「このような目的のために実験が行われるのであるから，それはもともと他の自然科学（のちの行動主義心理学も含めた）における実験とは非常に異なる意味を持っていたのである」（高橋, 1977）。この直接体験を意識過程に限定せず，無意識過程をも含めたのがフロイトに始まる精神分析学と言える。

諸外国では心理学の研究方法として事例研究（case study）はどのように扱われているのだろうか。米国の代表的な心理学のテキストである "Atkinson & Hilgard's Introduction to Psychology. 15th ed."（Nolen-Hoeksema, Fredrickson, Loftus, & Wagenaar, 2009）には事例研究への言及はなく，観察法の一つとして事例史（case history）が取り上げられている。巻末の用語解説にも事例研究については触れられていない。一方こちらも代表的なテキストである Zimbardo の "Psychology and Life. 19th ed." では，やはり広い意味での観察法として事例研究を紹介し，事例研究とは「特定の個人あるいは小グループの徹底した観察」であると解説している。多くのテキストが観察法の一部として事例研究を取り上げているのに対して，Comer & Gould（2011）は心理学の研究法として記述的研究（descriptive research）と実験的研究（experimental research）を挙げ，事例研究を記述的研究の代表的なアプローチとしている（図1-2）。そして，それぞれの目的や長所，短所について述べている。記述的研究とは，因果関係を特定することを意図せず，当該の変

数間の関係を実証しようとする研究アプローチである。

　事例研究を心理学研究の重要な方法と見なしてきたのは，フランスの心理学である。フランスでは心理学研究法は一般に，実験法，比較法，統計・計量法，臨床法に大別される（Couchard, Huguet, & Matalon, 1995; Rechelin, 1973）。事例研究は，臨床的観察や臨床的面接，心理検査などと並んで臨床法の一つである。留意しなければならないのは，ここで言う「臨床」は診断や治療など医学領域に限定してはいないことである。臨床法とは，実験室のような人為的環境ではなく，日常の生活環境の中で文化的な存在としての人間の観察という方法論を意味しており，研究対象ではない。事例研究から心理学理論を打ち立てた研究者として，フロイ

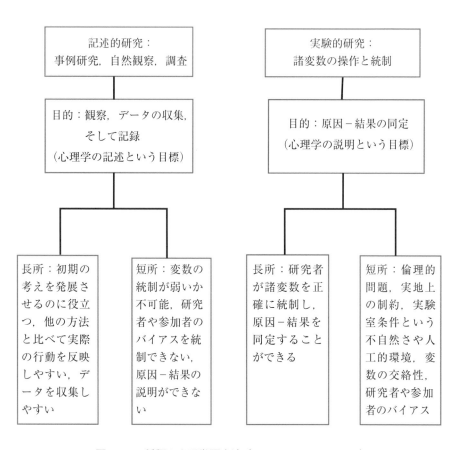

図1-2　2種類の心理学研究法（Comer & Gould, 2011）

ト（Freud, S.）やビネ（Binet, A.），ピアジェ（Piaget, J.），フェスティンガー（Festinger, L.）などが挙げられているが，ビネやピアジェは分野としては児童心理学に属する研究者であり，フェスティンガーは社会心理学者（後に知覚心理学者）である。彼らは量的な方法とは対照的に，出来事の集積に関心を向けて研究を進めたのである。フランスの心理学がこのような立場を採用しているのは，フランス心理学の祖と見なされているリボー（Ribot, Th.）の影響による。リボーは病気の心理学的研究は単に病的な心理の解明だけでなく，健常な一般心理の理解でもあるとして，「実験法に対する真の代弁者を見いだしたのである（Rechelin, 2010）。」ベルナール（Bernard, 1885 三浦訳 1970）は病気を自然実験として実験法を人為的実験と自然実験に分けたが，この観点からすれば図 1-2 の左側の記述的研究は自然実験法，右側の実験的研究は人為実験法と見なすこともできよう。なお，このリボーの病的な心理から一般心理を理解しようとする観点は比較法にも結びつくもので，ピアジェが児童の思考を大人の思考と比較して研究を進めたことと関連している。

　事例研究は，単一性，主観性，全体性そして歴史性という特質を持っている。そのため，いわゆる信頼性や客観性の乏しさ，データとしての選択性（関与者のバイアス），回顧による不確実性といった短所を指摘されている（図 1-2）。しかしながら，事実の蓄積によって一般化を図り新たな理論を生む可能性を有し（仮説生成性），既成の理論の変更を要請するという長所をも有している。そして，その新たな仮説が実験法などによって確認されることになる。この単一性は，実験法ではしばしばエラーないし誤差として捨てられがちである。対照的に事例研究ではこのエラーに関心を当てると言えば言い過ぎになるが，出来事を事実として認識していこうとする研究方法である。事例研究から精神分析理論を構築したフロイトは，神経学の勉強のためにパリのサルペトリエール病院に留学したときのシャルコー（Charcot, J.-M.）の言葉に深く打たれたと書いているが，それは「そんなことがあったところでかまわないのだ（p. 427）」（Freud, 1925 懸田訳 1970）というものであった。「当時の支配的であった理論を引き合いに出した」フロイトたちに対して，事実を重視し無視しないシャルコーの姿勢がフロイトのその後の研究を後押ししたのである。マスリング（Masling, J. M.）は心理アセスメントにおける質問紙法と投影法とを対立するものと捉えず，むしろその相違を尊重すべきである（Masling, 1997）と述べているが，図 1-2 に見るように実験法と事例研究法の長短を認識し，研究対象によってそれぞれの価値を追求すべきである。

(2) 心理アセスメントの事例研究

　事例研究は具体的な事例の心理アセスメントと面接過程を考察したものであるが，次章からの事例研究は心理アセスメントの，特にロールシャッハ法を中心にした事例検討である。心理アセスメントの事例研究にはどのような特徴が認められるであろうか。面接過程の事例研究にも心理アセスメントについての考察がもちろん含まれているが，心理アセスメントの事例研究の特徴として具体的な結果が提示されていることを指摘できる。面接過程の詳細な逐語記録も可能であるが，多くは取捨選択された記録であり，そこには上述した面接者のバイアスや主観性といった問題がある。一方，心理アセスメントでは，たとえばロールシャッハ法を例に取れば，10 枚のインクブロットとプロトコルという客観的なデータが存在し，検査者以外の専門家による考察や再検討が可能となっている。たとえば，片口（1966）は作家三島由紀夫にロールシャッハ法を実施しているが，空井（1974）は発表されたプロトコルを基にロールシャッハ反応の再吟味を行っている。また，ナチ戦犯者たちに対してそのパーソナリティ把握のためにロールシャッハ法がケリー（Kelley, D. M.）らによって実施され，その 30 〜 40 年後に再分析（McCulley, 1980; Zillmer, Archer, & Castine, 1989）が行われている。このようなことが可能なのは，プロトコルが事例研究として記録が残されているからである。

　ヘルマン・ロールシャッハは，彼の検査マニュアルである『精神診断学』に副題として「知覚診断的実験の方法と結果」を挙げている。ここで実験と名付けたのは，一定の手続きに従って一定の刺激を提示して反応を得るという方法が実験と呼ぶに相応しいと考えられたからである（ちなみに，一部のテキストでロールシャッハ法を受ける人を被検者ではなく，被験者と書くのは，ヘルマンの副題に秘められた気持ちを尊重したためである）。今日，ロールシャッハ法にはさまざまなシステムが存在するが，プロトコルが正確に記録されていればリッツラーらの報告（Rizler, Zillmer, & Belevich, 1993）に見ることができるように，ナチ戦犯の包括システムによる分析も可能となる。

　事例研究は既成理論を修正したり，新たな理論を生むといった可能性を有していると述べたが，心理アセスメントの事例研究は初学者にとって教育的役割をも持っている。もちろん心理面接の事例研究も先達者の事例を通して経験を深め，専門家としての力量を高めることができる。しかし，ロールシャッハ法の事例研究の場合，事例と報告者，そして学習者の間に常にロールシャッハ図版という客観的現実が存在する。事例ではどのような反応が産出されたのか，そしてそれら

の反応を報告者はどのようにして分析しているのかが，具体的に明瞭に理解できるのである。その意味では，心理アセスメントの事例研究は事例を通して教えてもらうと同時に，心理面接や心理療法の事例研究よりは事例検討に参加することができる。次章からの事例研究に是非とも参加して，考察に加わっていただければうれしい。

引用文献

秋山誠一郎（1969）第 1 章 人格診断総説．片口安史・秋山誠一郎・空井健三（編）臨床心理学講座 第 2 巻　人格診断，pp. 1-13.　誠信書房.

Bernard, C. (1885) *Introduction à l'étude expérimentale de la médicine*. Paris: J. B. Baillière. ［三浦岱栄（訳）（1970）実験医学序説．岩波書店.］

Coleman, J. C.（1950）*Abnormal psychology and modern life*. New York: Scott, Foreman & Company.

Comer, R., & Gould, E.（2011）*Psychology around us*. Hoboken, NJ: John Wiley & Sons.

Couchard, F., Huguet, M., & Matalon, B.（1995）*La psychologie et ses méthodes*. Paris: Éditions de Fallois.

Doron, R., & Parot, F.（2008）*Dictionnaire de psychologie*. Paris: P.U.F.

Fowler, H. W., & Fowler, F. G.（Eds.）（1958）*The concise Oxford dictionary of current English*. 4th ed. London: Oxford University Press.

Freud, S.（1925）*Selbstdarstellung*. ［懸田克躬（訳）（1970）自己を語る．懸田克躬他（編）フロイト著作集 第 4 巻 日常生活の精神病理学 他，pp. 422-480.　人文書院.］

Gerrig, R. J., & Zimbardo, P. G.（2010）*Psychology and life*. 19th ed. Boston, MA: Pearson.

Holt, R. R.（1968）Editor's introduction. In Rapaport, D., Gill, M. M., & Schafer, R. *Diagnostic psychological testing*. New York: International University Press.

片口安史（1966）作家の診断——ロールシャッハ・テストによる創作心理の秘密をさぐる——.　至文堂.

菊池道子・山上　皓・石井利文（1992）司法精神鑑定におけるロールシャッハ・テストの実態と事例．ロールシャッハ研究，34, 1-14.

Masling, J. M.（1997）On the nature and utility of objective tests and projective tests. *Journal of Personality Assessment*, 69, 257-270.

松村　明（編）（2006）大辞林 第三版．三省堂.

McCulley, R.（1980）A commentary on Adolf Eichmann's Rorschach. *Journal of Personality Assessment*, 44, 311-318.

Nolen-Hoeksema, S., Fredrickson, B. L., Loftus, G. R., & Wagenaar, W. A.（2009）*Atkinson & Hilgard's Introduction to psychology*. 15th ed. Hampshire, UK: Wadsworth.

小川俊樹（2009）大学院講義ノート.

小川俊樹・岩佐和典・李　貞美・今野仁博・大久保智紗（2011）心理臨床に必要な心理

査定教育に関する調査研究. 第 1 回日本臨床心理士養成大学院協議会研究助成研究成果報告書.

Piéron, H.（1973）*Vocabulaire de la psychologie.* Paris: P.U.F.

Reuchelin, M.（1973）*Les méthodes en psychologie.* Paris: P.U.F.

Reuchelin, M.（2010）*Histoire de la psychologie.* Paris: P.U.F.

Ritzler, B., Zillmer, E., & Belevich, J.（1993）Comprehensive system scoring discrepancies on Nazi Rorschachs: A comment. *Journal of Personality Assessment,* 61, 576-583.

Rorschach, H.（1921）*Psychodiagnostik-Methodik und Ergebnisse eines wahrnehmungs-diagnostischen Experiments.*〔鈴木睦夫（訳）（1998）新・完訳 精神診断学. 金子書房.〕

Schneider, K.（1936）*Psychiatrische Vorlesungen fur Ärzte.* Leipzig, Germany: Georg Thieme Verlag.〔西丸四方（訳）（1977）臨床精神病理学序説. みすず書房.〕

空井健三（1974）三島由紀夫のロールシャッハ反応の再吟味. ロールシャッハ研究, 15/16, 137-148.

高橋澪子（1977）第 1 章心理学の成立. 宇津木保・大山正・岡本夏木・金城辰夫・高橋澪子 心理学のあゆみ, pp. 1-34. 有斐閣.

VandenBos, G. R.（Ed.）（2007）*Dictionary of psychology.* Washington, DC: A.P.A.

Weiner, I. B.（Ed.）（2003）*Handbook of psychology.* 12 vols. Hoboken, NJ: Wiley.

Zillmer, E. A., Archer, R. P., & Castino, R.（1989）Rorschach records of Nazi war criminals: A reanalysis using current scoring and interpretation practices. *Journal of Personality Assessment,* 53, 85-99.

第2章

語新作が顕著な統合失調症の典型例

服部信太郎（公益社団法人岐阜病院）・伊藤宗親（岐阜大学）

1. 事例の概要

被検者：25歳　女性

主訴：「警察に強制連行された」，「英語が出る。説明できない」

現病歴：

　20歳のときに結婚し，長女を出産。出産後は嫁ぎ先で暮らしていたが，部屋にこもってしまうことが続き，姑との関係が悪くなった。その後，夫・子どもとアパート暮らしを始めたが何度も引っ越しをしている（診察時には「部屋と自分との価値観の相違」と説明）。母親によれば，この頃にはテレビを見ていると何かが映る，耳元で囁かれるといった言動がみられた。また，人形に話しかける，急に壁を蹴るということもあった。22歳のときに離婚し実家に戻ってきたが，部屋にこもって独語もひどかった。X年8月（25歳）には娘と二人で暮らしていたが，同年12月から娘を保育園に通わせなくなり，心配した園の職員から実家に連絡が入った。しかし，両親が訪ねても会おうとせず，電話やメールでも連絡がとれなかった。両親と警察が強制的にアパートに入ったところ，言動は英語のような言葉を話すなど支離滅裂で，同日当院を初診し医療保護入院となった。

生活歴：

　二人同胞第2子として出生。中学生の頃は成績も良く，中2のときには卒業式で在校生代表の挨拶を任されるような生徒だった。高校2年生のときに万引きが得意な同級生に自分の分も頼んでいたことが発覚し，自主退学することになった。パン屋に1年ほど勤めた後は職を転々としていた。

臨床像：

　目はくぼんでいて，ぎょろっとしている。くまも目立つ。げっぷや欠伸もためらわない。また，一見すると疎通はとれているように感じられるが，奇妙な言葉遣いが目立つ（性格について尋ねたときには「一言で言うならボンジュール」〈？〉「好奇心旺盛な上に社交的という意味です」と答えている）。

その他：

　脳波，頭部 CT に異常所見は認められなかった。

依頼目的：

　主治医より状態把握を目的に心理検査の依頼があり，筆者がロールシャッハ法を実施した（表 2-1，阪大法に準拠）。

表 2-1　ロールシャッハ・プロトコル（阪大法）

Card	Performance Proper	Inquiry
Ⅰ ① 1″∧	コウモリ	〈コウモリ，ドラキュラというのは一緒？　別？〉何となく別かもしれない〈コウモリについて〉この羽に見えた形と，目の可愛さと，カラーで（図版には触れず） 〈羽は〉上の尖った部分，2 層ある（図版には触れず）〈？〉尖った部分と（D3 上），ここから 2 層（D3 下）〈…2 層というのは〉チョウのように，2 枚羽（にまいばね）で見えた部分〈目は〉このパーマンみたいなところ（d5），可愛く見えたので，コウモリに適していたと〈カラー〉ダーク，灰色って英語で何て言うしたっけ？〈グレイ？〉ダークグレイですかね W：FC′：+p, ±, , 1：A：AS
② 2″∧	ドラキュラ	コウモリという概念がありまして，本能的に出たのと，この白いのがキバに見えたので（図版には触れず） 〈キバは〉この上の白い部分（上 S）〈…キバ以外のところは〉コウモリと言ったので，概念的に本能でそう見えるかなと思いまして DW：F：-3, , , -：(dH)：AS
③ 10″∧	落ち葉	カエデの落ち葉の形に見えて，何か懐かしさがあって，落ち葉と言ったと思います 〈どこがどう〉この形（図版には触れず）〈もし他にも〉あのペインティング，カラーの風合いで〈？〉トールペイント W：F：-1, , , -：Plt：AS
	15″あるだけ言うんですか？〈もし見えれば〉	
④ 20″∧	リュウ，タツノコ，タツノオトシゴ	見え方は一緒，トールペインティング，形，ペイル（笑） 〈ペイル？〉輪郭というか〈…どこがどう〉特に。ここが口の先端

			だとすると（d2 先端），ここお腹に見えて（d1 辺りの輪郭），ですね〈何匹？〉2 匹
			dD：F：-2,,,-：A：AS
⑤ 25″∧	カエル		なんか，あぁ…顔がカエルさんに見えて（D5 を指す），体カエルさんやなぁと思って（D4 を指す）。鬼は，するどい目と（上 S），角があって，鬼かなーと思った
			〈カエルと鬼は別？〉えぇ，別です〈角は？〉ここか（d3），ここ（d4）
			D1：F：-2,,,-：A：AS
⑥ 26″∧	鬼		WSs：F：-1,,,-：(dA)：AS
⑦ 30″∧	それくらい。ウーパールーパー（不自然ににやっと笑う）		ここだけです（d3）
			〈…それはウーパールーパーの〉角というか，突起ありますよね？耳代わりの，それだけです〈…他のところ？〉カエルと一緒ですね，この辺（D1 を大まかに示唆）
			D1：F：-3,,,-：A：AS
35″	（図版を置く）〈もう見えないと思ったら伏せてください〉あぁ（伏せる）		
Ⅱ			
① 1″∧	血液		この血痕的飛び散り方と（D4 突起），あと色だけです
			〈色というと？〉赤色，朱色から
			D4：C/F：pm, ±,, 0：Bld：AS
② 2″∧	チョウ，バタフリー		ここだけ，ここの形だけです（D4 を指す）
			〈どこがどう〉えぇ（突然うつむく）〈？〉眠たい……
			D4：F：+,,,1：A：AS
③ 13″∧	ツタンカーメン（にやっと笑う）		どこやっけ…あぁ，ここだけ（D2 上部 ×2 を指す），目，口
			〈どこ？〉ここのひずみと口だけ（d3 辺りを 2 カ所指す）〈…目で口？〉はい〈他のところは〉ここが（D2 上部やや内側），アボリジニーっぽい，なんていうか，ツタンカーメンのカーメンの部分に見えたんです〈カーメン？〉ツタンカーメンって，カッパみたいじゃないですか（頭をなでる仕草），そこの部分という意味なんですけど？
			dD：F：-3,,,-：dH：AS
15″	（伏せる）		
Ⅲ			
① 1″∧	クモ		顔で（D5），ここが手足で（D4×2），ここで何かやるみたいな（D7 辺り）
			〈rep.〉なんか掴むというところ（言い終わると同時にうなだれる）
			dr（D5+D4×2）：F：+,,,1：dA：AS
② 2″∧	リボン		ここだけです，ここ（D3）
			〈特に〉可愛らしいので

			D3：F：＋p，，，1：Cg：AS
③ 10″∧	タツノオトシゴ	こっちだけです（左D1）
		〈どこがどう〉顔の部分で，曲がり腰曲がり〈…右は？〉は目につかなかったです（髪をとき始める）
		D1：F：＋，，，1：A：AS
④ 12″∧	人が手をつなぎ合わせようとしとるところ	〈人とクレオパトラは一緒？ 別？〉私は別と。これが人だとすると（D2を指す），これ手をつなごうとしとるところ（一般に手となる部分の先端にある突起）
		〈ここ？〉はい，手〈…他のところ〉女性で，お尻，顔，胴体，足（usual）
		D2×2：M post：＋p，±，l，1：H：CS
⑤ 15″∧	クレオパトラ	なんか輪郭だけです
		〈もう少し詳しく〉どっちもあって，この尖った部分（d1突起），それだけです。格好も〈格好というのは〉すぱっと，きりっと，りんとした仕草〈…尖った部分はクレオパトラの〉鼻です〈…他のところは〉ここお尻で，ここ足（D4）とするなら，どうしてここが尖ってるんですか（D4中央の突起）〈？〉どうしてここが尖って描かれてるんですか？ 私の意見を言ってもいいですか？
		〈どうぞ〉メデューサ的神話。クレオパトラが，メデューサという悪という説明を恐れて，女を描くなら，ドラムという名の膝の辺りを，下顎に見せて，その突起の部分にリュウの鼻，メデューサには負けてないよというガに見えるように描くようにしたのかなって思って〈…ガ？〉絵画のガです〈…ドラム？〉なぜか勝手に出たので。あ，膝小僧って英語でドラムって言いましたよね？私よく分からないけど
		D2：F：−1，−，，−：H：AS
20″	（伏せる）	
IV		
① 5″∧	妖怪，巨人の男，木，ビックフット	なんかさっきと同じに。似てるけど肖像画。一言で言うとビックフットみたいなもので，キツネが強くなろうとするがために，ツタンカーメンを見せて，顔の要素に取り入れて，このでかい足を（D3），強いぞの象徴とした。それが何故かひょろひょろ（にやっと笑う）（d2）。それが気持ち悪さに見えて，妖怪と
		〈D3が足で，d2がひょろひょろで…〉あ，人間が木になった，妖怪になったみたいなやつ，メデューサのような名前の，ネバーエンディングストーリーに出てくるやつ。キツネ自身は大切を守ろうとするがための要素に取り入れられた。それで，この絵を見て，前にキツネのような妖怪がいるように描かれてる。だからこれが樹木なら，ここが根っこ（d6）だとすると，毒リンゴがなる木に見える〈…木はどこがどう？〉ここ根っこ（d6）だとすると，切り株で（D1），そこから樹木
		〈キツネのような妖怪〉ここがインドのような形のところ（d1），

			ここが目だとすると，ここがシュアリーで毛のところ(d1 両側)〈シュアリー？〉あ（笑），独学だけど，4 歳の娘になぜか英語の方が通じるので，それが喜びで，つい出ちゃうんです（げっぷ）〈インドというのは？〉キツネの輪郭のことです
			〈…キツネのような妖怪と木はどうなる〉この形，木は別。木を守ろうとして，妖怪が前に立つように見えます〈巨人の男，ビックフットはキツネのような妖怪のこと？〉えぇ。一言で言うならネバーエンディングストーリー。自然を守ろうとするストーリー
			W：F：+p, −, , 1：(A)・Na：AS
20″	(伏せる)		
V ① 5″∧	コウモリ		第 1 回目の説明と同じ。今思ったことはポイントはここ足の部分(d3)，あとは全体的な形
			〈もし他にも〉それくらい
			W：F：+p, , , 1：A：AS
② 10″∧	耳		耳？ あぁ，ハルモニウムって形ありましたよね？ 小学校のとき，保健室に貼ってあるポスターで見たんですけど（耳の辺りで渦巻き）。その形に感覚的に見えて，そう言ったと思います
			〈ハルモニウムは，耳の中にあるこういうの（真似る）？〉はい，そうです
			(W)：(F)：−3, , , −：Hd：AS
③ 15″∧	か弱い女性		ここで (d3)，内股
			〈女性の〉足ですね〈他のところ〉全く見てないです
			dD：F：−2, , , −：H：AS
20″	(伏せる)		
VI ① 1″∧	猫，タイガー		〈猫とタイガーは一緒？ 別？〉タイガーの祖先って猫じゃないですか？ だから進化して話したと思います。最終的にはタイガー，詳しくはホワイトタイガー。ヒゲ(d6)，それだけです
			〈rep.〉ヒゲでタイガーに見えて，ゆくゆくはホワイトタイガーと見えました〈他のところ〉何も関係ない，感じるもの
			DW：F：−3, , , −：A：AS
	10″ この位置で見ないといけないんですか？〈ご自由に見ていただければ〉あぁ		
② 15″∧	肺，人間の		さっきはこれを見ました。ここ肺っぽいなーと，ここだけ（中央2 つの白い楕円）
			〈もし他にも〉ないです
			di：F：−2, , , −：(A)：AS
20″	(伏せる)		

VII			
① 1″∧	オードリー・ヘップバーン	イギリスの人の特徴，顔の輪郭してる（D3 内側輪郭），毛がきゅっとしてるところ（d2 ？）。この口がオードリーに見えた（D3 内側輪郭を指す），その次はこの髪型（D3 内部輪郭を指す），一言でセーラームーン	
		〈?〉なんかアニメ的画だから，それだけです，アニメ的なので，セーラームーン = オードリー・ヘップバーン〈d2 は髪？〉ここは入らない，ここまで（D3-d2）	
		Đ3：F：+，−，1：dH：AS	
② 15″∧	対角線，あの名古屋の魚，何て言いましたっけ？ お城にある〈しゃちほこ？〉そう，しゃちほこ	ハンメンタイ。尻尾（d2），それだけです	
		〈ハンメンタイというのは？〉これはコントラスト！〈対角線のこと？〉合同なのに反比例してる。対角線で表現できる（D4 と D6 を対角線で結ぶ）。それでここが尻尾（d2）。反比例が故の，比例の画，なので尻尾に見えて，しゃちほこと見えた	
		dD：F：−2，,，−：(A)：AS	
20″∧	稲妻	※確認ミス	
25″	（伏せる）		
VIII			
① 1″∧	リンゴ，バレンシアオレンジ	〈リンゴとバレンシアオレンジは一緒？ 別？〉別で，カラーでは一緒。色ですね。この色がリンゴ（D1，D8），リンリンリンってリンとしているからリンゴ。この色は，赤の混じったオレンジなのでバレンシアオレンジと見ました（D5）	
		dr（D1+D8+D5）：C：−3，−，−：Food：AS	
② 5″∧	何か抑えようとしてる女性または…オラウータン	きっと落石ですよね，落石を抑えようとしてる女性の力，要するにあわの力，一言で言うならあわの力，in English と書いといてもらえれば	
		〈…泡のあわ？〉違う，あ・わ，区別という意味。だから English で OK ということ，単語，補足で文字と（そう書き留めるようにといった ges.）〈あ・わ，の力？〉そうです〈…女性はどこがどう？〉ロングヘア（D1 外側の輪郭をなぞる）〈rep.〉ビーナスヘア〈落石は？〉ストーン（D7/2），エジプトの石，一言でいいと思います	
		dr（D1+D7/2）：M post：−3，−，−：H・Na：AS	
20″∧	悪魔	not it（笑），あ，フハイ，一言で	
		〈フハイは腐るという意味の？〉はい〈…カードのどういった特徴から？〉ここのネバー（D3），そう書いといてもらえれば，ネバーで表現できてると思います〈ネバネバのネバー？〉英語で never	
		※　スコア不能	
23″	（伏せる）		

IX			
① 1″∧	虹	カラーオブジュエル，それだけです
		〈もう少し詳しく〉カ（D3）ラ（D2）ー（D1），オブ（中央），ジュエル（D3 → D2 → D1），並びで表現してます
		(W)：C：pm,〒,,0：Na：AS
5″∧	雷のどしゃぶり	not it（笑）
		※　スコア不能
10″∧	人間の肺に近いハート	ハーツ，もつみたいなものです
		〈どこがどう〉ハーツ ＝ もつと書いといてもらえればありがたいです〈もつ？〉焼き肉屋さんとかにあるやつです
		※　スコア不能
② 20″∧	火を吹いてる竜	これがファイヤー（d1 先端），これが竜の口（d1 根元）
		〈ファイヤーに見えたのは？〉トップ，風合いから〈上の方にあるという意味？〉トップ，ドイツ語で風合いという意味です
		dD：FM：−2,,,−：(A)・Fire：AS
23″	(伏せる)	
X			
① 1″∧	ピカソ	ゲルニカ，ドナリー
		〈ドナリー？〉ゲルニカ ＝ ドナリーと書いといてもらえればありがたいです〈ゲルニカに見えたのは？〉むちゃくさ，ムショウフジュンから，ピカソ的カラーから〈ムショウフジュン？〉ドナリーということです
		(W)：C：pm,〒,,0：Art：AS
② 5″∧	タランチュラ	この絵の形そのものです（D1）
		〈どこがどう〉まさにそのものです
		D1：F：−1,,,−：A：AS
10″∧	霊界？ ん～エナジー	この汚い色（D6 内），何て言えばいいのか，クイーン，最後のボス的なカラーと
		〈…この汚い色から霊界？〉霊界とエナジーの繋がり，霊界 ＝ エナジーという意味だと思います，私が言ったのは，多分そうです
		※　スコア不能
15″	(伏せる)	

2. 解釈のまとめ

　総反応数 29 と比較的多い（表 2-2）。さらに，初発反応時間は平均して 1.8 秒
と極端に短く，すべて正位置で示されているので，図版が呈示されるとそのまま
直ちに反応を示していることになる。

　それら反応の領域選択（把握型）については，全体反応が 10 に対して部分反
応が 19（D = 15, Dd = 4）と示された。全体反応の内訳をみていくと，Ⅴ①「耳」
のように図版との対応がないものや，Ⅵ①「タイガー」の「ひげ」のように細部
しか対応していないもの，スコアでいえば（W）や DW と付される反応が大半
を占めている。部分反応についても，Ⅷ①「リンゴ，バレンシアオレンジ」（色
のみ）やⅠ⑦「ウーパールーパー」（角のみ）など，同様の特徴がうかがわれる（ス
コアとしては，(D) や dD）。

　加えて，29 反応のうちⅡ①「血液」を除いた 28 は形体規定性の高い概念（4・
5 クラス概念）であり，その最たるものがⅢ⑤「クレオパトラ」やⅦ①「オード
リー・ヘップバーン」などかなり特定化のすすんだ概念群である。したがって，
本来であれば図形の輪郭的特徴を最もおさえる必要性があるのだが，そのような
作業がまったくと言ってよいほどなされていないし，初発反応時間からもそのよ
うな作業に必要な時間をもっていないことがうかがわれる。

　また，『文章型』は，AS が 29 と示された。AS（Assertive Sentence）とは，言い
切り型の断定的な反応表現に対して付されるスコアで，つまり事例は，漠然図形
をパッと見ただけで「こうだ」と特定・断定していることになる。ところで，
AS 表現は児童にはよくみられるが，しかし成人の場合には「なぞらえて見てい
る内界の事象を，さながら外界に現実として存在するかのように対応している」
可能性を示唆する（辻・福永，1999）。この点については『体験型』も考慮したい。

　『体験型』については，色彩反応が 6 つ（Ⅰ①②，Ⅱ①，Ⅷ①，Ⅸ①，Ⅹ①），
スコアとしては反映されていないが色彩の関与が疑われるものが 4 つ（Ⅰ③「カ
ラーの風合い」，Ⅱ③「アボリジニーっぽい」，Ⅵ①「詳しくはホワイトタイガー」，
Ⅸ②「風合い」）に対して，運動反応が 3 つ（Ⅲ④「人が手をつなぎ合わせよう
としとるところ」M post，Ⅷ②「何か抑えようとしてる女性」M post，Ⅸ②「火を
吹いてる竜」FM）示されている。運動反応のうち 2 つ（Ⅲ④，Ⅷ②）は，その
位置で静止した姿態の表現とされ，F に近い。色彩優位であることがうかがわれ
る。ただし，どのように色彩を用いたのかといえば，とりわけⅧ①の D1 に対す

表 2-2　Scoring aTable

	N.C.		C.C.		VIII-X		合計	
I：反応数・反応時間								
R	15		14		6	(20.7%)	29	
Fail.			3		3		3	
R1T	2.6		1.0		1.0		1.8	
RT	24.0		19.2		20.3		21.6	
II：把握型								
W	8	(53.3%)	2	(14.3%)	2	(33.3%)	10	(34.5%)
D	6	(40.0%)	9	(64.3%)	2	(33.3%)	15	(51.7%)
d							0	(0.0%)
Dd	1	(6.7%)	3	(21.4%)	2	(33.3%)	4	(13.8%)
S							0	(0.0%)
III：形体水準								
F+	4	(26.7%)	5	(35.7%)			9	(31.0%)
Fpm			3	(21.4%)	2	(33.3%)	3	(10.3%)
F−	11	(73.3%)	6	(42.9%)	4	(66.7%)	17	(58.6%)
+p	3		2				5	
Sp.	0:1:0:2		0:2:2:3				0:3:2:5	
Org.			0:1:0:0				0:1:0:0	

IV：決定因

Color

$\qquad$ FC'=2 $\qquad\qquad$ C/F=1, C=3

Movement

$\qquad\qquad$ M post=2
$\qquad\qquad$ FM=1

V：反応内容

H=4, Hd=1, dH=2, (dH)=1
A=9, (A)=3, dA=1, (dA)=1
Plt=1, Bld=1, Cg=1, At=1, Food=1, Na=1, Art=1

VI：文章型

AS=29

る「リンゴ」のように領域の輪郭的特徴がまったく考慮されていない反応が多い。極端に言えば『そのような色が図版にある』と述べているにすぎず，『形も色も似ているから，○○と見立てた』という内的な作業が自覚的には行われていないことを示唆している。

　総じて，漠然図形を何かに『なぞらえて見ている』，そもそもそのようなことをなす自分というものの形成不全がうかがわれる。

3.　見立てのポイント

　多くの反応が「W−」「D−」や「DW」「dD」に該当しており，知覚的退行が生じているのは明らかであった（Friedman, 1953）。また，臨床症状として語新作を認め，検査場面においては音連合（Ⅷ①「リンリンリンってリンとしているからリンゴ」）や語性錯語（「ボンジュール」―「好奇心旺盛な上に社交的」）を疑う発言もみられた。しかし，脳波，頭部 CT 上に器質的な異常はなく，したがって診断的には統合失調症の可能性が最も疑われた。

　最後にプロトコル上にみられた言語の特徴についても触れたい。語新作がみられる場合，事例の体験を言語的に理解することが大変難しくなる。しかし，例えばⅠ④「タツノオトシゴ」について，「見え方は一緒，トールペインティング，形，ペイル」〈ペイル？〉「輪郭というか」をみると，〈尋ねる〉−「答える」という対話の形式は保たれていることがうかがわれる。問題となるのは，語とその意味するところの結びつきが，一般に共有されている結びつきとは異なるかたちで形成されている点であろう（Ⅱ③「ツタンカーメン」について「カーメンの部分」，Ⅴ②「耳」について「ハルモニウムって形」など）。その一方で，Ⅶ②「しゃちほこ」に対する「合同なのに『反比例』してる」という説明をみると，『反比例』は D3 の形状から "反っている" という意味ではないかと推測がたつ。同じく，Ⅲ⑤「クレオパトラ」について「メデューサ的神話」以下の複雑な説明も，d1 突起「鼻」からの着想であったが，検査者に他の部位も説明するように求められたときに，D4「足」にある突起をうまく理屈をつけて処理できなかった，その現れではないかと想像される。このように，おそらく日常的なやりとりであれば "了解不能" と見なされる説明も，語とその意味するところの間にロールシャッハ図版が介在していることによって，了解可能の途が拓けてくる。そうした視点に立ってみると，形体水準は非常に低いが，F+ とスコアされた反応のうちポピュ

ラー反応が半分を占め，スコアされなくとも領域的には＋と判定される可能性
をもった反応が 15（Ⅰ①③⑥，Ⅱ②，Ⅲ①②③④，Ⅳ①，Ⅴ①③，Ⅶ①②，Ⅸ②，
Ⅹ②）示されている点も，条件が整えば事例の体験が周囲と共有されうることを
示唆し，いかにその条件を整えるかを検討していくことが支援にも繋がると考え
られる。

引用文献

Friedman, H.（1953）Perceptual regression in schizophrenia. An hypothesis suggested by the use of the Rorschach test. *Journal of Projective Techniques*, 17, 171-185.

辻　悟・福永知子（1999）ロールシャッハ・スコアリング——阪大法マニュアル——．金子書房.

第3章

統合失調症が疑われた思春期の事例

青木佐奈枝（筑波大学人間系）

1. 事例概要（A子　10代後半）

1）**診断**：統合失調症疑い・発達障害疑い・解離性障害疑い
2）**主訴**：「困っていない」「よくわからない」→「"波"が来る」
3）**問題とその経過（受診時，わかっていた情報）**

　問題なく高校生生活を送っていたが，X年，授業中に突然，奇声を発し，脈絡のないことを叫び始める。また，授業中に歩きまわるなどその場にそぐわない行動をとる一方，周囲が声をかけると全く動かなくなるなどの状況が続き，学級担任からスクールカウンセラー（以下，S.C）を介しB病院精神科に紹介となった。S.Cの情報では「幻覚がみられ妄想もある。統合失調症が濃厚である」という。しかしA子は「（問題となった行動について）覚えていない」「困っていることはない」と。初診後，主治医よりSCT，P-FスタディがA子に渡されたが白紙で提出。その後，主治医より「言語表出にかなり時間がかかり，表出された内容から意図の汲み取りが困難」「言動にまとまりはなく統合失調症が疑われるが，解離性障害やPTSD，発達障害，その他の可能性も否定できない。病態把握の一助に」と診断補助目的でロールシャッハ・テストの依頼となる。

4）心理検査時の様子

　心理検査時，A子は学校関係者に連れられ来院。一切話さずぼーとした表情（視線が一切合わない）で入室する。現在困っていることの有無について尋ねると，YESともNOとも取れるような曖昧な頷き方をする。質問に答えようと口元は僅かに動くが言葉に至らず，今の状態について「…ていう感じで」「…こういうのが（手振り）…」が唯一の発言であった。心理検査の説明（どのような検査で何

を把握するためのものか）や，結果は A 子にも伝えること，気が進まない場合は無理にやらなくてもよいこと等を説明するとうつむきながら僅かに頷くように首を動かす。「もしかして今何かに困っているけれど，うまく表現できなくて困っていたりするかな？」と筆者が尋ねると，突然びっくりしたように顔を上げ筆者をじっと見る。「…こういうのが（胸の前で手をぐるぐる回す）…来て…」と。「それが何なのかわからないけど，ちょっと困る？」と尋ねると明瞭に頷く。「検査で今何が生じているかどこまでわかるかはわからないけど最大限努力してみる。途中まで一緒に試してみますか？」と尋ねると，「やる」と検査に明確に同意を示す。検査開始後は一転して始めはゆっくりと，徐々に早口で喋り始める。

2.　分析

1)　**数量分析**（プロトコルは表 3-1，Basic scoring Table は表 3-2，Summary scoring Table は表 3-3 参照）

　反応数は 37 で反応失敗や拒否はなく，検査への態度は積極的で内的生産性は平均以上あることが推測される。状況への反応速度も速く，認知や思考の取りまとめは迅速である（R = 37, Rej = 0, R1T = 6.9″, RT = 55″）。情動（特に不快情動）が喚起される場面では状況の取りまとめは若干遅れるが，全般的に状況判断は早い（R1T（N.C）= 5.2″, R1T（C.C）= 8.6″, Most delayed Card & Time = II図版 &18″, Most dislike card = I・II）。

　反応忘却は 4 つ，追加反応は 5 つ，反応流動反応（自由反応段階の反応内容が質問段階で変容したもの）も少なくとも 3 つはあり，これらを合計すると総反応数の 3 割を占める。状況認識は場当たり的で自分で認識した対象を覚えていないことが多く，思考も移ろいやすい。また，一般的なものの見方に乏しく，状況認識の精度は日常生活に差し障りが生じるレベルであることが推測された（P = 3, R+% = 16%）。客観的な事実を踏まえて状況を捉えようとする姿勢はあるものの，実際には適切に機能していない可能性がある（ΣF% = 81%, F% = 65% だが，ΣF+% = 21%, F+% = 20%）。同一図版内でも形態水準は±から−まで変動が激しく，一般的な把握がなされた直後に著しく逸脱した奇異な見方となることが繰り返され，この変化の急激さも認知や思考の連続性を阻害している可能性が示唆された。

　認知的側面では，落ち着かない目の動き（シークエンス）が多く，一般的には気に留められない微細部分や背景に関心が向く一方で，大多数が認識する主要な

情報が見落とされることもあり情報処理は安定しない。特に新規場面や感情を喚起される場面ではこれが顕著であった（Dd = 13%, S = 8%（副反応を含めると18%）と多いが, Dd+% = 0%・S+% = 0%, S → W → D → dr などシークエンスの乱れは多く, 特に第1図版や有彩色図版で顕著）。また, 状況全体を漠然と主観的印象のみで捉え, 形（客観的事実）を無視することも多い（W = 14 のうち約3割が無形態, NonF）。

体験型は「外拡型」で, 外界刺激の影響を受けやすく, 外界から受けた直感的印象や感情を手掛かりに状況把握を試みるが, 客観性が抜け落ちやすいため感情に突き動かされて行動に至る事態がしばしば生じている（M：ΣC = 3：5.25, FC：CF+C = 0.5：4, ΣC+% = 0%）。本人なりに感情統制の努力をするが, そのやり方が強引で適切さを欠くため, 余計に情緒的混乱を招いていた。具体的には客観性を無視した知性化や抽象化, 怒りを肯定的情動に強引に捻じ曲げるかのような対処を行うことで生々しい情動の衝撃を避けているが, 結果として自分の真の感情が把握できない事態に陥っていた（Csym = 2, 図版の赤色領域を黄色に変えた CP 類似反応 = 1, 有彩色図版での漠然反応の多さ）。

思考活動の質は悪く（M = 3 であるが M+% = 0%）, 自らの生理的欲求や衝動も把握できていないが, 緊張感など内的な動きは強く, それに翻弄されている様子も示唆された（FM = 0, m = 3（副反応は +3）だが m+% = 0%）。

一方, 興味関心は広く, 対処法略も多く持ち, 元々の能力の高さは予測される。人への関心は年齢相応にあるが, 他者からどう見られているかの不安, 身体への拘りや不安感, また女性性の拘りなど偏りは大きく, 豊かな対人関係や安定した自己概念には結び付きにくい（H% = 37%, Content Range = 11（副反応は +2）, Determinant Range = 8（副反応は +2）, 目や女性反応の多さ, At% = 11%, Sex = 2）。

全般として, 元々のエネルギーや能力の高さがうかがわれるが, 現在, 情報処理が落ち着かず, 一般的なものの見方や対処ができず, 機能不全の状況にあり, 現実検討力は著しく低下した状況が推測された。

表3-1　A子のプロトコル　　　　　　　　p…指さし／g…ジェスチャー／Q…質問

	自由反応段階（P.P）	質問段階（INQ）	SCORE
I ① 11″	んー何も…えー… 目がある	①（Q）あー気持ち悪い。何か見られている感じ。あーでも…うん, でも…ここ人がいる。こことここ（Q）目だけ	① S F ∓ Hd-eye

② 20″	でもコウモリとか	②（Q）あー見えますね。羽があって，キャーキャーってしている。（Q）見えますね…手…黒いから（Q）顔の部分	② W FC′± A P
③ 40″	生き物に見えるかも。人？	③（Q）これじゃない？　手。顔がある。お尻。（人？　とも）2人ここ	③ D1 F± H
④	舌？みたいな？気持ち悪いですね〈ため息〉	④（Q））これ？動物の舌。口から出ている感じ。顎，髭がボーってなっている。ベロ，こうベロだけ　g,p	④ dr F − Ad
(1′14″)			
II 14″ ① 18″	〈笑〉しみにしか見えないです。洞窟とか？	①（Q）見えた。岩みたいに見えた。壁面（Q）こういうライン p。輪郭だけ入口，子宮みたい。（Q）…（Ad 子宮）膣口みたい（Q）入口みたいな（入口）うん，入っていけそうな気がしたの（Q）…g	① D1 F∓ Lds S (Ad) dr FK– Sex S
	〈顔をしかめ，図版から目をそらす〉	（Ad2）あと花みたい。花弁あって，おしべ，めしべあって，お花屋で見る。こういうのありますよね。黄色いの。（Q）売っていた気がする。花びらっぽい。（黄？）黄色い花	(Ad2) D2 AFCP ∓ Pl.f （赤→黄）
(37″)			
III① 7″	骨盤	①（Q）どこかな。ここかなー。ここ。肋骨みたい。（Q）輪切りにした図。こういう所 p。（こういうところ？）昨日魚食べたんですよ。魚こんなだった（魚なの？）骨っぽい。今日肋骨の話をしていたので。輪切りにした図。（肋骨を？）うん。人の	① D5 F∓ At.b 骨盤→魚の骨→肋骨
② 15″	あっ，でも，人が2人いる。女の子2人。	②（Q）2人覗いている。胸 p，靴，首，顔，胸，目，それとは別に目（②と別？Ad）そう。人の目がここに。ここだけね	② dr M− H, m Cg light (Ad) S F∓ Hd-eye
③ 20″ ④ 30″	死体とか〈笑〉鳥…	③（Q）見えない④（Q）鳥の骨格みたい。くちばし，鳥人間。（Q）鳥，鳥，お尻のライン。鳥の骨みたい。（Q）翼みたいな。そんな感じ	③ ———— ④ D2 F∓ A → (H)
⑤ 37″	あっ，食事しているのか…	⑤（Q）さっきの女の人②，食べているのかな。手がこういう位置にあるから，燭台の光（光）揺れている	⑤→②
(48″)			
IV① 3″	見下ろされている	あ，羊みたい（③羊）顔，手，足（ここが顔で？）そう，ここいら辺。羊の毛。（毛）伸びている感じ。（Q）う〜ん，あとはない①（Q）遠近感がある（Q）こっちが大きいのに，こっちが小さい（何が見下ろして？）黒いから男の人（男）何となく…	③ D2 F∓ A ① W M, ∓ H FK FC′
② 6″	あ，でも目に見える。	②（Q）目？これかな？（今見て？）…どうだろ。あっ，ここにも目がある。	② d2 F∓ Hd-eye

27

③ 20" (35")	羊〜〜〜みたいな… 結構しみにしか見えない …やっぱ黒いなあ	(Q) これです。目だけ。わかんない。何の目？人？わかんない。(Ad) これブルドック。これなのかな。(Q) こう何か。鼻。(Q) 動物病院に行くといる。目，鼻，口	(Ad) D1 F∓ Ad
V① 2" ② 8" ③ 16" ④ 27" ⑤ 38" (1'50")	女 足？みたいな〜？ インクみたいな…インクこぼしちゃったみたいな。 関節にもみえる… 羊みたいな…そうですね	(①) スカートに見える。ひらひらして，ああ，じゃあ女って感じ？(Q) 内股，背中，(ひらひら) そんな感じ，あとはない (②) 足，スカートあってキャ〜みたいな (①と別？) 一緒です (③) インクのしみ。こうなっている p。パタンと擦った (Q) うん。こぼしたというか，こうなっている p (④) 今見えない (⑤) 狼みたいな。今見ると。口あって，足。尻尾？ ここ	① W F∓ H, Cg ②→① ③ W m F∓ blot ④ ————— ⑤ W F∓ A
VI① 6" ② 8" ③ 11" ④ 24" ⑤ 34" (50")	バイオリンみたいな 芸者さん 肉 皮…… やっぱ黒い… 羊さんがいる	(①) ここヘッドに見える。こういう，こういう，こういう中のヘッドみたい。(Q) ここがヘッド。とりあえずヘッド (②) 頭，かんざし，手あって，着物 (Q) 髪結っている。着物着た時に後ろから見るとこうなる。袂，袂長いと，へろへろってなる。襟元ってこうなる (③) 肉?! わかんない。しみの具合から？ いや〜 (④) 豚の皮。肉屋で豚吊るしてある。色々吊るしてある。こないだ映画で見たのはこんな感じ。鶏も吊るしてある(豚の皮は図版で言うと？) 手があって皮。(皮) 吊るしてある。広々している(Q)〈ラインp〉ベロンって (⑤) 見えない	① D1 F∓ Music ② W F∓ H 　　　　Cg ③ ————— ④ D3 mF∓ Aobj ⑤ —————
VII① 4" ② 14" (40")	あっ，ヤギがいる。 女が2人いる。でも切れている…黒いなあ…凄いですね。こういうの作るの大変ですよね…うん	(①) ヤギ。手，こっち向きの顔，耳，角，お尻の辺。(Q) 顔のライン。顎が出ている。前髪 (②) こう見ると。①と同じ。スカート，顔，服がある。あと，ない…	① W F± A ② W F∓ H P 　　　　Cg
VIII① 2"	内臓	(①) レントゲン図。病院で見る。CTスキャン。(Q) 全体。何となく・・・背骨。何となく…内臓。あと熊 (Ad) 熊に見える。顔，体，足，足，手，手	① W F∓ Xray (Ad) D1 F± A P

② 10″	腕がある	（②）顔あって，目あって腕で，体がある。（〜ですね。これは？）…怪物？（Q）何となく	② W F∓ (H)
③ 30″	あれですね。ヴァギナってこんな感じ。女性器。	（③）ここら辺。穴あって。お尻のあるのに繋がる。（Q）ない	③ dr F− Sex　S
④ 35″	トカゲだか，犬だか 2 匹いる。登っている感じ…凄いですね。色が。	（④）あっ？ここかな？…（今見て？）あ…2 匹いて，足，熊と同じ…（Ad2）引っ張られている。（何が，何に？）これ D3 に…挟まって抜けない感じ。これ（D1）が。（D1 は？）何だろう？わかんない。（D3 は）わかんない。挟まって抜けない	④ D1+3 mF∓ A　Id
(44″)			
IX① 10″	2 つある…生物が 2 つ。	（①）え？…女の人が二人。こういうのとこう，手があってスカート。帽子。この辺，顔	① D1+3 F± H　Cg　生物→女の人
② 15″	骨盤。脊髄 2 つ	（②）骨盤??…（Q）うん。こう背中あるから…（Q）脊髄 p（Q）ここ	② dr F∓ At.b
③ 22″	女が 2 人。見られているいいな，綺麗だな。	（③）目に見える。目（女の？）ううん。何だろう…何かの目	③ S F∓ Hd-eye　dr
④ 41″	帽子	（④）女の人の帽子→①	
(48″)			
X① 6″	デザイン画	（①）美術やってた。そんな感じ。（Q）何となく，訳わかんない。まとまりないところ。（まとまり）全体的に。こうp	① W F Art
② 11″	女の人が 2 人。目が…凄い振り回している。	（②）こう。（Q）これ手で。何か持って。何か持っている。振り回すとあとがこう見える感じ。体がこう。（女）顔。赤いから	② D1+6 M∓ H　FC　mF
③ 13"	あっ，でも内臓みたい	（③）赤いから。（Q）あとない。（内臓のどこ）何だろう	③ D6 CF∓ Ats
④ 18″	外国みたいな	（④）色使い鮮やか。（Q）日本の和って艶やか。まとまり性がある。（Q）気になる色つかわないし。そんな感じ	④ W Csym Abst
⑤ 30″	あれです。パン屋好きなんです。パンの袋にパリジェンヌって書いてある。	（⑤）何かねー。そうそう。色がね，小粋な感じがパリジェンヌみたい。パン食べたいな。（Q）…	⑤ W Csym Abst
⑥ 58″	インクのしみです。	（⑥）こうバーって。いろいろ色。とばした	⑥ W CF blot　mF
(1′04″)			

（Q）…question, p …point, g …gesture, FCp…Similar FCp（CP 類似反応）

MDC	I	いやだけれど，執着する感じ。
	II	あまり見ていたくない。赤いし。
	VIII	しゅっとしてて。色もあるし。
SELF	なし。自分がわかんない。	
Father, Mother, 同胞図版はなし。		

表3-2 Basic scoring Table

Location	Main	+	±	干	—	nonF	Total	%	Ad
W	W		3	7		4	14	38	
	W								
	DW								
D	D		3	11			15	41	
	d			1					
Dd	dd						5	13	
	de								
	di								
	dr			1	4				1
S				3			3	8	3
Total			6	23	4	4	37		

Determinant	Main	+	±	干	—	nonF	Total	%	Ad
F			5	16	2	1	24	65	
M				2	1		3	8	
FM									
Fm									
mF				3			3	8	2
m									1
FK					1		1	3	1
Fc									
c									
FC′			1				1	3	1
C′									
FC	FC								1
	F/C								
CF	CF			1		1	2	5	
	C/F								
C	C						2	5	
	Cn								
	Csym					2			
SFCp				1			1	3	
			6	23	4	4	37		

Content		Main Freq	Total	%	Ad
H	H	8			
	(H)	2	14	37	
	Hd	4			
	(Hd)				
A	A	6			
	(A)		8	22	
	Ad	2			
	(Ad)				
At	Atb	2			
	Ats	1			
	X-ray	1	4	11	
	A.At				
Sex		2	2	5	
Anal					
Aobj		1	1	3	
Pl.f		1	1	3	
Pl.					
Na					
Obj					
Arch					
Map					
Lds		1	1	3	
Art		1	1	3	
Abst		2	2	5	
Bl					
Cl					
Fire					
Expl					
Id					
Mugic		1	1	3	
Cg					3
blot		2	2	5	
light					1
			37		

SFCp: Similar FCp（CP 類似反応）

表 3-3　Summary Scoring Table

R	37	W：D	14：15	M：FM	3：0
Rej	0	W%	38%	F%／ΣF%	65%／81%
TT	9'10"	Dd%	13%	F+%／ΣF+%	21%／20%
RT	55"	S%	8%	R+%	16%
R1T	6.9"	W：M	14：3	H%	37%
R1T(N.C)	5.2"	M：ΣC	3：5.25	A%	22%
R1T(C.C)	8.6"	FM+ m：Fc+cF+C'	4.5：1.5	At%	11%
Most delayed Card & Time	Ⅱ・18"	Ⅷ+Ⅸ+Ⅹ/R	35%	P	3
Most Disliked card	Ⅰ・Ⅱ	FC：CF+C	0.5：4	Content range	11（＋2）
		FC+CF+C：Fc+cF+C'	4.5：1.5	Determinant　range	8（＋2）

2）質的分析（継列分析）

【Ⅰ図版】

　まとまりある図版特徴を有し W を出しやすい Ⅰ図版において，わずか 11″ で直径 5 mm にも満たない空白に第一反応「目」を出している。Ⅰ図版には目立つ位置に空白（S）があり，目を認識するならそれを目として全体を顔反応と見ることが一般的かつ自然であるがそこには反応しないことを考えると，図版を見た瞬間に正面顔反応を避けた可能性も考えられる。第一反応「目」の質問段階（以下，INQ）では，「目をどのように見たのか」という問いかけに対し，「どこに」でも「何を根拠に」見たでもなく，「気持ち悪い。見られている感じ」のみを述べる。不快感（主観・感覚）は生じるものの，どこがどう不快なのか（客観的認識）は説明できず，なおかつそれを侵襲的に体験していることからは自我境界の薄さも推測される。しかし，続く第二反応は P 反応「コウモリ」で，INQ でも羽と手のみの大雑把な説明であるものの客観的かつ一般的な認識は可能である。ただし「キャーキャーってしている」と一般的にコウモリの動きには使わない表現を使い，「キャーキャー」がどういう状況なのか説明できないまま別の反応説明に移っている。第三反応は頻出反応の「人間」であるが INQ では「これじゃない？」と自分の出した反応かどうかの自信が持てずにおり，自由反応段階（以下，P.P）で見た「人」と同じなのかは不明である。最後の「舌」反応は dr- の特異な見方である。輪郭線や中央線（濃淡）など図版特徴は「舌」の形状と一致しているが，顎，髭と舌のみで構成され，顔の下部分を独自に切り取ったこの反応は認知としてはかなり独特である。第一反応同様にここでも「気持ち悪さ」を

述べている。顔が一般的によく見られる部分（WS）に顔反応を出さないにもかかわらず，dd や dr に顔の一部を見て，なおかつ気持ち悪さを述べているなど，人の視線に対してのアンビバレントさ―顔を気にしつつも見ることを回避するが，結局無視できずに本人の意思に反して部分的に認識し動揺する不安定な対人認知―が推測される。

【II図版】

　最初の赤刺激図版に対しては「シミにしか見えない」と極端に距離を取り，投影の困難さを述べるが，その直後に「洞窟〜？」と中央の S を穴と捉えたのみの漠然とした対象を辛うじて認識する。強い情動を喚起される状況からは適切な認識が不可能なほど極端に距離を取る可能性はある。一方，「洞窟」→「入口」→「子宮」→「膣口」と，認識している対象が短時間に自覚なく変動し，客観的な把握が曖昧であるにもかかわらず，その対象に「入っていけそう」と述べ，図版と自分の主観的距離は極めて近くなる。日常生活においても，強い情動（怒りなど）を喚起される場面では，自覚なく，対象を遠ざけ過ぎて全く認識できないレベルから，自分と対象の区別がつかなくなるほど近づけるレベルまで瞬時に距離が極端に変動する可能性はある。

　第二反応では赤領域 D2 を「黄色い花」とするなど不自然な色彩の変更をしている。外的状況を強引なほど無視して関わりやすいように自分の見方を変えていくことからは，CP 同様の解釈―不快情動の否認（怒りを肯定的情動に変えるなど）が推測される。この図版は「あんまり見ていたくない。赤いし」という理由で Most dislike card として選択されたが，Most delyed card でもある。II図版の初発反応時間は 18″ と，他図版と比べると遅延するも，一般平均と比較して遅すぎるというわけではない。しかし，不快情動を喚起されるとやや判断が遅くなり，反応に躊躇を示すなど，動揺する傾向は推測される。

【III図版】

　刺激が分散した特徴ゆえに II 図版よりも赤を反応に取り込みやすく，また P（人）も出しやすい図版であるが，ここではどちらもできぬままに人に関する不良反応を多く出して終えている。情動対処，対人認識の困難さが垣間みられる。7″で P（人）と赤を避けた D5 領域に第一反応「骨盤」を出すが，INQ ではどこに出したのか忘れており，反応内容も「肋骨」に変わっている。その説明も「昨日食べたのがこんな魚だった」と図版特徴ではなく個人の体験に基づいており，さらなる説明では「今日肋骨の話をしていたので。輪切りにした図」と論理が飛

躍している。その場その場で見ているものが変動し，なぜそう思ったのかの説明
も場当たり的かつ主観的で，自分が何を認識しどう考えているのかの認識（いわ
ゆるメタ認知）が上手く機能しておらず適切な行動ができない傾向はここでも持
続する。続く第二反応では「人」を詳しく説明するが，一般的には（P では），
人の胸や肩と見る位置に「顔」，手とみる位置を「胸」にし，D5 に手を見るなど，
かなり奇異な人間反応である。にもかかわらず，本人は全く違和感なく表出して
おり対人認知の独特さがうかがわれた。さらに，人を見ているうちに微細な S に
「目」を追加反応として出すなど，視線の気にしやすさは I 同様である。認知や
思考が客観的事実に基づく因果関係ではなく連想（主観）で繋がるが本人に自覚
はないため言語化はできず，それゆえ他者にも A 子の状態が伝わり難いことが
推測された。この傾向は特に「人」に関わる反応の周辺で多く示される。

　第三反応「死体」は即座に「見えない」と強く反応忘却を主張する。続く第四
反応「鳥」は P（人）の位置に出され，羽や嘴，骨格と鳥の特性のみの説明であ
るものの INQ では「鳥人間」にしている。全般的に P（人）と赤領域を避けるが，
気になり避けきれない中で反応し，結果的に多くの不良反応が示されたかのよう
にも思える。この点は I・II 図版とも共通する。

【IV図版】
　3″で「見下されている」と反応し，その直後に「あ，でも目に見える」と，目
や見られていることに関する反応を示している。そして 20″で少しユーモラスな
口調で「羊〜〜〜みたいな…」と反応し，「結構シミにしか見えない」と図版と
極端に距離を置いている。わずか数秒間に「（自分が）見下ろされている」と距
離の極めて近い侵襲的な状況から「インクのシミにしか見えない」と投影を一切
排除した状況にまで遠ざけるなど，本人と外界対象の距離の極端さは II 同様にこ
こでも生じている。INQ では図版を見た瞬間，こちらの質問を遮るほどの速さ
で「あ，羊みたい」と第三反応（D2）から説明を始めた。その後，第一反応の「見
下ろされている」の説明を求めると，遠近感については述べるが肝心の対象（何
が）については促されてようやく「黒いから男の人」のみ説明され，それ以上，
形態は説明できない。見下されているという体験やその対象と自らの距離に関心
を向ける一方で，その見下している対象が何なのかがわからないことはより本人
の恐怖を強めているであろう。同様に「目」は INQ ではどこで見たのか忘れて
おり，場当たり的に気に留めた S を目とし，1 つが目に見え始めると「ここにも…」
と増えていく。何かに見られているが何に見られているのかわからず，気にし始

めるとその見られている感覚が増加する状況が日常生活で生じていることが推測された。

　第三反応の「羊」や追加反応「ブルドック」は（後にわかったことであるが）動物好きのA子にとって安心できる対象である。図版特徴に合わなくても（形態水準は低くても）とにかく安定な対象を見て終わらせたり，逸脱反応（Deviant Response: DR）ではあるが「動物病院に行くといい」等の身近さを強調した説明を加えることは，形骸化はしているが脅威を減らそうとするA子の自己防衛なのかもしれない。

【Ⅴ図版】

　2″と即「女」を反応するが，INQでは服や下半身は説明するものの上半身の説明は一切ない。「スカートあってキャーみたいな」の「キャー」が何であるかは説明できないままであった。人間反応の後は「インク」と一旦図版と大きく距離を取り，第四反応「関節」も反応忘却しており，「女」を見た動揺とも考えられる。後からわかったことであるが，A子は女性からの被害体験が多い。独特な「女」反応の多さは，「女」から学校でも家庭でも危害を加えられていたこととも関連しているのかもしれない。最後の反応は黒い部分に「羊」で，図版との整合性はともかく安心な対象で反応を終えようとするのもⅣと同様であった。しかし，Ⅴでは「羊（平和的の象徴ともいえる対象）」が，INQで「狼（それに害を加える象徴）」に代わっていることから，顔は外したとはいえど女を見た恐怖を安心できる対象（羊）で無理やり掻き消す対処がここでは上手くいかなかったと解釈することもできる。怖いものを怖くないもので強引にコーティングしようとする姿勢は随所に見られ，Ⅱ図版のCP類似反応ともに似ている。また，動物を見ている位置はⅣ図版と同様の下端位置であり，いずれも人を見た位置を大きく外して，しかも横向きの顔を見ている。人の顔（視線）への恐怖の強さは推測される。

【Ⅵ図版】

　第一反応は「楽器」であり，Ｗで見ていたなら一般的な対象を最初に見た唯一の図版である。ただしINQではD1のみに範囲を区切って楽器のヘッドとしている。第二反応以降は「芸者さん」とセクシャルな女性像を見ているが後ろ姿にしている。女性の反応は度々出てくるも後ろや横向きで正面でも顔は外しており，直接的な対峙を避ける傾向は推測される。続く「肉」はINQでは忘却され，D3に「皮」を反応している。説明では「この前映画で見た」と自己体験を用いたパーソナルな反応にしており，さらなる質問によってようやく「手」のみ説明ができ

ているが，全般的に認知はルーズである。またここでも「羊」を最後に反応していたが INQ では忘却している。本人にとって「羊」は困ったとき，あるいは脅威に晒されたときにとりあえず視点を向ける安心できる対象であるが，あくまでも仮で実質的な守りとしての機能はしない可能性は推測された。

【Ⅶ図版】

　第一反応で「山羊」を説明し，同じ場所に「女の子（P 反応）」を出している。唯一の P の人間反応であり，一旦安心できる対象を見て心を落ち着けた後であれば一般的な対人認知もできるのかもしれない。ただし，P.P では「人間」を見た後に「黒いなあ，すごいですね。こういうの作るの大変ですよね」と図版と大きく距離を取る。「人」と少しでも近くなると急激に遠ざける傾向はここでも示された。支援においては，人への関心はあるが距離が近いと安心できない A 子の対人心性を踏まえた上で対応する必要はあろう。

【Ⅷ図版】

　初めての多彩色図版である Ⅷ図版は Most like card に選択されているが，反応内容は「内臓」や「嵌って抜けられない動物」等で肯定的要素は認められず，また，選択理由に「色があるし」とあるが反応に一切色が取り入れられていないことからは，自分の感情を適切に体験できていない可能性はある。A 子の肯定的な発言（例えば大丈夫や好き，安心など）は現状を映していない可能性はある。

　第一反応は P.P では「内臓」であったが INQ では「レントゲン図」「CT」と対象化（object）して生々しさを払拭している。多彩色図版であるにもかかわらず白黒のレントゲンや CT 画像を見ていることからも情動負荷の軽減傾向が垣間見られる。前述したように，無彩色図版においても黒い部分に「羊」を見る（黒羊もあるが一般的には白い対象を思い浮かべることが多い）こと，赤を黄色に変えた CP 類似反応の存在などと併せて考えると，元の色を無視し強引に変容させる反応は多い。不快感情を無視したり，不快感を快感情に置き換えるという無理のある情動対処が本人の中では日常的に行われてきたのかもしれない。つまり，「大丈夫」「安心」と述べることで不安を払拭しようと試みるが，実際不安は軽減せず，「大丈夫」でも「安心」でもない状況にあるということである。

　Ⅷ図版の認知は全般的に曖昧で大雑把である。第一反応は「何となく」が繰り返されている。第二反応以降は形態を指摘はするが外輪郭は大雑把に捉えており形態質も低い。ただし，INQ で追加反応として出された P（動物）は詳細な形態説明が可能であった。本人を取り巻く状況が複雑化した直後には認識できずとも，

時間を空けると（あるいは他者と落ち着いて振り返ると）客観的な認識が多少はできるのかもしれない。第二反応も PP では「腕」のみであったが INQ では顔や体が認識され，形態水準は良好とは言い難いが全身像が見えている。

　また，女性に関する反応が多い人であるが，ここでは「女性器」を出している。多様な感情を喚起される場面刺激が多くなるとやや抑制がとれる傾向はあるのかもしれない。第四反応の「トカゲ→熊」は INQ になるに従いより一般的な見方となるが，「何かに引っ張られている」「抜けられない」と拘束され進退窮まった状態を認識しながらも「何か」がわからないまま終わっている。A 子の反応からは，「引っ張られたり」「見下ろされたり」「見られたり」，何かが自分に向けて行動を仕掛けているその「行為・状態（述語）」は認識されているものの，その何かの「実態（主語）」がわからない事態が繰り返されている。

【IX図版】

　第一反応で「生物」を出していたが，INQ では「え？」と一瞬戸惑いを示してから「女の人」と包括システムでは P にあたる人間像を出している。第三反応で「女の人」を出しているために置き換わった可能性もある。続く「骨盤」も INQ では忘却し「脊髄」として反応を作り直している。第三反応は「女が二人。見られている」であったが，INQ では「目（女の目ではない）」のみの言及になっている。いずれの反応も P.P と INQ では見えているものが異なっており，取り巻く刺激が強い場面（複数の情動を喚起される場面）では認知の一貫性が保たれない可能性は高い。IX図版では人に関する反応が多いが，人を見ると連想のように見られている反応が出る傾向もこれまでと同様である。学校場面など大勢の人がいる場面においては視線不安や脅威に晒されている可能性がある。

【X図版】

　刺激が分散し色も多い X 図版では，半数以上が色彩のイメージのみで対象化の困難な無形反応であった。自分を取り巻く状況刺激が多く強くなると，漠然と抽象的にしか状況が把握できなくなる可能性は高い。唯一，第二反応の「女の人が何か振り回している」のみ具体的対象として説明したが形態質は良好とは言えない。人の形は明確ではない中で「振り回す」と激しい動きは強調されており強い攻撃性を示す反応になっている。客観的な把握ができないままに行動化に至るリスクも推測される。また，「赤いから女の人」「赤いから内臓」など色彩も反応に取り入れてはいるが，IVの「黒いから男の人」同様に色を単純に記号化した反応で，自らの感情を記号として捉えている域を出ず，生々しい本来の感情を自ら把

36

握できていない様子がうかがわれた。いつもは感情を体験できず，Ａ子を取り巻く状況刺激が多様になると，今回の「奇行」のように本人の自覚が及ばぬ形で攻撃が表に現れている可能性は高い。支援において，学校という多様な感情を誘発される場面でＡ子自身が今後自らの感情にどう気づき，どのように取り扱えるようになるかという視点は重要といえよう。また，「パン食べたいな」など，状況要因が多様になると怒りと共に依存退行気分も促進されやすい（抑制が外れやすい）。これも問題行動の背景要因の１つであるかもしれない。

3.　総合解釈

　Ａ子のロールシャッハ特徴より，現在以下の点が考えられた。

1) 対人認知及び距離の不安定さ

　対人不安や恐怖が非常に強く，常に何かに見られている感じを受けやすい。それ故，人間を避けようとするが，結局，人が気になり無視できずに微細な部分に目など人の断片が唐突に認識されることがしばしば生じている。また，見られている感覚（侵襲性）は強いが何に見られているのかその対象は明瞭にならず，これらが余計に対人不安や恐怖を高めている可能性はある。この対人不安由来の距離の不安定さは対人認知にも影響している。反応全体に体の一部（目，舌，足，関節，内臓，性器など）が散見されるが形態水準はいずれも不良で，また人の全体像も著しく奇妙な反応（Ⅲ）や顔が外された反応（Ⅴ・Ⅵ）も多い。これより自分の体をまとまりあるものとして感じられない傾向，他者を安定した存在として認識できない傾向は推測される。また，人に関する反応の産出後に反応忘却や単なるシミの認識になることの多さからも，対人距離は安定せず，近づくと人の認識自体が困難になるほど極端に距離を取る傾向が推測された。

2) 情動体験の困難さ

　情動を喚起される場面では動揺しやすく適切な状況認識ができなくなるなど，情報処理にも影響が生じる状態にある。動揺しないように，不快感情に飲み込まれないように自ら様々な対処を行うが，その対処が適切ではないが故に余計に情緒の安定性を欠く悪循環が認められた。有彩色（領域）には関わらないなど基本的に情動を喚起される状況には近寄らず，情動を無視・抑圧する対応が主である。

それゆえ，自らの生き生きとした感情や衝動は感じ難い。さらに，不快情動を喚起された際には，快感情に強引に捻じ曲げたり，客観的事実を無視して極度に抽象化・記号化するため，自分の本当の感情が自分で把握できず，感情体験が混乱してしまう（赤領域に黄色い花などCP類似反応，無形に近いCsym，「赤いから女の人」など色の記号化）。しかし，本人を取り巻く状況が多様となると，本人も自覚ないままに激しい怒りや依存退行気分が飛び出し行動化する可能性も高い。

3）情報処理の混乱

　1）2）のような人や不快情動への対処が影響しているが，情報処理は混乱しがちである。人や不快情動（脅威）を避けるため外界状況をいち早く把握しようと活発に情報処理努力を行うものの適切な状況認識ができず，努力が徒労に終わる状況にある。あちこち不規則にせわしなく視点が動き，落ち着いて状況把握がなされず，一般的には認識しないような周辺の微細な刺激を素早く認識する一方で，多くの人が認識する主要な刺激の取りこぼしが多く，情報収集にむらが生じていた。その結果，漠然としたあるいは全く客観的認識ができない事態がしばしば生じている可能性がある。特に感情が喚起される場面では顕著であった（Rの多さ，R1Tの早さ，細部への刺激の多さの一方で，漠然反応や無形反応などの多さ，短時間でS（空白）→ W（全体）→ D（部分）→ dr（一般的でない部分）と動くようなシークエンスの乱れ，そしてR+％の低さ）。

4）認知や思考の流動

　3）の落ち着かない情報処理が影響している可能性はあるが，見ているもの・言ったことをすぐに忘れたり，思考が自覚なく移ろうことが多く生じる。自分がどう考え，どう認識したのかを意識せず，状況を場当たり的に認識しているため，本人の思考や認知は主体性を欠きやすく，流動的で連続しないことが多発している（反応忘却，反応流動，追加反応の多さ，Ⅱ図版では洞窟→入口→入っていけそう→子宮の入口と流れる）。しかもそのことに違和感を示さないなど，自分自身へのメタ認知も機能していない傾向が推測された。

5）主観的理解の優勢さ

　認知や思考が場当たり的なことに加え，反応説明の際に，図版の客観性に基づかず「昨日魚食べたんですよ，魚こんなだった（Ⅲ図版）」「こないだ映画で見た

のはこんな感じ（Ⅵ図版）」など主観的体験を根拠に説明する反応（包括システムでいう PER）が多い。また，反応説明の際「（コウモリが）キャーキャーってしている」「スカートあってキャーみたいな」など擬音語で説明し，それがどういう状況なのか言語での説明が困難である点が多く，主観的，感覚的把握が主で論理的に整理されないことが推測された。そのため，本人の体験を言葉で他に伝えることには限界がある。

6）自我境界の破たん

　「目」の認識が多く，「見られている」「気持ち悪い」（Ⅰ図版），「見下ろされている」（Ⅳ図版）などと刺激を侵襲的にとらえている反応が多く，自分と外界の境界が破たんしている傾向が示唆された。さらに，その「見ている対象」「見下ろしている対象」が「どのような形をした何なのか」，客観的な把握ができておらず，恐怖や気持ち悪さのみが体験されている状況であった。何かが自分に向かって侵襲するような恐ろしさや気持ち悪さはリアルに感じる一方，その実態がわからないため打つ手がない状況に晒されていることが推測される。

7）全体として現実検討の低さ

　思考，情動，客観的な認識のすべてにおいてまとまりがなく，状況認識は適切に働かない。現状としては精神病レベルにも相当する深刻な思考や認知の混乱状況が推測された。ただし，本人の混乱は情報処理の影響により引き起こされており，そして，その情報処理は対人不安や恐怖由来，また強引な情動対処故に生じているなど法則性があることから，対人問題に起因した急性の精神病状態や心的外傷による一過性の混乱状況にあることも考えられ，一定期間で沈静化する可能性も否定できない。他所見も併せて検討する必要がある。投薬や心理面接等で対人恐怖や情報処理が落ち着いた状況での再検討（再検査）も必要であろう。

8）支援として

　病名が何であれ，いずれにしても，現在，本人が自分の内外の状況について客観的把握ができずに恐怖や不安に晒されていること，自分で把握できないがゆえに行動や言語にまとまりを欠くこと，負荷が強まると行動化も生じうることが推測された。現時点で自発的な安定化は望めないため，入院治療も含めて安定した状況の確保は必要である。安定を確保した上で，急がせずに本人の感覚や感情，

認識を少しずつ言葉で繋いでいく作業は本人の認知や思考，情動の体系化につながり，回復上必要と思われる。ただし，対人距離に過敏な状況にあるため，急激に距離を詰めるようなアプローチは本人の安定を欠くため避けた方がよい。また長期的には，本人の混乱の一因として考えられる対人問題，情動対処の問題も心理面接の中で取り上げていく必要はあろう。

4. 心理面接経過

　心理検査結果のフィードバックを行った後，A子本人の希望および主治医の依頼で心理面接が開始されている。面接当初のA子の話は，断片的で混乱したロールシャッハの結果さながら，主語がなく，話題が脈絡なく突然に変化し，質問されると言葉に窮して固まってしまうことが続いた。繰り返し出てくる話題として，進路への「不安」（ただし不安という言葉は使わず，不安という自覚もないようであった），またそれに影響していると思われる不安定な家族状況があったが，断片的でその話題が継続することがなかった。面接を開始し始めて数カ月後に，進路選択の時期に差し掛かり「なんか波がいっぱい来ると嫌な感じ。なにこれ？」と根拠のわからない状況を本人が「不安」と自覚し始める。しかし，この時期には「不安」を体験することの負担からか知覚も思考も断片的でまともに話せない初期の状態に突如戻ったり，「不安」の体験を避けようとして極端な眠気や物忘れ，奇妙な身体症状が増加することもあり，悪化しては改善の一進一退の状況が続いた。心理面接では，A子本人が「なぜ不安が生じるのか」と不安に向かい合おうとする際にはA子を取り巻く断片的な情報の繋合わせや整理を共に行い，それが負担な時期（上述の症状が出現した時期）には整理を急がず，A子がやがてまた不安を抱えられるように不快感を排斥せずに持ちこたえる抱えの力が身につくことを目指してエンパワメント中心の支援を行った。半年後，次第に親との軋轢が語られ始め，自分の状況や感情について短いながらも1つのまとまりとして話すことが増加する。A子は裕福な名家ではあるが，両親が親としての機能を果せない家において親族の過干渉を「ぽーとしたいい子」として切抜けてきたこと，そうするのが一番楽だったこと，ある日突然うまくいかなくなったことが語られた。一族の力動は非常に入り組んでおり，A子自身にも複数の入り組んだ心的外傷体験が存在していた。近年は経済状況の悪化が加わり，また親族内に病人も増え，A子の心的・物理的負担も増えたところに学校での友人からの軋轢（いじめ）

もあり，何かが弾けたと後に話していた。面接中盤には断片的であった認知や思考，感情がまとまりを見せ，過去から今に至るまでの自分の状況をある程度まとまったストーリーとして話せることが増加した。この後，大学進学し，生活が安定したところで心理面接は終結している。この過程の中で結果として統合失調症は否定された。

5.　生育歴：（心理面接開始後に徐々に収集された情報）

　現家族は両親と同胞の5人家族。両親は周囲の反対を押し切って結婚するが，両親の夫婦仲は良好といえず。父親が常に家にいない状況の中，母親と母方一族の「干渉にさらされながら」，ぼーっとした要領のよくない子として生育。母方祖父母は一代で家業を成功に導いた裕福な地元の有力者であったが，代替わりした頃より徐々に経営不振や一族の病気が重なり，A子が思春期に入る頃には家業は倒産寸前の状況であった。母親は「裕福な家庭で甘やかされて育ったお嬢さんで，自分の意見を譲らず感情の起伏の激しい人」。父親は「風来坊で親としての自覚がない人」と後に語る。母親一族は「みな気性が激しく，特に女性は感情的で自分の意見を譲らない。自己主張がすごく強い」「黙っているのが一番得策だったので逆らわないで今まで来た」。元々成績は良かったため，一族から有名私立中学受験が義務付けられたが，実際に第一希望の中学に入学した頃より一族の経済事情が悪化したため，「学費がかかる。お前のせいで苦労する」など責められることが多く，母親からは特に怒鳴られた。学校ではいじめにあったが誰にも言わずされるがままであった。勉強も友人関係もそれなりにこなしていたので，誰にも自分はよくわからなかったのだと思うと話していた。

　その十数年後に，全く別の形でA子と再会している。大学を卒業し，現在，かつてのような混乱はなく，仕事や家庭生活，対人関係に時にストレスを感じつつも日常生活を過ごしているという。

6.　解説

　本事例は，急激な思考の混乱や逸脱した行動により統合失調症疑いで学校から医療に紹介された事例である。臨床現場において，急激な混乱をきたした思春期青年に出会うことがある。これまで学校でも家庭でも特に大きな問題を起こすこ

となく生育してきた（かのように見えた）思春期の少年・少女が，ある日突然，「意味不明のことを大声で叫びだし」「落ち着きなく動き回る，あるいは脈絡のない（その場にそぐわない）行動を始める」「話しかけても意思の疎通が全く困難になる」などが学校や家庭で生じたとき，まず，第一に疑われるものの1つは統合失調症をはじめとするいわゆる精神病の発症である。一般的に思春期は統合失調症をはじめとする精神病の好発時期とされている。しかし，そのほかにも心的外傷性症状（いわゆるフラッシュ・バック等）や，気分障害，物質乱用などにおいても同様の症状は生じうる（APA, 2013）。あるいは，思春期という発達段階ゆえの動揺，すなわち身体的成熟と精神的成熟のずれ（Kertschmer, 1949）や自我同一性の確立の困難さ（Erikson, 1959），現実的衝撃のなさゆえの浮遊感・人生目的の持ちにくさなどから生じる動揺など思春期特有の内的問題が，友人との諍い，他者との疎通の取れなさ，いじめ，成績不振，失恋，試合での失敗など，その他日常生活上の外的問題が重なったときに症状として顕在化し，それが時に激しい混乱の形を取ったということも考えられる。

　思春期の混乱は，精神病的，すなわち内的要因が強いものから状況，すなわち外的要因の強いものまで様々あり，しかし顕在症状が激しい場合にはその区別がつきにくい場合もある。本事例はそのような1事例である。

引用文献

American Psychiatric Association（2013）*Diagnostic and statistical manual of mental disorders* (5th Ed.). American Psychiatric Publishing.［髙橋三郎・大野　裕（監訳）（2014）DSM-5 精神疾患の診断・統計マニュアル，医学書院.］

Erikson, E. H.（1959）*Identity and the life cycle.* New York: International Universities Press.［小此木啓吾（訳編）（1973）自我同一性. 誠信書房.］

Kretschmer, E. (1949) *Psychotherapeutische Studien.* Stuttgart, Germany: G. Thieme.

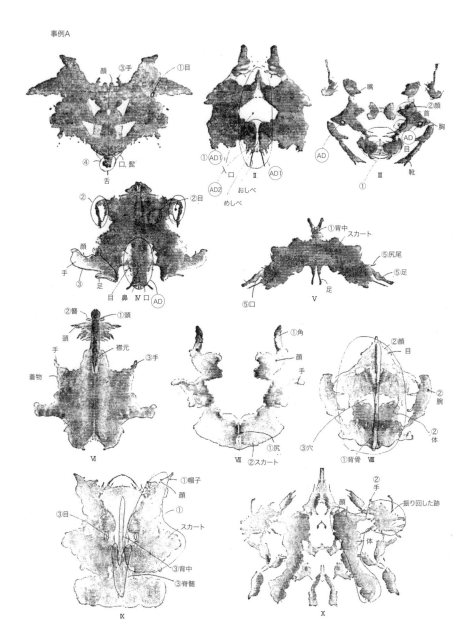

事例A

第4章

死ぬために拳銃を借りたいと交番に申し出てきた男性の事例

山崎恵莉菜（医療法人社団光生会　平川病院）・佐々木裕子（聖徳大学）

1. 事例概要

(1) 対象者

　Bさん。30代男性。現在，無職。

(2) 問題と経過

　専門学校卒業後，地方の会社に就職したが，対人関係がうまくいかないと感じ
るようになり，過重労働もあって最初の会社を退職した。すぐに転職したが，そ
こでも上司や同僚から理不尽に怒られ，短期間で退職することになった。怒られ
ると「パニックになり，ぐちゃぐちゃした感情が出てくる」感じだったという。
その後，不眠，食欲不振が生じ，次第に倦怠感や無価値観を感じるようになった。
心療内科を受診し，継続通院をしながら，なんとかアルバイトとして働き続けて
いたが，再び上司から理由なく怒られたことを機に欠勤するようになり，結局ア
ルバイトも辞めることになった。その後，無為な生活をしていたところ，たまた
ま入った居酒屋で昔の上司と再会し，こんなところで遊んでいられる身分かと怒
鳴られた。予想外の厳しい叱責をきっかけに父からの暴力体験を思い出し，「自
分なんて生きている価値もない」と考え，入水自殺を図ったが死ぬことができず，
その足で交番に行き，自殺したいので拳銃を借りたいと申し出たため保護された。

(3) 家族と成育歴

　両親と兄の4人家族。父親がアルコール依存症で，幼少期には酔った勢いで暴
力を振るわれたことが何度もあったという。それでも，高校ではサッカー部の部
長を経験するなど，就職するまでは特に大きな問題はなかったとBさん自身は

感じている。

2. ロールシャッハ結果

(1) ロールシャッハ・プロトコル

　入院中にBさんより「自分の性格や深層心理を知りたい」との希望があったことから心理検査施行となった。描画法（統合型HTP）を実施したところ，精査が必要と判断されたため1週間後にロールシャッハ・テスト（片口式）を実施した。

表4-1　本事例のロールシャッハ・プロトコル

Card	反応段階	質疑段階
I ①∧ 2″	コウモリ，ですね。 〈もう少し見てみて，他に見えるものがあれば言ってください〉	①〈Q〉黒いのと，これが翼に見えた。〈翼以外の他の部分はどうなっている？〉これが胴体でこれが手なのか足なのか，このちょろっと出てるやつが。〈手？足？〉多分手ですね。〈コウモリらしさ〉色と羽ですね。あと普段は止まってるけど羽ばたいてる最中なのかな。 　　　　　　　　　　　　①コウモリ　　W　　FM±, FC′　　A　　P
②∧ 33″	ハロウィンのかぼちゃの顔。ぐらいですね。	②〈Q〉この白い部分，上が両目で下が口角が上がってるような気がしたのでその2点で。〈口角が上がってる〉この部分が口だろうなと思って。〈ハロウィンのかぼちゃらしさ〉顔のパーツが，目と口からですね。前にハロウィンのこういうかぼちゃ見たんで，ギザギザのアレを連想しました。 　　　　　　　　　　　②ハロウィンのカボチャの顔　　W, S　　F±　　(Hd)
II 18″ 1′30″	んー，これはなんか思いつかないです。…思いつかないです。 〈もう少し見てみて〉んー…いや，出ないとだめですか？〈何も見えない感じ？〉そうですね，イメージができないです。	〈これは何も思いつかなかった〉全く連想つかなくて。どこも特徴が無いんで，とりかかりが分からなかったです。〈特徴が無かった？〉イメージと結びつくものが何一つないんで。〈今見ても何も見えて来ない〉ですね，はい。 　　　　　　　　　　　　　　　　　　　　　　　　　　Fail
III ①∧ 20″	んー…。んー…。何かを取り囲んで踊っ	①〈Q〉取り囲んでるものが黒い2つで，この先が頭，で，足，手で，相対している感じですね。この赤い部分が炎に感じて，焚き

55″	ている2人ですかね。対面して何かを踊ってる人です。	火レベルじゃないですかね。〈赤い部分ってどこ〉全部〈炎っていうのはどの特徴から〉パッと思いついたのはキャンプファイアーでしたね。中心にあるものは赤だから火だろうって思って，周りにあるのは飛び火というか，同じものだろうと。〈取り囲んでる何かっていうのは〉黒い部分が2つ，何なのか。地面に置いてあるだろうという想定で。ひょっとしたら燃えカスか何かの土台かな。 ①何かを囲んで踊ってる2人　　W　M±, CF　　H, Fire　　P
IV ①∧ 24″ 53″	すごい大きな怪獣を下から眺めている感じですかね。何十メートルって大きいやつ。	①〈Q〉怪獣というかモンスターというか。〈どこがどうなってる？〉この部分が顔に見えて，真上から見下ろされてる感じ，自分が見上げてるのか，徐々に太く見えて足かなって。この部分，これが手というか触角というか。真ん中のが尻尾をイメージして黒くでっかいのが見下ろされている感じ。〈怪獣？　モンスター？〉モンスターですね。〈人に近い感じ，動物に近い感じ〉空想上のっていったらあれだろうなって。良いモンスターではなくて黒くてでっかいモンスターですね。〈人寄り，動物寄り〉動物寄りですね。〈ここは手？　触角？〉手になるんですかね。〈何十メートルって大きい〉スカイツリーを見上げる感じあるじゃないですか，あんな感じですね。相手もこっち見てます。〈それは今見られている感じってこと？〉そうですね，もし足元に自分がいるなら見下ろされてる感じですね。今も，というかもし居ればって感じです〈今見られているのではなく，もし自分が見上げているとしたら相手も見てるんじゃないかなって事〉そうです。〈モンスターらしさ〉ところどころ鮫肌になってるところ。〈鮫肌？〉ギザギザした部分，こういう部分ですね。 ①すごい大きな怪獣　　W　　FK干, M, FC′　　(A)
V ①∧ 9″ ②∧ 38″	これもコウモリと， 女性が手を広げて待ってる風に見えます。	①〈Q〉さっきと一緒で，羽で中心に胴体があります。〈さっきと一緒？〉一番最初のやつです。種類は違えど，コウモリかなって。さっきは羽が大きかったですけど，これは細長い感じ。〈コウモリらしさ〉黒いところと羽とあと4つ手足に見えます。こっちは触角でこっちはぶら下がるときの足に見えました。 ①コウモリ　　W　　FC′±　　A　　P ②〈Q〉両手広げて立ってる，待っているところです。〈どこがどうなってる〉これが手でこれが頭でこれが足で，華奢な足に見えたのでそこで女性かなと思いました。〈これが手？〉裾の垂れた服でこう待ってるイメージ（gesture）。〈裾の垂れた服〉足の比を考えると手だけ図太いのはあり得ないなって思って。洋服の影というか形なのかなって。ひらひらしたヒダみたいな。〈ひらひらっていうのは〉この部分，垂れ下がってゆれるようなものなのかなと思って。 ②女性　　W　　M干, mF　　H, Cg
VI ①∧ 34″	んー，なんかしらの弦楽器。ギターみたいな	①〈Q〉弦は無いんですけど，ここがじゃかじゃか弾く大きいところで，ここがネック〈ネック？〉あの調節とかする部分のこと

51″	弦楽器の形に見えます。	です。で，この下が細い部分あるじゃないですか。それでバランスがそう見えました。〈ギターみたいなっていうのは〉色も弦も何もないんで，似たようなものかなと思いました。 ①弦楽器　　W　　F±　　Music
VII ①∧10″ 33″	んー，恋人が顔を突き合わせてるところですかね。	①〈Q〉こっから上が人です。顔を向き合わせている。〈人はどこがどうなってる〉説明するんですか？〈はい〉この出てるところが鼻で，下のくぼんでるところは目です。この首から肩にかけての部分です。〈じゃあ肩までの部分だけ〉そうですねこの辺までしかイメージしてないです。〈恋人っていうのはどういうところから〉仲良さそうに見えたんで，近距離で近づけるぐらいなんで，距離感がそうなのかなって。〈どっちが男性でどっちが女性とかある？〉いや，パッと見，右が女性で左が男性かなって。こっちの方が華奢に見えたんで。こっちの方は男性っぽくしっかりしてるのかなって思って。〈華奢？〉この首のここが首に見えたんですけど，この首の部分が細くて女性っぽいかなってイメージでこっち女性でこっち男性だろうっていう，顔の距離も近いし恋人は男と女でっていうので。 ①恋人　　D2　　M∓　　Hd
VIII ①∧14″ 43″	んー，両脇の赤いやつが生き物がはい上がってる様子に見えます。	〈Q〉赤い部分がイメージ，カエルみたいなので，ぺたぺた上がってる，植物の葉？　枝を上がってるっていう。〈カエルはどこがどうなってる〉赤の2本が手，後ろが足，胴体で先っちょが顔。緑があって，この，この細い部分が幹の部分で葉があって。緑で連想したんで。〈幹？〉あー，枝ですね。〈カエルらしさ〉形ですかね。背中の曲がり具合でここを顔に捉えた，それがカエルの形に似てるなって思って。 ①生き物　　D1　　FM±, FC　　A, Pl
IX ①∧37″ 57″	んー，目と鼻だけある異星人というか宇宙人というかそんなイメージです。	①〈Q〉主にここです。白いところが2箇所鼻で，オレンジの輪郭が白も混ざって目に見えてここが頭のてっぺんというか輪郭が頭に見えました。未知の生物で色とかちょっとよく分からない色なので〈よく分からない色〉さっきのやつと違って3色ぐらい，オレンジとか白とか色々ぐちゃぐちゃに使われてるんで不確実なところが。 ①宇宙人　　D, S　　FC∓　　(Hd)
X ①∧21″ 49″	宙吊りになってる2人の周りを複数のものが飛んでる，ですね，はい。	①〈Q〉これが宙を吊るための道具というか紐になってて。これが頭，肩，胸，腰，お尻，足。それ以外のものはふわふわ回って飛んでるような。〈複数のものが飛んでる〉妖精かなんかじゃないですか。〈どういうところから妖精？〉使われてる色があまり攻撃的じゃないので悪いことはしなさそうって良いことをしてくれそうって思いました。手足も無ければそれっぽい生物の特徴もないので。 ①宙づりになってる2人の周りを複数のものが飛んでる 　　　　W　　M∓, mF, FM, FC　　H, (A)

(2) スコアリング結果

R = 11　Rej = 1（Fail）　RT = 52.0　R1T（Av.）= 19.0　R1T（N.C）= 15.8

R1T（C.C）= 23.0　W:D = 8:3　W% = 72.7　Dd% = 0.0　S% = 0.0　W:M = 8：4.5

M:ΣC = 4.5：1.5　FM+m:Fc+c+C′ = 3.5：2　Ⅷ + Ⅸ + Ⅹ /R = 54.5%

FC:CF+C = 2：0.5　FC+CF+C:Fc+c+C′ = 2.5：2　M:FM = 4.5：2.5

F%/ΣF% = 18.2/100.0　F+%/ΣF+% = 100.0/54.5　R+% = 54.5

H% = 54.5　A% = 36.4　At% = 0.0　P（%）= 3（27.3）　CR = 3　DR = 6

(3) ロールシャッハ解釈

　反応総数は 11 と少なく，詳細な形式分析を行うことは難しい。しかし，少ないながらも以下の特徴が挙げられた。

①検査を希望したものの内面を表現することに警戒的・回避的で（R = 11，R1T = 19.0），物事への興味関心も低い（CR = 3）。

②外的刺激に対して受身的（W% = 72.7）ではあるが，客観的に判断することができた際には，一般的・常識的なものの見方は可能である（F+% = 100，P = 3）。

③体験型は内向型（M：ΣC = 4.5：1.5）で，主観的で恣意的な判断が活発に行われている（M∓ = 3）。また，様々な刺激に過敏に反応して混乱するなど（add.mF = 2，FK∓ = 1，FC′ = 2），情緒統制の不安定さが指摘できる（Color card Rej = 1，FC∓ = 1）。

④しかしながら，依存・愛情欲求といった繊細な情緒体験は未熟で，感受性も育っていない（c = 0）。そのため，漠然とした内的体験を内在化し，理解するには限界がある。

　以上，生産性は低いものの基本的な外的認知に歪みは見られない。とはいえ，過剰な観念活動が生じていること，情緒統制に不安定さがあるため，内的生活でどのような混乱が生じているのか継列分析でみていく必要があるだろう。

　継列分析からは，次の点が特徴として挙げられた。

①情緒的刺激に対しては，Ⅱカードの反応失敗のように回避的になるか，Ⅷ・Ⅸカードのように漠然とした印象のみ（Ⅷ「赤いやつ，生き物」，Ⅸ「目と鼻だけの異星人」のような不明確な対象）となるかのどちらかである。情緒的刺激に過敏に反応するばかりで，色彩を取り入れた内省的な判断は難しい。

②対人関係に関しては，一見友好的で，対人希求性も認められる（Ⅲ「対面して踊っている」，Ⅴ「女性が手を広げて待ってる」，Ⅶ「恋人が顔を突き合わせてる」）

が，決して協調的な対人交流にはなっていない。むしろ「待ってる」，「恋人」，X「宙吊りになってる2人」と主観的に関係性を認知しており，対人関係で何らかの誤解が生じる可能性が示唆される。これは，何らかの情緒的刺激が加わった際に生じやすいと考えられる（例えば，Ⅳ「怪獣を下から眺めている」→「見下ろされている」，X「使われている色があまり攻撃的じゃないので，悪いことはしなさそう」など）。また，Xカードでの「宙吊りになってる2人」は，自分では全くコントロールができなくなってしまう"させられ体験"を連想させる反応であり，「それ以外のものはふわふわ回って飛んでるような」といった浮遊感と共に，「悪いことはしなさそうって，良いことをしてくれそうって思いました」とするなど，情緒的刺激が判断に影響し，主観的な意味づけが行われてしまうことがうかがえる。

3. その他の心理検査結果：描画法（統合型HTP）

(1) 統合型HTP解釈

　用紙の左寄りに家，木，人を描き，最後に地面となる基底線を描く。教示通りの順番で描いていく様子からは，物事に受動的に関わる傾向にあり，自ら刺激を組み合わせて構成していくという主体性に欠けることが指摘できる。また，人と木がかろうじて関連づけられているが，どのアイテムも非常に簡略的で現実味に欠ける。付加物もなく，内的世界の貧困さや柔軟性の乏しさがうかがえる。描線は薄い線を何度も重ねており，自信の無さや情緒の不安定さが推測できる。

　家：基底線は不安定で，屋根も建物と接地していないため今にも飛ばされそうである。Bさん自身「家はあまり意識して描いてない」と述べており，Bさんにとって家は安定感や温かみに欠ける場所であり，あまり関わりたくないと感じているようである。窓の描写も無く，外界から引きこもり，関わることに回避的な傾向がうかがえる。

　木：根は剥きだしで，現実検討力の弱さがうかがえる。樹冠はなく，枝が剥きだしで，枝と根はその区別が曖昧とも言えるほど，非常に奇妙な印象を与えるものである。枝の先端は棍棒のようになっており，外界からの影響も受けやすいことが示唆される。思考が感情の影響を受けやすく，それ故に現実検討力も低下するのだろう。

　人：非常に奇妙な人物が描かれている。木に寄りかかっており，外界との関わ

りには回避的で自己愛的に引きこもる傾向がうかがえる。着衣すら描かれており
ず，性別も不明である。何度も描き直したものの，結局，体の部位や節が不明瞭
で，違和感のある人物像となった。自己像や自己の身体感覚，自我境界が曖昧で，
自己不確実感を抱えていることが推測される。

4. 本事例のアセスメント

(1) テストバッテリーによる本事例の理解

　今回実施したテストバッテリーのいずれの検査からも，Bさんが環境に対して
受動的で，興味関心も乏しく，柔軟性に欠け，適応の幅が非常に狭められている
状態にあることが指摘された。そのため，情動刺激に影響されやすく，他者から
の叱責に対して「ぐちゃぐちゃした感情が出てくる」というように，自分の内的
感情を明確に捉えることができないまま，その場面から回避すること，つまり職
を転々とすることで，外的情緒刺激にも内的動揺にも対処してきたと考えられる。
　トラウマを子どもの頃に被った場合，その影響として「感情コントロールの困

図 4-1　本事例の統合型 HTP

難」,「アイデンティティへの否定的影響」,「対人関係への過度の過敏さ」(成瀬・餅原・久留, 2009) が生じるとされており, B さんが幼少期に受けたという父親からの虐待が, B さんに何らかの影響を与えた可能性も考えられる。また, トラウマと解離の関連は深く, 青木 (2009) が「心的外傷を被った者においては, 明確な解離症状が示されていない場合でも解離の機制が生じている可能性」があることを示唆しているように, B さんの情緒的混乱のしやすさや, 内的体験への感受性の乏しさ, 自己像や自己の身体感覚の曖昧さは, 解離の機制から理解することが可能である。①B さんは, 統合型 HTP に現れていたような主体性や自己不確実感の問題を抱えており, 非常に脆弱な自己感しか体験されていない。そのため, ②強い情緒的負荷に曝されると混乱して回避するか, もしくは「外界と自己についての現実感覚機能 (神谷・西原, 2006)」が障害され,「安定した身体感覚」や,「他者を独立した存在として区別すること」,「どの特性が自己表象に所属し, どの特性が他者に所属するかを正しく認識すること」(神谷・西原, 2006) が障害され, 恣意的・主観的な関係認知が行われてしまうことになるのだと考えられる。

(2) アセスメントの要点

　今回のロールシャッハ反応からは, 統合失調症を疑う明らかな兆候は認められない。しかしながら, 統合型 HTP では統合失調症圏を疑うほどの構成力の乏しさ, 描線のコントロールの不良さ, 人物像の身体感覚の曖昧さ, もしくは自我境界の脆弱さ, 現実感覚機能の低さがみられている。篠竹 (2015) が,「描画テストは一定の視覚的刺激を用いない点で刺激が最も漠然としており, 対象者が自ら刺激を構造化していかなければならないという特徴を持っている」というように, 一定の刺激の枠組みがある中で受動的に応じられるロールシャッハ法では露呈しなかった B さんの「外界と自己についての現実感覚機能」の問題や, エネルギーの乏しさが統合型 HTP で露呈したのかもしれない。この現実感覚機能の問題は,「解離という防衛機制の結果」(神谷・西原, 2006) としても生じると考えられることから, B さんの拳銃自殺の申し出は, 上司からの予想外の叱責という強い情緒刺激に対する解離機制として, 一時的に現実検討力が低下したことによって生じた可能性が考えられる。とはいえ, B さんのこうした問題が, 日常的な障害として生じていないかについて, 慎重にフォローアップしていくことが必要であろう。

引用文献

青木佐奈枝（2009）ロールシャッハ・テストに見られる心的外傷性の解離. 心理臨床学研究, 27, 129-139.

神谷栄治・西原美貴（2006）心理アセスメントにおける自我機能. 椙山女学園大学研究論集, 37（人文科学篇）, 45-54.

成瀬めぐみ・餅原尚子・久留一郎（2009）PTSD（Posttraumatic Stress Disorder）と BPD（Borderline Personality Disorder）のロールシャッハ反応に見られるトラウマの影響. 鹿児島純心女子大学大学院 人間科学研究科紀要, 4, 19-27.

篠竹利和（2015）第 9 章 青年期（医療場面）. 高橋依子・津川律子（編）臨床心理検査バッテリーの実際, p. 140. 遠見書房.

第5章

ロールシャッハ法実施後に魔術的信念を吐露した男性
——ハンドテストとのテストバッテリー——

佐々木裕子（聖徳大学）

1. 事例概要

(1) 対象者

Cさん。40代男性会社員。独身。

(2) 主訴

不意に訪れる焦りや苛立ちがあり，コントロールできない。また，自分の行動に自信が持てず，否定されたり，失敗したりすることを恐れ，行動にブレーキをかけてしまうため何とかしたい。

(3) 問題歴

幼少期から絵が好きで漫画家を希望していたが両親に反対され，仕方なく大学に進学した。大学時代には友人と同人誌漫画を制作して販売し，数冊ではあったが売れたことがあった。大学卒業後，印刷会社に就職し，ひとりで絵を続けた。しかし，売れるような作品を描こうとはやる気持ちはあるものの，次第に思うように手が進まなくなった。描いた絵にも満足ができず，イライラして壁をへこませるなど怒りを爆発させることもあった。

ちょうどその頃，会社の経営状態が悪化し，仕事の負担が倍増したこともあり，気分が沈みうつ状態となった。そのため，絵を描くことができないまま数年が経ち，その間に同人誌漫画の質が変わってしまったため，「このままでは絵で世に出ることは難しい」と感じ，絵を諦めて小説を書く計画を立て始めた。資料を集めたり，ストーリーを考えたりしたが，結局小説は書けないままとなっている。

その後仕事の負担は減ったが，気分の落ち込みは改善しないため，心療内科を

受診し，抑うつ状態と診断された。投薬治療を続けているが，「負のスパイラルに入ってしまう」ところがあるため，認知行動療法というカウンセリングを知り，受けてみたいと思うようになった。自分で自分の創作をできなくする「ブレーキの解除が第一目標」であるが，一方でカウンセリングを受けることは，小説が書けない自分への言い訳のようにも感じている。

(4) 臨床像

　Tシャツにチノパンとルーズな格好ではあるが，大柄で表情は硬く暗いため，厳つい印象である。ただし，礼儀正しく挨拶し，時間通りに来談して静かに待合室に佇む様子からは，真面目なサラリーマンとして勤務できていることを納得させる。しかし，幼少期からのいじめを「見返してやるため」に絵や小説で「世に出る」ことを真剣に考えていたり，有名な占い師の噂を聞きつけて遠方まで出かけて行き，お告げが事実かのように報告したりするなど，奇妙さが垣間みられた。

　また，家族に対して関心がなく，両親の年齢も不確かであり，同人誌を制作した友人とも自分から連絡を絶つなど，孤立した人間関係がうかがえた。独特な言葉遣いや回りくどい説明の仕方も顕著で，具体的に確認しても，なかなかCさんの現実の生活状況や職場での実際の人間関係が見えてこない状況であった。

2．ロールシャッハ結果

(1) ロールシャッハ・プロトコル

　心理検査の実施を提案したところ，自分でも自分のことがよく分からないからと，ぜひやってみたいと意欲を示した。SCTを持ち帰りで実施し，ハンドテストを実施したところ，病態水準の精査が必要と判断されたため，スーパーヴァイザーがロールシャッハ法（片口式）（表5-1「魔術的信念を吐露した男性のロールシャッハ・プロトコル」参照）を実施した。

表 5-1　魔術的信念を吐露した男性のロールシャッハ・プロトコル

Card	反応段階	質疑段階
I 4″ ①∧ 9″	ん，そうですね。 ユリとかそういう感じ の花。	①〈Q〉まず全体のシルエットが花の優雅な感じがしましたんで。まずそれで，その第一印象で優雅な花。〈どこがどうなっている？〉ここら辺が花，ここが葉，そんな感じですね。茎だとか。〈特にユリ？〉っていうあれではないんですけど，ぱっと浮かんだのがその言葉だったんで。〈優雅な花？〉胡蝶蘭とか，そんな。 ①ユリ　　　W　F干　Pl.f
②∧ 32″ ∨∧ 60″	もしくは，ケープとか，裾が長い女性が鏡合わせになっている。これは，この向き？〈自由にどうぞ〉	②〈Q〉ここが半面で説明すると，ここが体で，手でって感じで，それが鏡合わせになってて。で，人がこう立っている，ここら辺が裾だったりとか，ケープだったりとか。〈女性？〉ここが，あの，ここのシルエットが髪の毛に見えたのと，ここが腰に見えたので，それがくびれていたので女性だと。全体にも丸い，柔らかい感じなので，そういう風に意識したと。〈一人の女性？〉一人の女性が鏡合わせになっているような感じ。 ②女性　　　W　M干，FK　H, Cg
II ①∧ 10″	ん，えっと， 血の跡，ですかね。	①〈Q〉まず，目についたのが赤い色の部分で，それが血に見えた。〈血の跡ですかねって，おっしゃってますね〉血の跡ですね。床に飛び散った血の跡。こういうところ，この辺が，床に飛び散った血の跡のように連想させる。ここら辺からずっと。で，これが，床の上に血が飛び散っている感じで。 ①血の跡　　　dr　CF　　Bl
②∧	んっと，何かが腐ったような，感じ。	②〈Q〉これは，色的なもんで，ここの色が黒ではなく，若干，紫っぽいような感じで，それが床に落ちて，長年かけて腐敗していったような。それは，それをはがした時の床の色のような。〈何が腐ってる？〉有機物，まあ，肉とかそこらへんですかね。〈さっき，黒ではなく，紫っぽいっておっしゃってましたよね。それは？〉この黒がですね。〈真っ黒ではなくて〉そうですね。 ②腐った跡　　　D1　CpF　腐った跡
③∧	拷問	③〈Q〉はい。これはまあ，全体的に見て。この真ん中の部分，白いところが，ここがスカート。ワンピースみたいな感じですかね。それを着た女性に見えて。それがその，貼り付けられている。縛りつけられている。腕をくくられて，足をくくられて，台に固定されているような感じで。〈特に拷問というのは？〉ん，ま，周りの赤い色とかも連想しますし，くくられ方がその，責め苦っていうか，その決して，縛られている人を楽にさせないような縛り方に見えたんで。 ③拷問　　　dr, S　Fm−, Csym　　H, Cg, 拷問
④∧	2匹の猿。こんな感じで。	④〈Q〉ええ。この黒い影が，あの猿に見えた。〈どこがどう？〉ここら辺が，頭で，手で，足で。〈猿らしさ？〉ちょっと，猫背気味で，シルエットがそのカチッとしたシルエットではなく，ぼわぼわした感じで，毛が生えてるみたいな感じでした。〈ぼわぼわ？〉全体的なこうシルエット（Trace）。で，まあ知性的な感じもしたので。

64″			〈どこから？〉そうですね。まあ2匹の猿, こっちとこっちの猿が, 互いに意思疎通をしている感じがしたので。〈どの辺から意思疎通している？〉こう手を合わせている, 2匹の猿が。手を合わせてるのは, お互いの目標がうまくいったとか, 力を合わせるとか, そういうような明確な意思が感じられると。〈なるほど〉 ④2匹の猿　　D1+1　　M∓　　A
III ①∧ 9″	女性の首元		①〈Q〉はい。全体的な印象が, 貴族や王族とか, ゴシックな感じの服装を連想させまして。ここの赤いのが, その首のリボンとか, 蝶ネクタイみたいな, 感じに見えまして。それで女性の首元, 胸元みたいな, 感じがしまして。ここが首で, ここが肩（Trace。白い部分まで）。で, まあこれが髪の毛のような。〈女性？〉そうですね。この肩の落ち具合が, 女性の, なで肩みたいなところと。ま, ここらのしわの入りが, なんとなく。鎖骨だとか, 服装のしわだとかに見えて。〈貴族とか王族？〉かなり, あの, その凝ったファッション。リボンやネクタイだとか。その, 服に見えた印象だとか。あとは, 白いだとか。 ①女性の首元　　W, S　　FC′−　　Hd, Cg
②∧ 20″	ステンドグラス		②〈Q〉ステンドグラスって言ったのは, ほんとにぱっとした印象だったので。何っていうのか, やはりここの部分 D3 が象徴的に見えて。ステンドグラスっていう明確なイメージというよりも, ぱっと浮かんだような感じですね。まあ, あえて言うなら, ここら辺のシルエットが, それっぽく見えた。〈そこら辺も関係している？〉ん, まあ9：1みたいな感じで。ここら辺中心で見て, その外縁に映るぼやっとした, あの視界の端に映る, ぼやっとした印象がステンドグラスの, そのモザイクみたいなものに感じられた。
56″	こんなもんで。		②ステンドグラス　　D3 → W　　CF　　Obj
IV ①∧ 4″	男性的		①〈Q〉この三角のシルエットと, この正三角形のシルエットと, ここの張り出し具合が男性の肩に見えて。ガウンをまとった, 王族のようなガウンをまとった, その男性に見えたと。〈王族？〉ああ, そうですね裾が長いところと, あと, そうですね, ビジュアル的なところで言うなら, その厳めしい感じ。厳つい感じ。〈どういうところから？〉この肩, 広さと, その全体的な威圧感みたいなもの, 見るものに与えるような。 ①王族の男性　　W　　F±　　H, Cg, 王族
② 16″	傲慢 権力 ん, と粗暴, 粗野。		②〈傲慢？〉やはり, その, ピラミッドのヒエラルキーの, その上の方に位置するイメージがありますので, その三角で, 三角のイメージで, そのピラミッドのヒエラルキーを, さらにイメージさせて。そこの上の方に位置する, そのイメージがありましたんで, それで傲慢だとか, 権威ある人間の, そのおごり, 高ぶりみたいなものを感じさせる。謙虚なところは感じさせない。〈これは, ピラミッドとかヒエラルキーを表す何か〉っていうところもあります。何かの頂点を表している。やはり, 権力者であったり, 国の

		頂上の人間であったり，を表しているもの。〈例えば何？〉首相，総理，国王。〈を表す絵？〉イメージ。ん，そうですね，オーラみたいな。〈具体的な何かではなく〉具体的なものはないんですけどね。ただ，全体的なイメージの作られ方が，そういう風にもっていこうとしているような感じですかね。〈オーラみたいな，象徴する何か？〉そうそう，三角っていうのが，底が広いので安定性を感じさせるところになりますので。正三角形と逆三角形ではイメージの捉え方が違うんですが。正三角形であると安定したものを好むというようなイメージがありまして，だから安定したイメージがある。それが安定した地位にいるということは，安定したそれなりに充実した国であったりとか，そのグループであったりとか，揺らぎない感じでもありますので。〈権力とか粗暴とか粗野は？〉全体的なその輪郭がぴしっと，まっすぐ通っていない。直線で構成されてないので，そのごわごわしたのは，やはりその，なんていうんですかね，自分の意思を通すとかではなくて，自分の我を通すみたいに感じさせますね。我を通す，欲望を通す。ゆえに粗暴，粗野っていうのが出てくる。つまり，相手に対して，相手の立場とか心情を意に介さず，上から命令するみたいな。 ②傲慢，粗暴，粗野　W　F−　Abst（権威） (Add) まあ，この三角って言ってますけど，ここの部分を椅子とか，大きなソファーとかっていうのに見ると，今度は，仰向けに，寝そ，ふんぞり返ったその人にも見えますので。〈どこ？〉ここが，胴体，ここが足，でまあ，ここがソファー。〈なるほど〉で，ふんぞり返って，座ってる人間のようにも見えますので，それでより粗暴だとか粗野だとかっていう印象を受ける。 Add ふんぞり返った人　W　M±　H, obj
③ 63″	不可侵 ん，こんなもん。	③〈不可侵〉ん，色が，黒が，色が変化しているとしても，その黒に近い白だったりとか，白が少ない。だから，自分の三角，テリトリーの中で白が占める割合が少ない。というのは，やはり外部からの影響を受けにくい。受けたとしても微小。少しであると。ゆえに不可侵。〈これは，権力だとかイメージ，それともさっきの人の方？〉ん，やはり，もととなった三角っていうイメージのラインがもとにありますね。三角のイメージに基づいて考えると絶対的な領域。〈そこが不可侵な領域〉はい。 ③不可侵な領域　W,S　FC′−　三角
V ①∧3″	女性的 孤独 絶望 退廃 喪失	①〈Q〉まず，この絵が，ここの真ん中を，良く見たところ，女性の腕，足に見えた，まあここがスカートだったりとかに見えた。それで，女性的と。さっきも，三角だって言ってましたけど，今度の三角は不安定な三角に見えるんですよね。正三角形のようながっちりとした三角ではなく，二等辺三角形で。……そうですね。あの，今度の二等辺三角形の場合は，ものすごくべったりとした安定なので，なかなか，そのはがれないとか，あの，根付いちゃ

ってるような感じ。あの地中に根付いちゃってる。その，地面に根付いちゃってる感じなので，現状というその地面から自分という存在を引きはがせないだとか，変えられないとか。位置が動かないとか，そういったべったりとした感じですね。それで，その中心の女性みたいなのが，顔を覆って，上を，顔を見上げてる。〈どこ？〉手で顔を覆って d1，空を見上げてるような感じ。絶望だとか，その負の感情に押しつぶされそうになっている。〈顔は？〉無いんですけどね。背を，背筋を反らして顔を見上げてるので，ちょっと見えないんですけど。〈背筋，背中側ってことですか？〉いえ，あのこう，お腹側なんですけど，顔を手で覆って（d1 は腕），背筋を反らして，顔を見上げてるような感じで。〈孤独，絶望？〉そうですね。負のスパイラル。負の感情の鬱積とか。〈退廃？〉そうですね。〈喪失？〉そうですね。あの，負の感情の一番大きそうな，慟哭を感じさせるんで。慟哭を感じさせるのは，やはり喪失であると。それは自分の恋人であったりとか，親であったり，近しい人間だったり，自分の立場だとか，そういった自分の大切にしているものを失ったときに感じさせる，その慟哭のイメージ。そこから喪失。〈それが女性の〉そうです。

42″	ん，以上	①女性（喪失）　　W　　M－　　H, Cg, Abst（絶望）
VI ①∧ 5″	はい。挑戦 革新 孤独 独自 す，先頭 憧れ	①〈Q〉そうですね。ここ D2 が，伸びている。センターが伸びている。というのは，やはり，先端，針の先，とがったイメージを受けましたので。それに対して，その，あの，何かから先んじてやろうという強い意志を感じさせるので，挑戦。〈何？〉ん，群衆の中のイメージでしょうね。例えば科学者だったり，その，学者であったりとか，その，周り D3+3 いるのがその一般人だとしたら，ここ D2 にいるのが，科学だったりとか研究者だったりとか，挑戦しようとしている人間のそのイメージ。〈ここに人がいる？〉人っていうか，人の形のイメージですかね。影みたいな。細かい人の群れ。ここ D3+3 の群衆，ここ D2 が研究者の群れで。あの，群衆から先んじて，率先しているようなイメージでもありますし，他から群れずに，先へ先へと延びようとする意志みたいなものがありますので。〈先へというのは，こっち？〉ですね。これをもし逆に見たとしたなら（∨にする），この人たちは，礎になるんでしょうね。今度は，ここの部分が逆三角形に見えるんで，不安定な感じに見えますね。そこの不安定な部分を，ここの真ん中の芯 D2 が，がっちりと，支えているので。 〈革新？〉革新というのは，革新的イメージとか，改革の革に，新しいの新。だからやっぱり既存の技術とか，既存の常識に，から逸脱して，その先へ先へと進むイメージがあるので。〈孤独？〉やはり，ここの部分が群れているのに対して，ここは孤独に，周りにあの頼らずに，自分の力で伸びてるような感じ。〈独自？〉ええ。〈先頭も今の？〉そうです。先の頭と書いて先頭。フラッグシップであったり，その経営者，トップリーダーだったり。〈憧れ〉そうです。やはりここの部分が，はっきりとしてますし，対して，こ

63″	ん，こんなもん。	っちらへんは，そのぼやっとした薄墨。こっちの薄墨に対して，こっちの黒は濃い。やはり，濃いというのは，それだけイメージがはっきりしている。自分の意思を持っている。だから，この薄墨たちは，濃い黒を，黒に対して憧れを持つのではないかと。 ①挑戦（革新）　　W　　C′F, mF　　Abst（挑戦者と群衆）
VII ①∧ 6″	はい。融和 柔らかい 融合 家族	① 〈Q〉ん，そうですね，やはり強調とした色が無くて，全体的に色が淡い感じを受けましたので。その，やはり，その，ん，まあここのところが女性のスカートにも見えたから，女性的で，女性で，女性的にも感じられたので，女性が，やさしさ，女性的な受け入れ，とか，やさしさ，向かい入れる，それは母親だったりする，愛情みたいなものを感じて融和だとか。…・敵を作らないとか，その敵に対して牙をむかないみたいな，誰とも敵を作らないような，その姿勢，雰囲気がそのやはり協調だったり。〈それは何？〉まあ，それは具体的なイメージというよりも，その，人間の言葉であったり，立場であったり，環境であったりするので，その，例えば，対話している中で，相手と相手のその意見の応酬になった場合，それは，濃い色としてあらわれると思うんですが，その濃い色としてあらわれて，それがお互いにぶつかりあったら，それは，その鋭角的な黒い筋となって出ると思うんですよ。それが無くて，その淡い色で統一されているというのが，あの，お互いに対立していても良い共生関係結んでいるだとか，そういう友情を感じているだとか，その協力関係にあるだとか，敵対していない，敵対関係ではない感じであると。〈柔らかい，融合というのが今の？〉そういう感じです。〈これが何かというよりは，敵対していない，柔らかい，融合的なものをイメージさせる〉そうですね。まあ，ちょっと思ったのが，ここ，ここがお互い向かい合った顔で，で，そこで対話だとか，そういうような。〈どこですか？〉ここ，ここ顔ですね。顔で，お互いに色が柔らかい，淡い感じなので，お互いに嫌なイメージを受けていないから…ん。 　　　　　　　　　　　　Add. 顔　D1　M±　Hd 〈家族？〉ん，やはりその融和だとか，協調とか，そういうものの根底にある，一番イメージしやすいのが家族だったりするので家族であると。家族というのは血縁的な家族であるということもありますし，その同じ志をもとに，同じ屋根の下に住んでいたりとか，寮に住んでいたりとか，血縁関係に無くても，近しい間柄で，あの共生されている，そのグループが，家族であったり。〈これが家族だっというのではなく〉そうですね。まあ，全体的なイメージ。大きな和のつながりみたいな，そういうイメージですよね。〈ここが顔で，他は何か見えるとかあります？〉他，ここの白いところがスカート，女性的に見えるという。〈ここがスカートで？〉ここがスカートで，〈あとは？〉胴体，胴体に見えたと。ま，ちょっと足はちょっと見えづらいんですけど。やはりその，イメージ的な絵で表すと，女性を表そうとすると，女性的な衣装であったりとか，丸みを帯びたシルエットだったり，女性の体を想像させる，その

		シルエット，である，その方が絵的には，考えられると思うので，まあ，そこでまず最初に考えたのが，女性の衣装であるスカートが中央に，中央に位置していると，それで女性的であると感じ。その周りの色が淡い色だったので，それゆえに，女性であるというよりも女性を象徴とした，その生存，集いの場，であると感じました。
53″	ん，こんな感じで。	①女性（融和）　　S ⇒ W　　F−，C′　　Cg，Abst（融和）

VIII	はい。ん……	
①∧ 7″	骨	①〈Q〉やはり，人間の骨盤に見えたりしましたので。〈どこ？〉骨盤，まあこここ辺ですよね。そこら辺が骨盤。〈らしさ？〉ここが仙骨で，骨，骨。背骨があって。 　　　　　　　　　　　①骨盤　　　D7+3　　F∓　　Atb
②∧	内臓	②〈Q〉その骨から類推して，ここの赤い部分がその内臓であると。〈どの辺？〉ここの赤い部分。が，まあここ筋肉だったり，小腸，大腸とだか，内臓に見える。やはり，骨盤からイメージして，その骨盤周りの肉体，内臓といえば，そういうふうな感じに受けましたね。 　　　　　　　　　②内臓　　　D7 ⇒ W　　F∓　　Ats，Atb
③∧	す，骨格	③〈Q〉やはりここの，人間の骨格標本の模型であったりとか，そのよく理科室に飾られている，その，骨と筋肉のマネキンみたいな。そういうイメージですよね。 　　　　　　　　　　　　　③骨格　　　W　　F−　　標本
∨∧		
④	の，脳	④〈Q〉こう見た場合，前頭葉とか側頭葉だとか大脳とか，そういういったものを想起させました。〈全体で脳？〉脳ですね。〈どっちが前とか？〉こっちが前ですね。前頭葉というイメージがあったので〈笑〉。 　　　　　　　　　　　　　④脳　　　W　　F∓　　Ats
⑤∧	分断 解剖	⑤〈Q〉やはり，真ん中で切られているという感じだったり。その，輪切りにされたような感じでもあるので。中身を透かして見るという分断ですよね。割って断つ。解剖みたいな感じですよね。〈解剖されているのは？〉やはり人間ですよね。〈人間の何の部分？〉やはり，腹，腹の中。〈解剖とか，分断された中身〉そうですね。〈どこが何とか？〉やはりさっきの骨とか，内臓とかの。それで，人間の腹を割った，中身を見ていった場合に分断されているという。〈解剖も同じ？〉はい。 　　　　　　　　　　⑤分断，解剖　　　W　　F∓　　Atb
⑥∧	中空 しん，芯	⑥〈Q〉これは，またちょっとイメージが変わりまして。ここラインとしてみたら丸で。丸のラインがあるんですけど，中はつながっていない感じがしたので，中が空の中空。〈それは何？〉ん，タイヤのホイールだとか，ホイールじゃない，タイヤのチューブですかね。だったり，そのメリーゴーランドとか，そういった乗り物。だったり，そういった乗り物の軌道だったり。何かを中心として回転するんですけど，中が空。ここのところが芯に見えるので，ここ，色，青の濃いところが芯に見えるので，ここを中心

98″	ん，以上。	にして何かが回転している。〈どう回転する？〉こうクルクル，クルクル。〈ここを中心としてこう回っているんですね？〉こう，回ってる。 　　　　⑥中空・回転　　W, S　　Fm∓, FK　中空のものが回っている
IX ①∧ 9″	グラス	①〈Q〉ここの部分 D3 が，ワイングラスに見えたんで。こう(Trace)。〈らしさ？〉上が三角，逆三角形，こっからくびれていって，底面を支える底，底がここに D6 存在すると。なので，グラスであると。 　　　　　　①グラス　　　dr　　F∓　　Obj
②∧	シャンデリア	②〈Q〉∨こう掛けると，〈こっち向き〉はい。下に光を投げかける。この d1 温かい光が下に向かって出ているので，シャンデリアに見えた。〈ここが光？〉で，ここ D6 が天井裏の器具で，装飾になっている。で，ここの D1 色が，あの背景の暗さ。〈背景なんですね〉ここの D4 色の薄い部分が，そのガラスの色で。〈どこ？〉ここが。ガラスの薄い色と。 　　　　②シャンデリア　　W　　FC∓, FK　　Light
③	王族	③〈Q〉やはり，その，このグラスの色，グラスの形が，そのちょっと杯の形が，ちょっとびしっと角がとがっている。角がとがっている杯というので，その，やはり一般の人間では手には入れられないっていうか，手にできない，限られた人間でしか，その手にすることができないという，特別性，専任制みたいなのが感じられた。ここら辺の装飾のやつが，金の装飾に見えた。なので，王族と。〈金らしさ〉ここのオレンジ色のが，この金のレリーフだったりとか。 　　　　③王族のグラス　　　dr　　FC∓　　Obj, 王族
④	かし（「火事」の聞き間違い）	④〈かし？〉火事っていうのは，やはり，ここ D3 の赤から立ち上るオレンジ色の光。に見えたんで，やっぱりその炎上しているように見えたんで，そのイメージ。炎上しているようなイメージもあるんですけど，焚火のような温かいイメージのようなものもありますね。ごうごうと燃えてるというよりかは，メラメラと燃えてる。ここ D6 が火の中心部で，こっからあの炎の光，明かり。で，これ D1 がちょっとまあ，暗い背景みたいな。森の中みたいな暗いところをイメージしますね。 　　　　④火事　　W　　CF, mF, KF　　Fire, Na
⑤	夕暮れの森林	⑤〈Q〉あ，これは，ここら D1 辺が森に見えて。で，ここ D6 をその夕暮れの赤だとしたら，あの日の光に照らされて，ここは道路が赤く染まっているみたいな。逆の発想ですか，さっきと。こっち D6 があるから，こっち D3 があるんじゃなくて，こっち D3 があるからこっち D6 の色になるっていう。そう考えると，夕暮れの空，赤い太陽の光に照らされて周りがオレンジ色に照らされている，で地面 D6 がちょっと赤くなっている。〈森林〉ここら辺 D1。 　　　　⑤夕暮れの森林　　W　　CF, KF　　Lds, Na

	田舎 郷愁 憧れ 暖かい	〈田舎〉やはり，まあ，全体的に牧歌的な空気も感じられますので。のどかな空気，環境であるとか考えたら，やはりそれは田舎だったりとか。〈それは田舎の何っていうのは？〉田舎のその，田園風景の，その夕暮れ時。〈さっきのと同じ？〉ですね。〈郷愁？〉それ，やはりそのイメージからきました。〈憧れ？〉やはりその，色の黒さに対して，このトップの色が明るいと。やはり対となっている色があるので，そのここの光が明るくて，温かい感じ。逆に下の方が，沈んでるとなると，やはりイメージ的なもので，渇望しているものが，やはり，優しくて，温かいものを望んでるのではないかなという，感じがしますね。……やはりその，優しくて温かいものというんだったら，さっきの火事っていうのは，メラメラ燃えてるその，建物の火事というよりも，その焚火の方の，あのオレンジ色であたりを柔らかく染めてるような，その温かい光。
125″	ん，以上で。	火であるようなイメージでもあるのかな，という。
Ⅹ ①∧11″	ん，ちょう，調和	①〈Q〉やはり，いろいろな色があると。それが1つの絵に収まっているというので，ここが対立せずに収まっている，ていうので調和だと。色がそれぞれ違うんですよ。寒色，暖色，いろいろあるんですけど，そこら辺にあの，敵対せずに収まっている。 　　　　　①調和　　W　　Csym　　Abst（調和）
②	烏合の衆	②〈Q〉やはり，色が違い，形も違うので，やはり，とあるきっかけで，そのバラバラになる，なり得るというような印象を受けました。やはり，ここ一つの形に収まっているんですけど，色が違う，形が違う，やはりここの強調，強調じゃない，独自性が，その何をきっかけとするか分からないんですけど，その調和がばらけてしまえば，バラバラにならざるを得ない。あの対立せざるを得ない。みたいな印象を受けますね。〈それは，烏合の衆の何かっていう？〉やはり，色ですね。
	個性	〈個性〉やはり，形が違う。〈いろんな形が個性だと〉そうそう。やっぱりその，同じ形は，同じものが，まあ鏡合わせなのであるとしても，やはり，全体的に同じような形があるわけではない。
	国	〈国〉やはり，あの，多様性，大きな多様性を内包した存在といえば，まずは国を思い浮かべますね。やはり，グループ，それも大きなグループですね。そういうので考えて，象徴的な，その言葉で表すとしたら，やはり国であると。まあ，小さな，分かりやすいイメージとするなら，大学のサークルだったりとか，部活であったり，そういったところですね。もっと大きいな目でみたら，やはり国かなと思ったので。 　　　　　②烏合の衆，個性，国　　W　　CF　　Abst（バラバラ）
③	上下関係	③〈Q〉こっからは形になるんですけど。やっぱりここで，三角のイメージがありますし，で，底に行くほど，その形が定まっていないような形で，数も多いと。上に行くにしたがって，形，形というよりも数が無い，というところで，その権力的なものをあのイメージとして，いますね。 　　　　　③上下関係　　D14　　F−　　三角

	大衆	〈大衆〉大衆はね。大衆とか，その民衆みたいな，そういうのも，やはり一番最初の色のイメージから。〈いろんなのがたくさんあるという〉ですね。
	国の中央	〈国の中央〉やはり，こう国があるとして，センターの部分見ると，やはり，何か特異な形がこうあったりするんです。そういう，こういう所をみると，国の中央というのが存在するんだ。中央とか，組織の中心，何か，人間であるのか，その核となる，その，何ていうか，決まり事みたいな。イメージできる，例えば形あるもの，例えばお金だったりする，グループの成績だったり，そういった形のあるものだったりするのも。精神論的な，あの調和，とか友愛だったりとか，そういった言葉にイメージされる，そういった中心となる存在。目標ですね。〈そういうのに感じられる〉そうですね。
④	花，花園	④〈Q〉やはり，色が，いろいろな色があると。で，いろいろな色が存在するところを具体的にイメージするなら，バラだったり，花だったり。そういうのが色とりどりに存在する。〈どこにどの花？〉わけではない。 ④花，花園　　W　　CF　　Pl.f
	利害関係	〈利害関係〉なんて言うんですかね。色がお互いに暖色寒色入り混じっているので，その暖色寒色入り混じっていながらも，お互いに手を組んでいるようにも見えますので，そういったところから利害関係。利害関係があるから手をつないでいられると。〈色のイメージからの発展？〉そうです。はい。烏合の衆という所にもつながります。利害関係がなくなれば，その手を繋いでいる理由がなくなるわけですから。
⑤	種子，種	⑤〈Q〉全体を花としてみた場合に，こっちかな（∨向きにする），まあ，これが茎で，花であって，葉。まあ，ここら辺が，おしべやらめしべやら。ここら辺が種で。まあ，ここら辺も茎で，花で。ちょっと枯れた葉っぱで。で，それで枯れた葉っぱ。もう命が尽きようとしている時に残そうとするのが種であろうというようなイメージもありましたんで。〈全部で花にも見えるし，種もある〉そうですね。種の存在がどこかにあると。 ⑤種子（花）　　W　　FC干　　Pl.f
	栄枯盛衰	〈栄枯盛衰〉真ん中の花が大きく，明るく咲いている。にも拘わらず，ここにある花は，朽ちて枯れ果てた，そうになっている。栄えるものは必ず衰える。盛者必衰にも思われますし，やはり，今が花の盛りであるものもあれば，もうすぐ力尽きて，なくなろうとしている，そういうものが，二つ同居している。〈こっちとこっちの花が同居？〉そうですね。ええ。ここには，新しく芽を出そうとしているような花の存在も感じられますし。
	羨望，羨望，渇望ですね。	〈羨望，渇望〉やはり，今盛りの花に対して，憧れがある。渇望というのは，もっと長く生きたいとか，もっと華々しく生きていたかったというのも感じられる。

⑥	しゃこうせい（「しゃこうしん（射幸心：幸福を得たいと願う感情）」と言った可能性がある）	⑥〈しゃこうせい？〉社交性というのは，やはり，この色が違う，形が違うにも拘わらず，その手を繋いでいたりだとか，同じ輪の中に入っていたりだとか，というところで社交性を感じられる。
200″	ん，以上です。	だから相手は，あいつは色が違うから駄目だ，形が違うからのけ者だとかいう風な，そういったイメージではなくて，対話やら，お互いに理解し合おうとする，社交性を感じられると。 ⑥社交性　　　W　　M−　　社交性

(2) スコアリング結果

R = 33　Rej = 0　RT = 82.4　R1T（Av.）= 7.3　R1T（N.C）= 7.4　R1T（C.C）= 9.2

W：D = 24：5　W% = 72.7　Dd% = 9.1　S% = 3.0　W：M = 24：6

M：ΣC = 6：9.75　FM+m：Fc+c+C′ = 3：3.5　Ⅷ + Ⅸ + Ⅹ /R = 51.5

FC：CF+C = 3：7.5　FC+CF+C：Fc+c+C′ = 10.5：3.5　M：FM = 6：0

F%/ΣF% = 33.3/72.7　F+%/ΣF+% = 9.1/16.7　R+% = 12.1

H% = 21.2　A% = 3.0　At% = 12.1　P（%）= 0　CR = 16　DR = 9

(3) ロールシャッハ解釈

　Cさんは，ブロットから受けた印象を連想語のように反応しているため，どこまでを反応とするかが問題となるプロトコルであった。最終的にスコアしたのは33反応で，スコアリングの特徴として以下の3点が挙げられた。①情報入力が非常に受動的で（W% = 72.7，W− = 7, nonF W = 7），現実を客観的に判断しようとする努力が放棄され（F+%/ΣF+% = 9.1/16.7，R+% = 12.1），印象から観念的に判断してしまい，その結果，一般的・常識的なものの見方や他者と共有可能な外界認知がほとんどなされていない（P = 0，A% = 3.1）。②体験型は両向型で（M：ΣC = 6：9.75），過剰に主観的な意味づけを行いつつ（M− = 2），色彩による情緒的影響も受けやすい（FC = 3 ＜ CF+C = 7.5）ため，思考と感情とが混乱しやすい状態にある。③不安や焦燥感，抑うつ感など漠然とした内的体験は活発ではあるが，どれも十分には内省できておらず（C′ = 3.5，add.FK+KF = 2.5，add.m = 2），情緒的体験に対する感受性はむしろ乏しく（cF+c = 0），混とんとした状態にある（マイナス反応の Fm と FC′ = 3）。

　ただし，継列分析からは次のことが指摘される。印象や連想語のような反応にもその素となる知覚像があり，それらは一般的な形態知覚を伴ったものもある。したがって，Cさんの知覚そのものが歪曲されているわけではなく，そこからの

連想や印象が，被害的なテーマとなっており，権威やそれへの服従と反感といった印象への強迫的なこだわりとなっている。また，反応として対人交流が全くなく，言葉遣いも日常的なものとはなっていない。現実の生活での人間関係が制限されている可能性がある。とりわけ，女性に対してはアンビバレントな態度が指摘される。

　以上のことから，Cさんの人格特徴として，①権威・服従といったテーマへの強迫的なこだわりが物事の判断を歪曲させている，②不安や抑うつ気分など混乱した内的体験を十分に内在化することができないため，とりとめのない観念が流出してしまう状態となっている，③対人交流の乏しさによって自己の観念を一方的に表現するという関係しか築けないでいる，といった3点を挙げることができる。

3.　その他の心理検査結果：ハンドテスト

(1)　ハンドテスト・プロトコル

　ハンドテストは，面接担当セラピストによって第5回面接時の最初に実施された（表5-2「魔術的信念を吐露した男性のハンドテスト・プロトコル」）。本来15分ほどでハンドテストは実施できるが，多くの反応を出したこともあり30分ほどを要した。

(2)　ハンドテスト解釈

　日本人平均18個である総反応数が39個と非常に多く，課題である"手の動作"を答えるのではなく，手から受けた印象に反応する（DES = 2）など連想的に反応が広がっている。①日常生活が観念的・主観的な体験ばかりとなり，主体的な活動や環境への機能的な働きかけに乏しいことが解釈される。ただし，②形態認知に大きな歪曲はなく，カードプル（カードに特徴的な反応）は標準的であり，常識的な対応はできる人である。本検査では，ロールシャッハ法からは判断しにくい対人関係の持ち方を捉えることが可能であるが，③Cさんの対人交流は，一方的に自分の要求を主張する形に偏っている。しかしながら，ロールシャッハ法ではわかりにくかった④Cさんの他者への愛着（甘え欲求）が，本検査にはきちんと表れている。ただし，⑤反応の質が親愛的なものから攻撃的なものへと反転してしまう継起からは，Cさんの情緒交流が安定したものとなっていないことが指摘される。

表 5-2　魔術的信念を吐露した男性のハンドテスト・プロトコル

Card	Responses	scoring
I 15″ ①∧ ②	んー…これで答えろと？〈はい。どうぞ（渡す）〉あ，はい。 （受け取る）1 枚にかかる時間とかは？〈気にしないで見え た通りに〉あ，はい。じゃあ，①人を止めているところ。制 止しているところ。〈他には？〉他の意味でもいいんですか？ 〈構いません〉えー，②人に挨拶をしているところ。うーん。 くらいですかね。〈なければ伏せて置いてください〉こうで すか？〈はい〉	① DIR ② COM
II 5″ ③∧ ④	③うーん。何かを鷲掴みにしようとしている感じ。これはイメー ジ的な物で答えればいいんですか？〈思った通りに〉強欲な イメージ。〈例えば何を？〉お金っていうか，欲しい物をです かね。④あとは苦しんでいる感じ。〈もう少し詳しく〉夢でう なされているとか, 何かにあがいてるとか。葛藤しているとか。	③ ACQ (DES)(Money) ④ TEN (FEAR)
III 3″ ⑤∧ ⑥<	⑤人に指示をしている。安全確認。注意を，えーと，あの， 示している (E)。見る所を示している。〈何の為に？〉会話の 内容で，あそこに何々があるよとか，そういうような感じの。 あとはそこに石があるから躓かないようにねとか。これはこ う∧じゃないとだめですか？〈自由で〉自由で。うん。んー。 ⑥んー…傲慢な感じ。〈もう少し〉相手が自分より下に見えて いる。上司と部下とか，先輩後輩とか，他にも能力のあるな しとか，新入社員とかそんな感じですかね。立場に差がある。	⑤ DIR ⑥ DES（権威）
IV 5″ ⑦∧ ⑧< ⑨∨	⑦何かを覆い塞ごうとしている。〈例えば何を？〉例えば目を。 自分の目でもあり子どもの目でもあり。見たくないものから 目を逸らす。または，見たくないものを見させないようにす る。⑧うーん, 相手に握手をしようとしているところ。友情， 友和, そんな感じですかね。〈ゆうわ？〉友和，友達に和解 の和です。⑨何かを欲しがろうとしている。相手に向かって 金銭や物を請求して。	⑦ DIR (HID) (IM) ⑧ AFF ⑨ DIR (DEP) (Money)
V 5″ ⑩∧ ⑪ ⑫ ⑬< ⑭∨ ⑮	⑩抱え込もうとしている。〈例えば何を？〉うーん。物とか 荷物とかですかね。⑪あとは，肩，相手の肩に手を置くよう な。〈何のに？〉うーん，制止ですかね。制止だったり，⑫ 仲がいいとか (D)。肩をこうしている感じでもあったり (E)， こう〈こう，こうした感じでもあったり (D)。うーん。⑬あ とは，相手を抱きしめようとしている。⑭あとは権力の象徴 ですかね。権力を表している。〈もう少し〉そうですね，本 当にイメージだけなんですが，私はお金を持っているとか， 私はあなたより何かに優れているとか，⑮そういった攻撃的 な感じが，相手にとって攻撃的な感じがします。	⑩ ACT ⑪ DIR ⑫ AFF ⑬ AFF ⑭ DES (権威) (Money) ⑮ AGG

VI 6″ ⑯⑰∧⑱＜ ⑲＞	⑯じゃんけんですかね。⑰相手に怒りをぶつける。⑱やる気。自由意思ですね。自由な意思。〈もう少し詳しく〉誰かに対して，目標を定められたわけでなく，自分で目標を立ててそれに頑張っていこうと言う強い意志ですかね。⑲うーん。怒りを抑える。自分の意志，主張を堪える。自分の心を言わない，封じ込めるみたいな。胸の内に留める。ですかね。	⑯ COM(IM) ⑰ AGG ⑱ TEN ⑲ TEN (HID) (AGG)
VII ∧ 5″ ⑳ 〉㉑㉒ ㉓	⑳握手をしようとしているところ。〉㉑挨拶。うーん。㉒こっちに向かって来いという意思表示。㉓〈収穫が何もなかった。手ぶらで帰る，みたいな。残念，がっかりとかですかね。〈手ぶらで帰ると繋がりますか？〉そうですね。あとはまあ，合格発表を見に行って，不合格だった時の落ち込みみたいな。これは1個前に戻っても良いんですかね？〈1個前？〉こっちの方に。〈伏せたカードはそのままで〉はい。うん，そんなところですかね。	⑳ AFF(RPT) ㉑ COM(RPT) ㉒ DIR ㉓ PAS(失望)
VIII ∧ 4″ ㉔㉕ ㉖ ㉗ ㉘ ㉙	㉔チェスをしようとしている。㉕何かを修理しようとしている。〈例えば何を？〉その，ドライバーを使って機械や家具を直そうとしている。(@)㉖落とした物を拾おうとしている。㉗黒板にチョークを使って何かを書いている。〈何の為に？〉板書…授業のために。先生の手ですかね。㉘あとは壁に落書きをしている。㉙あと，創造。物を作ったりするつくるつくるの創造。〈もう少し詳しく〉そうですね，物を書いたり，字を書いたり，絵を描いたり，物を組み立てたりしてるところの過程。こんなところかと。	㉔ ACT(IM) ㉕ ACT ㉖ ACT ㉗ ACT ㉘ ACT(IM) ㉙ ACT(DES)
IX 4″ ㉚∧＜㉛ ㉜ ∨㉝ ㉞ ㉟	㉚リレーのバトンを受け取ろうとしているところ。〈㉛おつりを受け取ろうとしているところ。㉜もしくは，いくらですとお金を支払いを求めているところ。㉝抑止。制止とか。〈もう少し詳しく〉えーと，立ち入り禁止とか，そういった感じで，手をこう前にして抑えてるんですね。㉞ (D) 伏せろと命じているところ。〈何のため？〉犬に対して伏せろと言っていたり，㉟地震が起きたので伏せろとか机の中に入れと指示をしているところですね。以上です。	㉚ DEP ㉛ DEP (Money) ㉜ DIR (Money) ㉝ DIR ㉞ DIR(IM) ㉟ DIR(FEAR)
X 4″ ㊱∧ ㊲ ㊳ ㊴	㊱えーと，親指を挙げて相手によかったとジェスチャーをしているところですかね。〈何のため？〉相手がしてくれたことが良かったりとか，自分がしたことが良かったというところですかね。これは思い浮かんだのは1個だけですか？他にも浮かんだ場合は〈教えてください〉はい。㊲Ｖサインとかピースサインとか，喜びをイメージですね。あと，手は1個だけですか？両手でもいいんですか？〈思った通りに〉㊳バツ印 (D)。こうですね。〈それは何の為？〉だめだったねと。㊴あとオーケーサイン (D) でしたね。あの予定が空いてるとか，そんな感じですかね。相手の了解，相手に対しての了解をするところ。了解するところ了解されたところ，です。こんなところです。	㊱ EXH ㊲ EXH ㊳ DIR(失望) ㊴ COM

Scoring　Summary

AFF = 4 DEP = 2 COM = 4 EXH = 2 DIR = 11 AGG = 2	ACQ = 1 ACT = 7 PAS = 1	TEN = 3 CRIP = FEAR =	DES = 2 BIZ = FAIL =	R = 39 AIRT = 5.6″ H-L = 12″ PATH = 7 AOR = 10 : 13
〈体験比率〉ΣINT : Σ ENV : ΣMAL : ΣWITH = 25 : 9 : 3 : 2				
質的スコア一覧 : IM = 5, HID = 2, RPT = 2, Money = 4, 権威 = 2, 失望 = 2, DEP = 1, AGG = 1, FEAR = 2, DES = 2				

　さらに，Ｃさんのプロトコルで気になるのは，Ⅶカードにおいて前のカードに戻って反応を出そうとしたことである。これは，カード回転やエッジング（図版を透かし見る行動）など，テスト行動として取り上げられるものであるが，一般的には生じない行動である。Ｃさんの現実検討が，常識的なものから大きく逸脱してしまうことを推測させる。そのため，ハンドテストからだけのアセスメントは危険と判断し，ロールシャッハ法を実施することにした。

　結果的には，両検査から共通したＣさんの特徴が指摘できた。ただし，ハンドテストからは，より現実的なＣさんの対人行動を捉えることができ，ロールシャッハ法からはＣさんの内的体験過程を詳細に理解することが可能であった。短時間で実施可能なハンドテストからも，ロールシャッハ法で捉えうる情報のダイジェスト版を得ることが可能であった。

4.　本事例のアセスメント

(1)　フィードバック面接で吐露した魔術的信念について

　第10回目の面接で，ロールシャッハ法を実施したスーパーヴァイザーと面接担当セラピストが合同で心理検査フィードバックセッションを実施した。その中でＣさんは，これまでの面接で話していないことがあると，「もう一人の自分」の存在を語り始めた。自分の内側には異質な存在があり，その実態は何かわからないが，今の自分は本体ではなく，その内側の存在を守るための殻であり，本体に潜り込むことはできない。それは非常識で研ぎ澄まされた感覚を持ち，処理だけを行い，やろうと思えばどんなことでもでき，思いがけない成果を出すことができる。自分とは別の人格で，意図的にスイッチを入れたり切ったりはできず，

これまで何度かスイッチが入ったことがあったが，いつ入るかは分からず，今度異質な自分になったら戻ってこられなくなってしまうかもしれない。それは社交的ではないため，人に危害を加えてしまうかもしれず，会社も首になってしまうかもしれないため，このままではまずいと感じているのだという。

　こうした体験についてCさんは，頭がおかしいと思われるかもと言いながらも，隠しているのがいたたまれなかったからと話してくれた。Cさんを理解する上で非常に重要な体験であるため，話してくれたことに感謝を述べ，これからのカウンセリングに活かしていくことを伝えた。

(2) 本事例の魔術的信念についてのロールシャッハ反応からの理解

　Cさんが語った「もう一人の自分」に関する体験は，統合失調型人格障害の診断基準の1つ，「本人の所属する文化的規範にも矛盾し，行為に影響を与えるような奇妙な信念や神秘的考え」（WHO, 1992 融・中根・小見山・岡崎・大久保訳 2007），もしくは「魔術的信念」（APA, 2000 髙橋・大野・染谷訳 2002）に近いものと考えられる。実際，彼が激しい怒りのために，自分の指の骨が折れるほど机を殴り続けたことがあるというエピソードからも，尋常を逸した彼の行動の一端がうかがえる。

　この「もう一人の自分」についての体験は，絵や小説で世に出て周りを見返してやるという彼の万能感にも通ずるテーマである。しかし，彼が吐露したのは，そうした魔術的な力に満足感を抱きながらも，その存在を自分がコントロールできなくなってしまう恐怖だった。これまで誰にも語らなかった秘密を自分から語ったことは，親密な対人交流を回避してきたCさんにとって，大きな変化だったはずである。これは，ハンドテストやロールシャッハ法が，Cさんにとって自分の内面を人に語り，それを共有してもらう初めての経験になったことがきっかけだったのではなかろうか。そこで，ロールシャッハ反応からCさんの「もう一人の自分」についての体験をどのように理解することが可能か考えてみたい。

　まず，Cさんが「本体」として体験している異質な自分は，Cさんが十分に抱えきれなくなった怒りと悲しみ，そして愛着（甘え欲求）という相反する情緒的・感情的体験ではないかと考えられる。Cさんのロールシャッハには，Cさんが自らの情緒的体験を内省することができず，思考と感情が混乱した状態にあることが示されていた。Cさんの成育歴（希薄な両親との関係，いじめによる友人関係の未形成）を考えると，彼が甘え欲求を満たしたり，親密な対人交流を経験した

りすることがないまま，自分を受け入れない他者への激しい怒りと悲しみを抱くことになったことが十分に推測される。

　そのため，こうした抱えきれない情緒的体験への対処として，彼が「殻」として体験している外側の自分を形成することになった。「殻」＝守りは，彼のロールシャッハ反応から推測すると，観念的・連想的に発展していく思考，まさに魔術的信念である。Cさんは権威の奪回といったテーマにまつわる観念・思考を発展させることで，抱えきれない情緒的体験に翻弄されないよう必死で自分を守っているのではなかろうか。つまり，Cさんが吐露した魔術的信念は，ロールシャッハ反応から考えると，未開拓で混とんとした情緒的体験と，過剰に発展したとりとめのない思考・観念活動の解離によって生み出された体験と理解することができる。

　以上のアセスメントから，Cさんへは，思考と感情の混乱が生じていることをフィードバックし，自らの思考と感情を正しく理解することを目標として，本人の希望である認知行動療法の手法を取り入れながら面接を行うこととした。ただし，セラピーの目標は，Cさんが情緒的体験を他者＝セラピストと共有すること，もしくは他者と共有することによる安心感を体験することであった。これにより，Cさんが思考や観念によって歪曲することなく自己の情緒的体験を感じられるようになることを目標とした。

(3) 見立てのポイント

　Cさんの特徴的な反応は，基本的にそのきっかけはブロットの一般的な形態認知に基づいているものの，全体への意味づけが恣意的で漠然としたものであるために生じている。これは小羽・熊沢（2005）が統合失調型人格障害患者におけるコミュニケーションの特徴として挙げた，「説明が乏しく被験者が説明するイメージが漠然としすぎてしまい，インタビュアーに正確には伝わっていない」コミュニケーションのエラーとされる「欠乏漠然性 dismissing」と，「インクブロットの形態的なイメージから直接的に連想される以上の，何らかの属性や意味合いの付加が行われている」コミュニケーション・エラーである「作話 confabulation」の両方が伴った「欠乏漠然性を伴う作話」反応と考えられる。

　しかしながら，こうした反応は，自閉症スペクトラム障害（ASD）のロールシャッハ特徴として指摘されているものとも共通している。例えば，橋本（2011）が指摘する高機能広汎性発達障害（HFPDD）の把握型の特徴である「エングラムと

図版図形との一致と不一致とを区別しないまま，一致部分だけに注目して認知を行う傾向」とも考えられる。また，内田・明翫・辻井（2012）が挙げた ASD にみられる質疑段階の説明の仕方の5つの特徴のうち，「③反応の知覚理由ではなく反応概念を説明する，④説明しているうちに反応概念がずれてしまう，⑤詳しく説明をするところと，全くそうでないところがあるなど説明の仕方に偏りがある」にも該当している。しかしながら，Holaday, Moak, & Shipley（2001）が提唱したアスペルガーの指標（COP = 0, CDI>3, H<2, M<2, EA<4 と情緒的・行動的問題行動の指標 WSumC = その年齢で期待される値の半分，T = 0）や，明翫（2006）の HFPDD の「決定因では，形態反応が著しく高く，ハイラムダスタイルに該当した者が多くみられた」という結果をみると，彼らの反応は空虚で硬いものになりがちであると考えられる。それに比べてCさんのロールシャッハ反応は，非常に豊かであり，対人的関心や対人関係性が十分に認められる。澤原・村上・青木（2017）が指摘するように「アスペルガー的な社会性の障害のある者は，統合失調症性パーソナリティ障害・統合失調型パーソナリティ障害など統合失調症と親和性のある人格傾向・病前性格とその特徴が重なる」ことを考えると，Cさんの抱える問題が両者（アスペルガー的な社会性の障害と，統合失調症と親和性のある人格傾向の問題）を明確に区別できないものである可能性は十分に考えられる。

　したがって，Cさんの反応特徴を診断的な枠組みから理解するのではなく，Cさんの体験の意味をロールシャッハ反応から理解していく視点が重要になるであろう。つまり，Cさんのロールシャッハ反応に表れた①感情の隔離，②観念の流出，③限局された対人交流といった特徴が，Cさんのどのような体験とつながっているのかをアセスメントしていくことが必要なのだと考えられる。

引用文献

American Psychiatric Association（2000）*Quick Reference to the Diagnostic Criteria from DSM-IV-TR.* Washington, D.C.: American Psychiatric Press.［アメリカ精神医学会／髙橋三郎・大野　裕・染谷俊幸　（訳）（2002）DSM-IV-TR 精神疾患の分類と診断の手引き．医学書院．］

橋本朋広(2011) 形式・構造解析から見た高機能広汎性発達障害のロールシャッハ反応．大阪府立大学大学院人間社会学研究科心理臨床センター紀要, 4, 49-57.

Holaday, M., Moak, J. & Shipley, M. A.（2001）Rorschach protocols from children and adolescents with Asperser's disorder. *Journal of Personality Assessment*,76,482-495.

明翫光宜（2006）高機能広汎性発達障害のロールシャッハ反応――数量的分析――. 包括システムによる日本ロールシャッハ学会誌, 10, 31-44.

小羽俊士・熊沢佳子（2005）統合失調病型人格障害者における漠然とした認知, コミュニケーション・スタイルの評価. 精神医学, 47, 93-96.

澤原　光・村上伸治・青木省三（2017）成人の精神医学的諸問題の背景にある発達障害特性. 心身医学, 57, 51-58.

内田裕之・明翫光宜・辻井正次（2012）自閉症スペクトラム障害のコミュニケーションの問題について――ロールシャッハ・テスト質疑段階でのやりとりを通して――. ロールシャッハ法研究, 16, 3-12.

World Health Organization (1992) *The ICD-10 Classification of Mental and Behavioral Disorders: Clinical descriptions and diagnostic guidelines.* Geneva: World Health Organization.［世界保健機構／融　道男・中根允文・小見山実・岡崎祐士・大久保善朗（訳）（2007）ICD-10 精神および行動の障害――臨床記述と診断ガイドライン――. 医学書院.］

第6章

対人関係に問題を抱えさまざまな診断を
付与されてきた女性の事例
——3期のプロトコルの比較を通して——

服部信太郎（公益社団法人岐阜病院）・伊藤宗親（岐阜大学）

1. 事例の概要

被検者：29 歳　女性　作業所勤務
主訴：「不安が強い」
現病歴：

　大学卒業後，就職することへの不安が強く，23 歳より A 病院心療内科に通院。
改善乏しく，24 歳のときには B 病院精神科に転院したが「いつも自分がどうし
たらいいかわからない」など不安や困惑の訴えは続いていた（当時の診断は統合
失調症）。また，「父親が自分を拒否している」「母親も受けとめてくれない」な
ど家族関係もうまくいかず不安定になりやすい状況であった。作業所にも通って
いたが，なかなか適応できずにいた。その後，B 病院の主治医とカウンセリング
担当の心理士との間で治療方針が異なっていたことや，心理士から『あなたの話
は長すぎて聞けない』と言われたことで不信感が募り，X 年 3 月に当院へ転院。
初診時には，仕事をはじめとするさまざまなことに対する不安が強い，家族とう
まくいっていないとの訴えが中心で明らかな精神病性の陽性症状は認められず，
主治医より筆者に病態把握を目的とした心理検査の依頼があった（1 回目のロー
ルシャッハ法を実施。阪大法に準拠。表 6-1, 表 6-2）。

　以降，家族への不満が高まり衝突することが多くなる。同年 11 月には，本人
よりカウンセリングの希望があり，そのアセスメント（2 回目のロールシャッハ
法を実施。表 6-3, 表 6-4）を進めている途中でレスパイト入院となる（12 月）。
入院後，主治医より発達障害の可能性も評価してほしいとの依頼を受け，WAIS-
Ⅲ（1 回目）を実施した。退院後は家族と離れ一人暮らしを始め，徐々に活動範
囲を広げていった。作業所にも通い始め 1 年ほどが経過する X+2 年 4 月（31 歳）

に主治医が交代となり，病態の再評価のため心理検査を実施した（3回目のロールシャッハ法を実施。表6-5，表6-6・2回目のWAIS-Ⅲ）。

家族構成：

父親，母親（看護師），本人，妹，弟の5人家族

生活歴：

　中学生の頃，学級委員を務めたことがきっかけでいじめに遭い人間不信に陥った。勉強に集中できず成績低下。農業高校を卒業後は，担任の勧めからバイオ系学部のある大学に進学。在学中から，生きていることが辛いということで学生相談室に通っていた。

検査時の様子（両親との関係が垣間みられる）：

　やや杓子定規で，リアクションがオーバーな印象を受ける。また，疎通は悪くはないものの，訴えはかなり冗長でまとまりに欠ける。例えば，病前性格について尋ねたときには「とっても弱くて…すぐにいろんなことを気にしたり，人に言われたことを真に受けたり，怖いものばっかりで。昔は怖いけど，がんばらないとと，気の強いふりをしてて。でも，本当はちょっとしたことでもふにゃってなるっていうのに，そのことに病気になるまで気づかず，でもお父さん曰く根性が足りんってことなんですけど，でもC先生は根性で何とかなるとかそういうものじゃないからって，細かいことがストレスなのか，今D園で作業してるんですけど，すごい疲れちゃって，負け犬ほどよく吠えるって，そんな感じです，お父さんとは今仲が悪いです，お父さんに言われたことができなくて当たったこともあったので，もう嫌われたのかなーって，お母さんは禁酒しているけど，酔ったときにぼろかす言われたことあって，ショックでした，お酒がおいしくないみたいです，むせるみたいで，何かとお父さんは文句ばっかりで，向上心が足りないとか，認めないっていうか…」と続く。検査者が一旦制止して，「いろんなことを気にしたり，人に言われたことを真に受けたり」することについて具体的なエピソードを尋ねると，再び「いつもなんだけど，テレビの占いを気にしてしまって，だったら見なきゃいいけど，気になって見ちゃうし，1位だと気をつけないといかんなって思うし，12位だと落ち込むし，真ん中でも言い方によって感情が左右されて，気にしすぎだな，全国の山羊座さんが一緒ではないとは思うけど，でもラッキーアイテムとかに左右されたりとか…」「特にお母さんとか妹の言い方が気になって，とにかく許してほしくて，お母さんの周りをうろうろ歩いてごめんなさいって言い続けるとか，そうするとうっとうしいって言われてしょげた

り，お父さんにもうっとうしい，ぐちぐち言うな，困らせるなって言われたり…」
と切れ目なく続く。また，辛い状況にあることはうかがわれるものの，（自虐的に）
笑うときが多く感情表出が不自然な印象も受ける。

2. 1回目（初診時）のロールシャッハ・プロトコル：阪大法

表6-1　1回目のロールシャッハ・プロトコル

Card	Performance Proper	Inquiry
I ① ∧25″	10″ >∨∧（笑）え，全然わかんないです。なんだろこれ…人間じゃないですけど，何か立ってますよね。羽が生えて角が生えてみたいな，それで足が見えて，立ってる感じで。ていうか，牛の天使ですかって感じなんですけど。逆にして悪魔っていうのもあるかと思いますけど…	牛の天使か悪魔ってことです 〈もう少し詳しく〉角が生えてるから（d3），牛っぽいイメージあって。ここが（d7），直立して立ってるので，人間っぽいイメージもあるんで。あと，まわり広がってるのが，全部で3対，6枚羽が牛人間についてるイメージ（D3 上・中・下の3カ所）〈…牛人間〉そうですね。足が人っぽいけど，ここは人間ぽくないので（d3） 〈もし他にも〉他にもですか…（新たに探している雰囲気あり）〈なければ無いで〉あ，ないです〈…逆にして悪魔というのは〉黒いので，天使というか堕天使というイメージもあって〈…天使に見えたのは〉羽です W：FC′：pm，∓,，0：(H)：CS
75″	以上です（笑）。難しいです。すいません，意味不明ですよね。こんなんでいいですか？〈ご自由に見ていただければ。もう見えないと思ったら伏せてください〉はい	
II ① ∧10″	最初はゾウに見えたけど，よく見ると犬と犬が鼻をつき合わせてて，赤いのは血かなと思ったけど，ハートのマークに見えるし，仲良しそうな感じです。上の赤いのはよく分かりません。犬かなーって感じです，でもかわいらしい感じを受けるので…	ここ（d1）鼻長いから，ゾウかなと思ったけど，ここが（d3）耳だとすると，子犬っぽいなと思って。だから，子犬同士で鼻をくっつけてるのかなと。あと，想像なんですけど，ハートマークで（D4），仲良しなんかなと。あと，これは（D3）分からなかったです 〈rep.〉はい。これが目に見えるんです（D2上濃淡）〈もし他にもハートマークに〉全体的に赤と黒が混ざってるから，赤でちょっとあったかみがあるように感じます。さっきのは（Iカード）黒だけだったので，それに比べると生き物って感じします〈…ゾウに見えたけど子犬，血かなと思ったけどハートマーク〉はい，そうです D1（D2×2+D4）：FM post with Csymb：+p，∓，h，2：A・ハート：CS
55″	以上です	

III			
①	∧5″	最初は，男の人が2人立ってるのかな？　と，でも，鳥人間みたいにも見えたし，真ん中にリボンが見えるからスーツでも着てるのかなーと。すごく左右対称のイメージがあって	鳥人間ですね。ここがクチバシに見えるので（d1突起），あとなんか，首だと考えると（d1下），この黒づくめはスーツかなと思いまして（D6）。で，チョウネクタイっていう（D3）。あ，今思ったこと言っても？　気づいちゃったことっていうか〈はい〉この赤い部分が（D1），女の子が落ちてくようなイメージで〈どこがどう〉顔，スカート，足っていう。あと，これが（D4）魚さんの背びれに見えまして〈それはまたあとで〉あ，はい〈…鳥人間は何人？〉2人です。魚も女の子も2人です〈クチバシ，首で，それ以外のところ〉それ以外の部分…足が見えないと思う（D8を指す）〈…D6→D8は〉分からないけど，この辺まで鳥人間さんかなって思ったんですけど（D6）。これは（D8）鳥の足じゃないなって思ったんで〈特にチョウネクタイに〉んー，これがチョウネクタイだから，これが（D6）スーツかなと思っててってことです dr（D6×2+D3）：(MC') post：−2，∓，l，−：(H)・Cg：CS
②	∧40″	下にいるのは魚が泳いでるのかなと	黒い魚が2匹，別方向に勢いよく泳いでるイメージです〈どこがどう〉背びれ（D4突起），尾びれ（d2），で口かなと，で黒い魚 D4：FMC'：+，∓，，1：A：CS
③	∧60″	上の赤いのは，ミジンコっぽいイメージがあるんですけど。ていうか，丸まってる生物というか，そんなイメージがしました	さっきの変更で，女の子に見えるということです D1：F：+，，，1：H・Cg：CS
	85″	以上です	
IV			
①	∧10″	すごい威圧感を感じます…鳥の王様って感じです。しかも，悪魔的な感じが…黒くて，なんて言うか，邪悪なものって感じがします。左右対称なんでしょうけど，1つの鳥人間みたいな感じに見えます	あぁ，ここが（d1濃淡）クチバシで，大きなマントを羽織っているというか（dr）。全体的に威圧感あって（押されるポーズ），鳥人間の王様みたいな，鳥の王様でもいいと思いますけど，ちょっと地獄に出てきそうな，ちょっと威圧，圧倒されるというか（押されるポーズ），そういう感じのが1つって感じました〈rep.〉胴体で（D1），これが足（d6突起4つ）〈…4本？〉4本っていうか，もしかしたら靴でも履いてるのかなーって。鳥って足4本でしたっけ（笑）？　ちゃんと見たことないから…〈もし他にも〉地獄に住んでそうなイメージがします，地獄っていうか，魔界っていうか，ポジション的には悪役ですよね W：pseudo FC'：−2，∓，，−：(H)・Cg：CS
	55″	以上です	

V			
①	∧3″	最初は，チョウかガかなーって思ったんですけど…触角はがだけど，羽はチョウみたいな感じがするんですけど…でも，4枚羽無いから，鳥なのかなって思ったり…	やっぱり，ガかチョウって感じで。これが（d3），アゲハチョウのくるって感じの羽で。でも触角は（d1 突起）ガの太っぽいイメージあって，チョウはもっと細いのでガかなと思ったけど，同時にチョウにも見えて，どっちかよく分からないってことです〈…どちらかというと〉チョウですかね〈どこがどう〉羽で（D1），頭です（d1）W：F：+p,,,1：CS
②	∧50″	頭はウサギっぽいですね（笑）。羽の尾に見えるのが，ウサギさんの足のように見えるし，ウサギ人間が大きなコートを着てるようにも見えます。本当，こんな感じで大丈夫ですか（笑）？	これが（d1 突起）耳みたいに考えるとウサギっぽいかな，足とすると（d3）細すぎるなと思って，コートって言ったけど，大きな羽をもつウサギ人間って感じかな〈羽は〉ここが羽です（D1），ここが足（d3）W：F：pm, ꓿,,1：(H)：CS
	95″	以上です	
VI			
①	∧5″	最初は楽器かなーって印象を受けまして	詳しくないんでよく分からないけど，この線みたいなのが（d6）弦に見えて。ここら辺が（D2-d2, d1）ギターとかマンドリン的なイメージがして。持つところで（D4）dr：F：+o,,,2：Music：CS
②	∧20″	でもよく見ると，えーっと…葉っぱみたいな印象です	カエデみたいな感じがしてるなーと（W-D3をなぞる）〈他にも〉女の人が2人背中合わせに立ってる感じです（D1）。長いドレスで（dr），ここは手を伸ばしてるような（D3 突起×2）〈背中合わせ〉ここが分かれ目，線入ってるので（中心），背中合わせで全く同じで，双子のようなイメージで。頭で（d3），ここが（d3 突起）髪の毛アップにしてるのかなーって〈手をもう一度〉は，こっちとこっちで（D3突起×2），こうしてる感じ（両手を横向きに伸ばす）dr：F：+o,,,2：Plt：CS
③	∧30″	2人の女の人が背中合わせて立っているような…ドレスを着てるような女性	dr：M post：−2, ꓿, l, −：H・Cg：CS
④	∧65″	なんかチョウの羽のようなイメージを持ちました	この辺（D3），チョウチョっぽいなって。ここだけ，他は意識しないと，チョウの羽かなって。全体見ると違うけど。あ，水飲んでいいですか？　薬の副作用で（検査者が反応する前に，既に水を取り出して飲み始める）〈…チョウチョ？　チョウの羽？〉羽だけです〈…どうして？〉なんか分からないです。なんとなく思っただけですD3 = Do：F：pm,,,0：Ad：CS
	75″	以上です	

VII ① ∧5″		2人の小さなキューピッドちゃんが、お互いに顔を向き合わせてるように見えます。でも、なんか頭のでっぱりが耳みたいに。だから、ウサギが2匹、顔をつき合わせてるようにも。下のくっついてるところは何かの台座かなーって	彫刻的なイメージで、ウサギ人間です。耳で（d2）、しっぽで（d3）、人間の顔です（D3）。2匹見つめ合ってる感じで、ここの台座（D2）の上に乗ってるような、そんなイメージで。性別は、男の子同士かなって〈男の子に〉髪の毛短いから（D3 上）男の子かなーって〈…キューピッドちゃんは〉それは変更で W：(M) post：pm, ∓, I, 0：(H)：CS
	55″	以上です	
VIII ① ∧5″		パンジーの花かなーって思ったけど。山にも見えるし、赤いクマが緑の山を登っていくような…えーっと、山が結構厳しいというか、登れなさそうな、でも下の緑は鮮やかで、春か初夏なのかっていうイメージがあります。パンジーがすごくいい色だなって	1つに例えるってことです。でもクマは2匹ずついます。 〈パンジーは〉ここで（D2）、ピンクとオレンジのパンジーかなって。それで、エベレストみたいな険しい山あって（D4）、そのふもとに森があって（D7）、クマたちは山へ登ろうとしてるのかなと〈クマはどこがどう〉耳、目、1、2、3、4で（D1 突起を数える）手足です（usual）。ずんぐりむっくりな感じです〈赤いクマ〉は〈…赤いクマって〉いないですね（笑）。だから、カラフルだなーってびっくりしました〈下の緑は鮮やかで春か初夏〉森の部分ですね（D7）。春が訪れたような、でもどちらかというと夏かも、色が濃いから。だから、この緑は（D7）木々の色っていうか W：FM ⇔ C partial FC・Csymb：+p, ∓, I, 1：A・Plt・Na：CS
	75″	以上です	
IX ① ∧15″		すごく派手だなって思ったんですけど、何て言ったらいいのか。ガラスのコップというか、ワイングラスまではいかないんですけど、上へ三角柱のイメージというか、真ん中にイメージがあって、水の入れ物っていう。お腹が空いてくるイメージがありまして、食べ物的な感じがします	これが1つのグラスになってて（S1）、中に水がなみなみと入ってるイメージがあります。で、私何て言ってましたかね？ 〈水に〉この水色の部分が（S）ギリギリのところまで入ってるんで〈食べ物的な感じ〉にんじんみたいだし（D3）、ブロッコリーっぽいし（D2）、あとはリンゴか桃かって感じで（D1）、今思ったけど、フルーツジュースっていうか、色的にはそんな感じがするんだけど、これ何？　って言われるとよく分からなくて、だから正確に言うと、コップにしか見えません〈先ほど見えたのはコップ〉はい D = Sc1：pseudo F ⇔ C：pm, ∓, , 0：Hh・Na：CS
	75″	以上です	
X ① ∧10″		すごく綺麗だなって思って、お祭りみたいな感じがします	すごいカラフルなので、にぎわってるイメージがするんです（各D） (W)：Csymb：pm, ∓, , 0：Carnival：CS

②	∧15″	これはいろんな作物が実ってるようにも	これとこれが（D2, D10）木の実みたいな感じで。これは（D12）何かの葉っぱかなと。あと，水色は（D1）カニみたいに 〈…カニも作物？〉食べ物系かなーって〈木の実に〉これは（D8）枝のイメージがあって，そこから木の実ができてるっていう〈枝に〉茶色だから（笑）〈葉っぱに〉すごい綺麗な緑色だったので，葉っぱかなーと〈カニはどこがどう〉足いっぱいあるので（D1 突起），カニっぽいイメージかなって。なんか，他にもニンジンとかピーマンとか，食べ物カラーがたくさんあるので，食べ物のイメージ強いっていうか W：C/F partial F：+p, ∓, , 0：Na・A：CS
③	∧25″	下の緑のところが公園みたいに見えて，花が咲き乱れてるっていうイメージがあります	ここが公園です（D4）。周りにあるのが（D5）花かなーって。緑が多い公園で，そこで走ってる人でもいそうなイメージですけど 〈公園についてもう少し詳しく〉なんか，丸い楕円形のイメージあって（D4 を円状になぞる），よくその中でマラソンしようって言うじゃないですか？　だから，繋がってないけど，もし繋がってたら，そうやってグルグルってできる公園なのかなって〈花に〉水仙みたいに，黄色とオレンジ色だなと思ったので dr（D4+D5）：F with CF：-3, -, , -：Park・Plt：CS
④	∧45″	上の茶色のところが，人の骨みたいな感じに見えて	首があって（d2），肩があって（D14），胸があって（D3中央）骨みたいなイメージあって。今見ると，枯れ木みたいな感じもしますね 〈もし他にも〉このピンクのは（D6）意味が分かりません。この真ん中のも（D9）意味分かんないです D3：F：+, , , 1：bony At：CS
②′ ③′		両方の青いのが魚介のようなイメージで。反対に，ピンクとか緑とかは木の実とか葉っぱのようなイメージがあります。ピンクとピンクの中は花が咲いてるようなイメージがあります	〈魚介〉カニのことです〈木の実，葉っぱも〉さっき言ったやつです〈花も〉それも公園のです。なんか，いっぱい言い過ぎですみません
	100″	以上です。こんな感じで大丈夫ですか？　さっぱり分からないけど	

3. スコアリング結果

表 6-2　スコアリング・サマリー

	N.C.		C.C.		Ⅷ-Ⅹ		合計	
Ⅰ:反応数・反応時間								
R		9		10	6	(33.3%)		19
R1T		9.6		9.0		10.0		9.3
RT		71.0		78.0		83.3		74.5
Ⅱ:反応領域								
W	5	(55.6%)	4	(40.0%)	4	(66.7%)	9	(47.4%)
D	1	(11.1%)	4	(40.0%)	1	(16.7%)	5	(26.3%)
	*Do=1			*D+D=1				
d							0	(0.0%)
Dd	3	(33.3%)	2	(20.0%)	1	(16.7%)	5	(26.3%)
				*D+D=2				
S							0	(0.0%)
Ⅲ:形体水準								
F+	3	(33.3%)	6	(60.0%)	3	(50.0%)	9	(47.4%)
Fpm	4	(44.4%)	2	(20.0%)	2	(33.3%)	6	(31.6%)
F−	2	(22.2%)	2	(20.0%)	1	(16.7%)	4	(21.1%)
P		1		3		2		4
Sp.	0:0:5:0		0:0:7:1				0:0:12:1	
Org.	0:2:0:0		1:2:0:0				1:4:0:0	
Ⅳ:決定因								
Color	FC'=1 pseudo FC'=1		with CF=1, C/F=1 pseudo F⇔C=1, Csymb=1					
Movement	M post=1, (M) post=1		(MC') post=1, FMC'=1, FM post with Csymb=1, FM⇔C partial FC・Csymb=1					
Ⅴ:反応内容								
	H=1, (H)=4 A=1, Ad=1 Music=1, Plt=1		H=1, (H)=1 A=3 Hh=1, Carnival=1, Na=1, Park=1, bony At=1					
Ⅵ:文章型								
	CS=9		CS=10					

4.　ロールシャッハ解釈のまとめ（1回目）

　事例は19の反応を示しているが，何を見たのかが不明確なまま，どこまでを1つの反応としてカウントするのか判断に困るような表現が多く，「19」という反応数が定かではない。反応領域や決定因なども，自由反応段階で述べていないことを質疑段階で述べていたり，説明が途中から変化したりするため，どれもスコアを確定させることが困難であった。このような「継時性」の問題が，事例のロールシャッハ・プロトコルを解釈するにあたってまずは注目される。「継時性」とは，すでにRorschach（1921 鈴木訳 1998）がそのような特徴をもった反応の存在を指摘しているが，被検者によって表出された反応が「反応の全貌が認知された上でのものではなくて，表現の時間的推移に対応して順次認知され表現されていることになり，反応認知の時間的独立性に問題がある」ことをとらえる概念である（辻，1997）。つまり，『漠然図形を何かに見立てる』ときに内的に行われるであろう比較検討や選択決定といったプロセスを踏んでいない，いわばその都度の思いつきを述べている可能性を示している。事例の場合，この「継時性」の問題が全面化していることを念頭に解釈を進めていく必要がある。

　まず，把握型については全体反応が9に対して，部分反応が10（D = 5, dr = 5）示された。全体反応の内訳をみると，図版の部分的特徴はたしかにそうなっているが全体像としてみると不自然に融合・結合された反応が大半を占めている（Ⅰ①「牛人間」やⅧ①「パンジー…赤いクマが緑の山を登ってく…春か初夏」など）。部分反応にも同様の傾向がみてとれる（Ⅱ①「犬…ハートのマーク」，Ⅸ①「ガラスのコップ…食べ物的な感じ」など）。したがって，部分反応の総数からしても図版を分離・分割させて見ようとする働きは少なからずうかがわれるが，『図版がそのようになっているから』という課題に対する受動性が強い（図版回転がほとんどなく，すべての反応を正位置で示していることもこの文脈で理解される）。言い換えれば，『図版はそのようになっているが，自分としてはこう見立てた』，『まずはこれ，その次にこれ…と順番に処理する』といった主体的で能率的な問題解決を図ることが難しいと推察される。

　次に体験型について，色彩反応は10示されているが，大きく2つの特徴がうかがわれる。一方は，Ⅱ②「赤でちょっとあったかみがある」やⅣ①「黒くて，邪悪なもの」などのように，抽象的な意味づけのために色彩を用いた反応（象徴的色彩反応）で，もう一方は，Ⅷ①「赤いクマ」などのような不自然色彩反応で

ある。後者は「図版がそういう色彩であっても，認知した概念にとってその色彩は不合理であれば，その不合理さを認知して，反応概念を捨てるかその色彩をはずすかの選択決断が必要である」にもかかわらずそれがなされていない反応（辻・福永，1999）だが，前者にしても一見すると合理的な説明でのりきっているようで，その色が「邪悪」「あったかみ」を意味する必然性はないこと，そもそも『何に見えるか』と問われて抽象概念で答えるというのは適切さを欠いていることを踏まえて，「反応概念を捨てるかその色彩をはずすかの選択決断」がなされていない点では共通している。

対して，運動反応は 7 示されているが，そのほとんどが「立ってる」「向き合ってる」のような，運動というよりも静止した格好，つまりより F 反応に近い姿態運動反応である。その一方で，検査者が幾度か制止をかけるほど早口で多弁，また大きなリアクションやゼスチャーの多用など，被検者自身が活発に動いているという点が特徴的である。

なお，こうした特徴をもった反応が 8 枚の図版で示されており，それだけ多くの状況で示されるということは，色彩からもたらされた直接的な感覚や内的に生じた運動感覚というものが事例にとって気づきの対象にはなっていることを示唆している。しかし，それらの内的体験をモニターしつつ，同時に図版状況を正確にとらえて有意義に結びつけることはできていない。したがって，それらしき理由は述べたとしても，文脈に即していないちぐはぐな，または統制の効いていないかたちでの感情や行動の現れが推測される。

これらの特徴は，事例の訴える「すぐにいろんなことを気にしたり，人に言われたことを真に受けたり」することとも関連しているように思われる。つまり，そのときどきで注目している部分的な側面を文脈全体の中で相対化・客体化させることが難しいために，占いの結果や家族の言動などがそのまま事例にとっては決定的に重大なものとして受けとめられる。その結果，気分も大きく左右され，あたふたとして有効な対処行動がとれず，さらに事態を悪化させてしまうというような悪循環に陥っていることが推測される。

また，総じて課題に対する受動性が強く，とりわけ『○○人間』の多発は「認知の同一時点でそれぞれに独立的であるべき対象が合一されるというような，認識の基本的大前提に抵触する認知」（辻，2003）の現れ，すなわち混交を疑う。しかし，それらの反応は『そのように見立てている自分』というものが全く自覚されないまま『まさしくそうだ』と確信的・断定的にではなく，「こんなのでよかっ

たですか？」と不全感を伴いながら「…と見えたけど，…とも見えて」と不確定なまま継時的に示されている。そのようなかたちでの「継時性」が全面的に認められるということは，反応生成にあたって必要な比較検討や選択決定，またそれらに伴う葛藤や責任というものを内的に抱え，持ちこたえることができず，なかば積極的に外界に向かって吐露（制止を要するほど多弁，冗長）していると理解される。それは，「その人のこころに抱かれた不安や悲しみ，苦悩，葛藤をこころに置いておき，それに持ちこたえてその含みを考え続けることをやめ，行動，行為によってそれらをこころから能動的に排出してしまおうとするあり方」（松木・福井，2009）が優勢な状態にあり，いわゆる病態水準としては精神病というよりもパーソナリティ障害圏にあると考えられる。

5. 2回目のロールシャッハ・プロトコル

表6-3　2回目のロールシャッハ・プロトコル

Card	Performance Proper	Inquiry
I ① ∧25″	5″（傾ける）あ，ゆっくりでもいいですか？〈はい〉なんか…羽の生えた人間，子どもにも見えますし，でも角みたいなの生えてるので，人間じゃない？とも見えますね	こういうワンピースみたいなのを着てる女の子が真ん中に（D4）。で，その女の子からニョキニョキって（D4→D3？）黒い翼が生えています〈女の子は他のところ〉んー，なんていうか，ツインテールかと思って（D5→D2？）〈どこ？〉翼に隠れてるけどこっかなって（D5→D2？）。で，このちょこんとした足が（d7）女の子っぽいかなって〈翼をもう一度〉ニョキ，ニョキ，こうかなって（D4→D3）。で，ここら辺が（d3）角っぽい。で，手っていうのは，他関係なくなるんですけど，子どもがこう手を伸ばしてるように見えるんです（手を伸ばす）〈…d3は手にも見えるということ？〉うん，そうです，あ，さっきのツインテールなんですけど，翼は…（云々）〈もう一度〉隠れて見えないんじゃなくて，ここまでが髪の毛なのかなって（D5→d2）〈…翼はどうなるの？〉こう2カ所から出て（D4辺りから）バサっとあるのかなって（D3上半分，下半分）〈…髪の毛と翼は重なっているということ？〉はい 〈手は別？〉はい，無関係に。で，ここに線入ってるので（中央），2人なのかなって〈…それは羽の生えた女の子のこと？〉に見えたんです〈…ちなみに頭？〉この辺かなって（D5） 〈…手に見えたのは，他に〉んー…〈新たに何かを見つけて話し始めそうな雰囲気〉〈もし無ければ無いで〉無いです。ただ助けを求めてるような感じはしますけど

			〈…角みたいなの生えてるので人間じゃない，というのは〉ここが頭だと（D5），ニョキニョキと（d5, d3），それで人間じゃない？ と思ったけど〈…どちらかというと〉あぁ，生えてる方ですね，悪魔っ子みたいな感じですかね〈…最後に黒い天使，悪魔っぽいイメージとおっしゃっていましたが〉そうです，堕天使がふさわしいですかね，よく分からないけど W（W/2×2）：F partial ⇔ C'：-1, ∓, , -：(H)：CS
② ?∧	あ，でも，手みたいにも見えますね，こう伸ばしてる（ges.）		d3：M (detail)：+, ∓, , 1：Hd：CS
③ ∧85″	んー…（腕で半分隠す）…なんか，翼みたいになってるところ，生き物みたいな気もするけど，なんとなくです…	あぁ，翼のところだけで考えると，鼻っぽくて（d2），カラス天狗っぽいというか〈鼻以外のところ〉んーと，これ帽子（d4），多分，ここ顔で（D2内），ここなんか服着てるっぽい（d1 辺り）。それで 2 匹，対になってるかなと。もしかしたら，この手が（d3）カラス天狗のものだとすると，こうですね（後ろに腕をひねって伸ばす）（笑） dr：F：-2, , , -：(A)：CS	
①′ ?∧	全体的に黒いから，黒い天使というか…悪魔っぽいイメージですかね…		
105″	以上です（置く）〈もう見えないと思ったら伏せてください〉あ，はい，わかりました（慌てて伏せる）		
II			
① ∧10″	ハイタッチしてるようにも見えるんですが…でも，なんか子犬同士か小熊か分からないけど，鼻をつきつけてるような感じもして…	ここら辺が（d1）手だったらこんな感じ（手を合わせる）。手じゃなくて，鼻と考えると，子犬？ 小熊？ 小動物が鼻をくっつけてるような感じ〈…どちらかというと〉子犬？ 小熊？ …うーん，子犬ですね〈鼻以外のところ〉あぁ，ここら辺（d3），耳かなと。で，このムラのところが（D2 上内）目かなと。んー，なんというか，んー，座ってる感じというか（D2 下）。2 人は仲良しなんですよ，きっと〈どうして？〉鼻をつき合わせるのは仲良くないとできないかなと D1（D2×2）：FM post：+p, ∓, h, 2：A：CS	
② ∧40″	あと，ここの赤いところが（D4）チョウチョみたいに見えます	子犬とか関係なく，ここだけで（D4）チョウチョに見えるんです〈どこがどう〉これが羽で，頭，なんて言うか忘れたけど，腹かしっぽか，ここら辺，胴体ということで（usual）。で，ここ触角かなーと，子犬の薄いところ（S との境目）〈rep.〉はい。これについては全く分かりませんでした（D3）	
65″	以上です	dr：F：+, , , 1：A：CS	

III			
① ∨40″		10″これひっくり返したらダメですよね？〈ご自由に見ていただければ〉あ，はい∨……真ん中の赤いのがチョウネクタイに見えるんですけど	（何も言わずに∧）〈？〉あ，はい，こっちの方が（と言いつつ∨に変更）〈？〉あ，こっちで（∨のまま） これがリボンで（D3），きゅっと結んだところで（中央）〈もし他にも〉ないです D3：F：+p，，，1：Cg：CdS
② ∨55″		逆さにすると，2人の女の人がいるように見えるし	顔で（D8），これが髪型です（D8輪郭），パーマかけてるような 〈特に女の人に見えたのは？〉ここ（輪郭）ふわーっとしてるところ，アフロっぽい。んと，ここら辺（D6），胴体，首で，この辺（d1）謎なんですけど〈もし他にも〉んー，ここに（D4）魚っぽいの泳いでるので，人魚さんかなと思ったんですけど〈魚に見えたのは〉顔で，尾びれ，違う背びれで，尾びれで，2匹いる（usual）〈…人魚さんというのは〉ここら辺（d1）不明なので，やっぱり人魚さんなのかなと〈…アフロの？〉はい（苦笑） W（D9+4×2）：F：+，Ŧ，n，1：(H)・A：CS
③ ∧65″		∧戻すと，2人の男の人がいるように	これがヘアースタイルで（d1輪郭），鼻で，これ椅子で（D4上），腰かけてる感じで，これ腕で（D6角），首で，とにかく黒いし，ここにリボンだから（D3），スーツかなってイメージ。スーツの2人の男の人が，椅子に腰かけて見つめ合うというか，話し合うのか分からないけど〈rep.〉この辺，足かなと（D6→D8）〈…腰かけてる？〉いやー，腰かけとるっぽいなってことです（苦笑） dr（D6×2+D3+D4上）：FC′：−2，Ŧ，n，−：H・Cg・Hh：CS
②?∧75″		これが魚のように見えて	
④ ∨85″		80″∨…この辺がカニっぽいんですよね	あ，いや，全く関係なくて〈？〉魚とか女の人とかと。このギザギザが（D7），カニのシャキンシャキン（ges.），ハサミで。で，あ，カニがいる，だったんです 〈他のところ〉謎です。なんとなく，ハサミのあるカニっぽい感じです〈…カニはどこまで？〉ん〜（苦笑）〈ちょっと難しい？〉はい，分からないです dD：F：−1，，，−：A：CS
⑤ ∧100″		90″∧…この2つが空から落ちていく女の子みたいです	ここら辺，髪の毛で，これ腕，頭で，スカートっぽいけど，これよく分からないけど，足かなーという気もするし，こうなので（↓），落ちてるのかなって
	110″	以上です	D1：F・m：+，±，n，1：H・Cg：CS
IV			
① ∨20″		5″∨…逆さまにすると，コウモリみたいな羽の生えた，魔王サタンみたいな感じ（苦笑）。そういう漫画読みすぎですよね。とても禍々しい感じがするというか	これが羽です（D3×2），これ角です（d6），これが顔（D1），ここら辺胴体（D5），ここら辺よく分からないですけど（d2），なんか魔王降臨っていうか，よく分からないです 〈禍々しいというのは〉色ムラがあったり，黒色が邪悪なイメージが〈色ムラ？〉薄いところと黒いところが，不

			安定な感じがします，だから怖いものなのかなと dr：pseudo FC'：pm，∓，，0：（A）：CS
② ∧65"	55"∧…戻すと，鳥の頭をした鳥人間が大きなローブをはおってる感じ		これクチバシです（d1内），目とか頭とかあるところで（d1），この辺がモコモコした羽毛みたいな感じです（d1両脇）。で，これが足で（d6），こういう黒いマントというかローブ（W）を着てる魔法使いみたいな感じ 〈モコモコ〉シュッシュと横線あって，黒というより灰色なので，フワフワした感じに見えました
	80"	以上です（伏せる）	W：FC' partial T：−2，±，，−：（H）：CS
V			
① ∨25"	∨∧∨…おー，ひっくり返すと，なんでか，なんの鳥かは分からないけど，黒い鳥が2匹，クチバシの長いの，羽を開けてるように		横顔なんですけど，顔で，クチバシです（d3）。なんか白鳥みたいなイメージだけど，黒いから違うのかなと。1匹，2匹がこんな感じ（羽を広げる真似）。よく白鳥の湖とかで踊ってるようなイメージです 〈他のところ〉これ羽（D1），てか翼ですよね。この辺，体の一部かなと（d1）〈黒い鳥〉はい，色が黒いので W（W/2×2）：FMC' post：+o，±，n，2：A：CS
② ∧45"	∧元に戻すと，コウモリさんに見えます		コウモリって耳ありますよね？　ここら辺（d1先）。頭，顔で，コウモリっぽい羽を広げて飛んでる気がする（usual） 〈もし他にも〉やっぱり黒いってことですかね
	50"	以上です	W：FC'：+p，±，，1：A：CS
VI			
① ∨10"	∨…一瞬，スイカの断面図が思い浮かびました（笑）		黒いんですけど，こういう色ムラ（中央），濃いところがスイカの種みたいで（中央いくつかの濃い部分），ここら辺がスイカの種の周りの部分な気がして（中央）。だから，一瞬，ぽいなと感じただけなんですけど （W）：（F）partial C'：−3，，，−：Food：CS
② ∨35"	15"∧…∨なんか，大きなユリの花みたいです		オニユリって言えばいいんですかね？　でもそれはオレンジ色で，私の中では，ピンクに黒いブツブツの花の感じがあって。この辺（D2），花弁で，こう咲いてる感じ（手で花を作る）。茎で，これ額というか（D1）。正面から見た感じ 〈もし他にも〉こうやって，なんて言うか，こう広がってる感じが，ユリっぽいかなと〈黒いブツブツ〉この色ムラのことです（中央）
	50"	以上です	W：F partial C'：+o，，，2：Plt：CS
VII			
① ∨25"	15"∨…子やぎが2匹，チョウか本か分からないけど，ひっぱりあってる状態		顔で，耳で，尻尾で，足，この辺，胴体（usual）。対称で，2匹いて。これ四角っぽいので（D6×2），本？　ヤギは紙も食べるし。でも，四角だけじゃなくて，丸みもあるし，胴体と頭っぽいのあるので（d1），チョウチョかな？とも。でも，どちらかと言えば本かなと

②	∧45″	∧元に戻すと，少年が2人いて，見つめ合ってるような気がします	〈特にヤギに〉ヤギの子どもは，耳がピンとしてて，毛がフワフワのイメージがあったので〈フワフワは〉もこもこしてるイメージあります（D3 輪郭），ふちがもこもこしてるので〈本をもう一度〉1冊（D6×2），こうですね（本を開く真似）。ひっぱりあって食べてるようなW（D1×2+D2）：FM post：+, h, 2：A・Book：CS これが（d2），奇抜なヘアースタイルかもしれないけど，よく分からなくて。鼻で，ここ目で，横顔で，この辺，口，頭で，首で，胴体で（usual），見つめあってる。これはよく分からない（D2），台座？　なんかの彫刻かなと思ったり 〈特に少年に〉よく噴水とかに少年いるじゃないですか？そういうのに似てるなと思ったので〈…どちらかというと？〉彫刻っぽいですね〈どうして〉無機質な感じがして
	55″	以上です	W（D1×2+D2）：M post：+p, ±, l, 1：Obj：CS
VIII ①	∨10″	5″ ∨なんか…きれいなパンジーみたいかなって	ここオレンジ（D5），ここピンク色（D8）の花弁をもったパンジーみたいに見えました。茎で葉っぱ（D7）で，だからパンジーぽいかなと 〈葉っぱに〉緑色だからです dr（D2+D7）：FC：+p, ±, , 1：Plt：CS
②	∧25″	トカゲじゃなくって，なんか，ちょっとしたほ乳類の，フェレットじゃないし，小動物∧，が山を登るみたいな，2匹います，対称で	すいません，実はこっち（∧）で（苦笑）。耳で鼻で（D1突起），目がきっとここの薄いところで，前足，後ろ足（usual）。これが山で（D4），けっこう険しそうな山で，それを小動物，森に住んでそうな動物が登ろうとしてるようなイメージ 〈山に〉グレーぽい感じなのが，木が生い茂ってるではなく，岩というか，山肌というか，険しそうな山だと思いました dr（D1×2+D2）：FM with CF：+p, ±, l, 1：A・Na：CS
③	∧70″	内臓チックな感じがして，真ん中の線のところ，背骨たいなイメージがあります	こっち（∨）かな，ですね。この線みたいなのが（D3），骨に見えて。この辺が骨盤（D4）？　色濃いものが（D1）内臓なのかなって 〈rep.〉はい，で，ここに走ってるのが（中央），背骨かなと〈内臓に〉ピンク色ぽいからです〈…D2 は〉まったく分かりません（苦笑）
	90″	以上です	dr（D3+D4+D1）：F partial C：−2, ±, , −：bony At・visceral At：CS
IX ①	∧15″	噴水というか，水がたまってるような場所を一瞬イメージしました，水鏡みたいな感じです	水色の部分が（S1），きれいな水に見えて。だから水がたまってるところとかを想像したんです。他にはないですね

			〈水鏡に〉よく映るじゃないですか，水面に自分の顔が。そんな感じです。だから，澄んだ水なのかなと〈もし他にも〉ないです
			D = Sc：F ⇔ C：pm, ∓, , 0：Na：CS
②	∨70″	30″∨……55″ん～…∧…∨ピンクのクマ…が，普通のクマじゃなくて，ゲームに出てくるようなモンスターで，クマと植物が融合したみたいな感じ	このピンク（D7×2）が耳で，目で，鼻で，口で（D1中央），クマっぽいのが，緑色の服っていうか，体か分からないけど，そういうもの着てて（D2），オレンジのところ（D3），根っこっぽいので，緑で葉っぱっぽいし，植物と融合したモンスターって感じがしました 〈rep.〉はい〈どちらかというと，服か葉っぱか〉葉っぱですかね〈ピンクのクマで〉はい〈特にクマに〉この耳です（苦笑）
	95″	以上です（伏せる）	W：F ⇔ C：-3, ∓, , - ：(A)・Plt：CS
X ①	∧35″	肋骨みたいに見えます（笑）∨∧	ここ骨みたいで（D3），背骨で（d2），骨（D14）この辺の（胸辺り） 〈他にも〉色ですかね，グレーだったので，骨っぽいかな D3：FC：+, ±, , 1：bony At：CS
②	∧45″	ピンクのところ，タツノオトシゴが2匹いるところです	タツノオトシゴの口（D6のD1に伸びる突起），くにょ～となってるフォルムに（D6），ラインがタツノオトシゴみたいな感じがしました D6×2：F：-1, , , - ：A：CS
③	∧60″	あと，カニさん，4匹ほど	青いカニと（D1×2）枯れ葉色のカニが（D8×2）計4匹いるような気がします 〈青いカニは〉こういうところ（D1突起），いかにも足，ハサミっぽくて〈枯れ葉色のカニ〉目で，手足なんだろうなと〈…そんなカニ〉いません（笑） dr（D1+D8×2）：F ⇔ C：+p, ∓, n, 1：A：CS
④	∧70″	緑や黄色の落ち葉があるように見えます	緑色の（D12），黄色のと（D10），赤いのが（D2），ひらひらと落ちていく感じがしました 〈落ち葉に〉なんか，形状が葉っぱっぽいイメージがあったので〈ひらひらと落ちていく〉葉っぱの向き違うじゃないですか？　だから
	80″	以上です	dr（D12+D10+D2）：CF：pm, ±, , 0：Plt：CS

6.　スコアリング結果

表6-4　2回目のスコアリング・サマリー

	N.C.		C.C.		Ⅷ-Ⅹ		合計	
Ⅰ：反応数・反応時間								
R	11		16		9	(33.3%)	27	
R1T	21.0		22.0		20.0		21.5	
RT	71.0		88.0		88.3		79.5	
Ⅱ：反応領域								
W	8	(72.7%)	2	(12.5%)	1	(11.1%)	10	(37.0%)
D			7	(43.8%)	3	(33.3%)	7	(25.9%)
				*dD=1				
d	1	(9.1%)					1	(3.7%)
Dd	2	(18.2%)	7	(43.8%)	5	(55.6%)	9	(33.3%)
	*D+d=1		*D+D=6					
S							0	(0.0%)
Ⅲ：形体水準								
F+	6	(54.5%)	9	(56.3%)	4	(44.4%)	15	(55.6%)
Fpm	1	(9.1%)	2	(12.5%)	2	(22.2%)	3	(11.1%)
F−	4	(36.4%)	5	(31.3%)	3	(33.3%)	9	(33.3%)
P	2		5		3		7	
Sp.	0:7:3:0		0:6:6:0				0:13:9:0	
Org.	1:1:0:0		1:1:0:4				2:2:0:4	
Ⅳ：決定因								
Color	FC'=1, FC' partial T=1, partial C'=1 pseudo FC'=1		FC=2, CF=1, partial C=1 FC'=1 F⇔C=3					
Movement	M post=1, M(detail)=1 FMC'=1, FM post=1		FM with CF=1, FM post=1					
Ⅴ：反応内容								
	Hd=1, (H)=2 A=3, (A)=2 Food=1, Plt=1, Obj=1		H=2, (H)=1 A=6, (A)=1 Plt=2, bony At=2, Cg=1, Na=1					
Ⅵ：文章型								
	CS=11		CS=15, CdS=1					

7. ロールシャッハ解釈のまとめ（2回目）

　反応数が 19 から 27 に増加している。特に彩色図版での増加が大きく，内訳をみると全体反応が 4（40.0%）から 2（12.5%）と，つまり部分反応が増えている。この傾向は全彩色図版で顕著であり，1 回目の結果と対比させるならば，色彩の違いを手がかりにして，『ごちゃごちゃにつなげてしまうよりは…』と各領域を分離・分割させて見るようになっていることを示唆している。また，特徴的であった「○○人間」という反応は 5 から 1（Ⅳ①「鳥人間」）に減っており，『部分的にはそう見えても，そんなものはいない』と検討されるようになっていることが示唆される（初発反応時間も倍以上に長くなっている）。

　ただし，「○○人間」というかたちはとらないまでも課題に対する受動性はいまだ強く，Ⅸ②「植物と融合したモンスター」など，『図版に見えたまま』の不合理な反応も多く示されている（Ⅲ②「人魚さん」など）。後述するように，WAIS-Ⅲを実施したところ，その成績には大きな凸凹が示され，とりわけ視覚情報処理の弱さを抱えている可能性が示唆された。そのため，ロールシャッハ・プロトコル上にみられるこれらの反応の背景には，中枢統合の弱さ（Frith, 1989 富田・清水訳 2005）に起因した知的な偏りを抱えているのではないかと考えられた。

8. WAIS-Ⅲの結果と解釈（1回目）

(1) 結果

全検査 IQ　76
言語性 IQ　82（単語 9　類似 7　知識 6　理解 7　算数 6　数唱 8　語音 7）
動作性 IQ　74（配列 8　完成 10　積木 2　行列 4　符号 7　記号 10　組合 8）
言語理解　87　知覚統合　70　作動記憶　82　処理速度　92

　検査中には，検査者が課題を呈示する前から「あっ，次は○○ですか？」と先回りして尋ねたり，分からない問題に直面すると「あぁ，ダメなんですよね私。ごめんなさい」と謝ったりすることが多く，不安緊張の高さや自己評価の低さがうかがわれた。
　また，日常においては「地図，空間把握が弱い，方向音痴，どこに何があるのかすぐには覚えられない」ことや，ボール運動が苦手，自動車教習にもてこずっ

たことが語られた（MT を途中で断念し，免許は AT で取得したとのこと）。

(2) 解釈

　全検査 IQ の値からは，全般的な知的レベルは『境界線』域にあると判定されるが，群指数や下位検査の成績には凸凹が大きく，知的な偏りを抱えていることが示唆される。

　とりわけ，『積木模様 (2)』，『行列推理 (4)』の成績の低さが目立つ。事例の「空間把握が弱い」という訴えからも，視覚情報処理の弱さを抱えていることが推測されるが，『積木模様』では同じ間違いを何度も繰り返す場面もみられ，『1 つのことに拘って，違った角度からとらえ直す』ことは特に難しいように思われた。その一方で，『絵画配列 (8)』，『組合せ (8)』は相対的に高く，呈示される課題がより具象的に構造化されているとその処理は補われることが示唆される。こうした特徴は，ロールシャッハ・プロトコル上にみられた図版の部分的特徴はおさえていても，図版が示すままに不自然な全体像となっている質の悪い反応が多い中，ポピュラー反応（○○に見えやすく構造化されている領域に，○○と見ている）が比較的示されている点とも共通しているように思われる（他，全彩色図版で領域の分離・分割が促される点も）。

9. 3回目（主治医交代時）のロールシャッハ・プロトコル

表6-5　3回目（主治医交代時）のロールシャッハ・プロトコル

Card	Performance Proper	Inquiry
I ① ∧20″	5″ 何が見えるのか…ん〜…こっからここまでで言うと（中央），女の人，ワンピースを着た女の人に見えます。首がない（苦笑）	このラインが女性的で（D4 内），これがスカートみたいで（D4），これつながってるとすると（D5 と），ワンピースかなと。それで，これが足だから（d7）。要するに，首がないじゃないですか？　だから，首がないワンピースを着た女の人かなと思ったんです 〈首がないというのは〉これ首じゃないですよね（d5）？〈もし他にも〉へ？　わかりません…（探して何かを言いそう）〈なければないで〉他のカードで？〈このカードで〉女性と思ったのが，ここなんですけど（D4 内），足のふっくらした感じが，女性的な感じに。ちょっとぽっちゃりかなーって。そしたら，服みたいな気がしてきたんです。あ，ちなみにここウエストです（中央） D1：F：−1，，，−：H・Cg：CS

②	∧35″	これが手に見えます、こうやって（ges.）	ここの部分ですけど（d3），手をこうしてるように見えます（ges.）〈rep.〉ですね d3：CM（detail）：+, ∓, , 1：Cr：CS
③	∧50″	やっぱりこれは翼に見えます，単体で。つながっては見えません	これが，バサバサバサと（D3）。どうしても翼の形に見えますね。翼は迷うけど，つながってるかどうか。でも，手は別ものかなと。でも，羽の生えたワンピースを着た女の人っていうのも，おかしいかなーと思って 〈翼だけ〉はい。これ見たときに，翼だなって思ったんですよね。付け足すなら，黒い翼かなと
	60″	以上です	D = Do：FC′：pm, ∓, , 0：Ad：AS・NS
II			
①	∧5″	ハイタッチ！してるように見えます（ges.）	こういう感じです，イエーイって感じに（ges.），よく見たら，このシルエットが，4本足の動物に見えてしまうというか，いかにも子犬系と。というのが2匹いるのかなーって 〈…子犬について〉これが頭，これ耳，この辺鼻（d1），顔こうあってて，胴体で，この辺が足って感じで，こっちも同じです（usual）〈…先ほどのハイタッチはどうなる〉鼻くっつけてるけど，最初に浮かんだのがイエーイって，感じだったので（ges.）〈…ちなみにそれは誰が〉これ，この子たちが（D2×2），この子たちが人間ならハイタッチかなと。ただ，人には見えないから，動物にしか見えないから，ならこれは手なんだろうなっていう〈…手だけ〉そうですね d = Do：CM（detail）：pm, ∓, h, 1：Hd：CS
②	∧10″	なんか動物っぽい，何かは分からないけど 何に見えるというより，この赤が，違和感を炸裂させます。	D2：F：+p, , , 1：A：CS
	30″	以上です	
III			
①	∧5″	真ん中のがチョウネクタイに見えて	これがチョウネクタイに見えます（D3） 〈どこがどう〉えっと，これが何て言うか，結び目で，こうリボンの部分というか（usual）〈もし他にも〉赤色だということです（笑） D3：FC：+p, ±, , 1：Cg：CS
②	∧10″	あとは，人が向き合って座ってるように見えて	これが人っぽい（D9）。顔で，鼻で，首で，胴で，腕（？）で，足（d8）。が，向き合ってるような感じです 〈腕を〉よく分かんないけど，腕と思って（D6角）。腕は曲がってます（手を腰にあてる） D9：M post：+, ±, l, 1：H：CS
③	∧20″	あと，赤い，わきにあるのが，一瞬，少女に見えました，落下していく	この角度で見たらですけど。顔で，髪の毛，これスカート，これ足っぽくて（usual）。この角度だったので，落ちていくイメージありました D1：F・m：+, ±, , 1：H・Cg：CS
	35″	以上です	

IV			
①	∧5″	先端にあるのが，鳥のクチバシみたいに	正確には，鳥の顔っぽいイメージで。この辺が顔のところで (d1)，クチバシがこのとんがったところで (d1 内)，首，生首，いやいやそれは無しで（苦笑）鳥っぽいなと思ってってことです。（そのまま次の説明に移りそうだったので止める）〈rep.〉ここです，はい d = Do：F：pm，，，0：Ad：CS
②	∧10″	よく見ると木なのかなーって，杉の木，巨木って感じ	これが幹に見えて (D1)，そう思うとこういう感じ (d2 を除外)，鳥ひっくるめて，木の形，三角の，けっこう大きな木なのかなってイメージありました 〈特に大きな木に〉んー，威圧感を感じるので
	20″	以上です	W：F：+，，，1：Plt：CS
V			
①	∧10″	チョウかガか迷うところですね…黒アゲハモドキのガって感じです	ここら辺がアゲハチョウっぽいイメージで，羽のラインが (d3)。でもよく見ると，触角がガっぽくて (d1)。チョウだったら，こういう羽っていうか（4枚羽）。どっちかというと，明るいところにへばりついてるガっぽいなと。んー，イメージです。ただ，チョウじゃないのは，美しさを感じなかったからです 〈それはカードの〉羽のラインが気に入らなかったんですよね。チョウならこうだから（4枚羽）〈…黒アゲハモドキのガ〉はい。アゲハでもガでもないから，モドキです
	15″	以上です	W：FC′：+p，∓，，1：A：CS
VI			
①	∨5″	これ逆さにさせると何かの葉っぱ？（頭を逆さにしようとする）〈回転させても〉あ，はい∨カエデの葉っぱみたいですね∧	これが (D4) …あぁ，園芸科出てるのに（苦笑），芯があって (D4)，これが葉っぱ部分 (D2)，このカクカクしたところがカエデの葉っぱっぽいイメージです。あ，葉脈？〈…D3 は〉なんかなーって思いました。たまにぴょんとしてる葉っぱもあるけど…カエデの葉っぱじゃなくなってしまうので，ちょっと除外させて頂きました W：F：+，，，1：Plt：CS
②	∧20″	このヒゲっぽいのがネコっぽいですね	何て言うか，このぴょんぴょんがヒゲっぽくて (d6)。で，この黒いところが目っぽく見えて (d3 内)，この先端のところが強引に耳に見えなくもなくて (d3 先端の突起)，ネコの顔に見えなくもないなと (d3 から d6 下まで) 〈もし他にも〉んー，がんばるなら，鼻かな (d3 内)（苦笑）
	30″	以上です	dr：F：−2，，，−：dA：CS
VII			
①	∧5″	少年が2人向き合ってるイメージ	〈…①と②は続き？〉ウサギは別です…キューピーっぽいエンジェルって感じもするんですけど…エンジェルって，少年っぽいイメージがあって，中性って話ですけど 〈どこがどう〉これ頭，これは削除で (d2)，鼻，横顔，口，アゴのライン，体っぽいものがある (D1-d3)。あと，首ですね。丸いイメージだから，キューピーさんに見えて

		しまったというか Đ1：(M) post：+p, ∓, l, 1：(H)：CS このピョンが（d2），どうしても耳に見えてしまって。極めつけが尻尾みたいで（d3） 〈…他のところ〉んー，なんか，とってつけたような（笑） 〈？〉何て言うかその，一緒には考えれなくて。一緒のものにすると，バニーな少年になっちゃうんで，珍妙だなと思って別々かなと〈…d2 は〉この耳はウサギです〈…耳だけ〉はい（笑） d = Do：F：pm, , , 0：Ad：CS
①′ ∧20″ 25″	なんかキューピーっぽいエンジェルって感じもするんですけど 以上です	
Ⅷ ① ∨10″ 25″	∨ひっくり返すと…パンジーの花，葉っぱも含めて全体図…でも，ランの花にも。鮮やかな感じが 以上です	これが花弁です（D2），茎で葉っぱで（D7），ここはよく分からない（D4）。なぜパンジーかと言うと，2色使いだから（D5・D8），スミレ科特有の色使いかなと。でも，ランかなと思ったのは…色鮮やかさが，ランのイメージあって，このびょーんが何か分からないけど（D1），パンジーにも見えるけど，パンジーって地味なイメージあるので，ランかなーって一瞬思ったんですけど 〈どちらかと言うと〉んー…どっちかと言うと，パンジーですね，ランは無理があるかなーって〈葉っぱに〉あぁ，緑色だからです dr（D2+D7）：FC：+p, ±, , 1：Plt：CS
Ⅸ ① ∧2″ 25″	あー，中央にある水色のところが，水がためこまれた器みたいに見えます，ガラスの（手で器を作る）…20″ 周りにあるのが，器を支える装置みたいなもので 以上です	これです（S1），この中が水がたまってるような，この水色が水たまってるように。漫画の読み過ぎかもしれないけど，その周りにあるものが，これを支えるための物のようにと思って（D3+D2） 〈rep.〉はい，これが土台というか（D1）〈ガラスに〉この透明感，澄んだ色というか（S1） （WSc）：pseudo F ⇔ C with（F）：pm, ∓, , 0：Obj・Na：CS
Ⅹ ① ∧5″ ② ∧15″	なんだろ，絵の具ぶちまけたように見えます なんか，ところどころ細かい部分が，甲殻類を思わせる感じですけど	パレットみたいだなと思って。いろんな色がぐちゃぐちゃおいてあるから （W）：C：pm, ±, , 0：Paint：CS この辺だと，カニのハサミみたいで（D8）。エビ？　ザリガニ？　カニ？　のハサミみたいなことなんですけど，これです（D8） 〈…ハサミだけ〉はい。これは全体的にカニっぽくて，甲羅っぽいし，ぎざぎざしてるし（D1）。あと，この辺が骨っぽいイメージもあるんですけどね（D14×2）〈骨に〉

			この辺の穴あいてるところとか，出てる感じが，肋骨あたりに，色的にもグレーだし dr（D8 = Do+D1）：F：pm, , 0：Ad・A：CdS Add. [D14×2：CF：+, ±, , 1：bony At：CS]
③	∨25″	∨でもなんか，とてもバランスがとれてて，きれいな花にも見えなくもないです	これが茎（d2），これがガク（D14），これ花弁のように見えて（D6），これが 1 つの花かなと（D13）。あと，いろんな色あってきれいだなーって，緑もあって葉っぱかなと，あとピンクも黄色もあるし，花かなと。まぁ，青い花はないから，そんなに意識されませんでした（D1は除外） 〈rep.〉強いて言えば，花のツボミに見えました（D2, D10）
	35″	以上です	W：CF：+, ±, , 1：Plt：CdS

10. スコアリング結果

表6-6　3回目のスコアリング・サマリー

	N.C.		C.C.		VIII-X		合計	
I：反応数・反応時間								
R		10		10	5	(25.0%)		20
Add.				1		1		1
R1T		9.0		5.4		5.7		7.2
RT		30.0		30.0		28.3		30.0
II：反応領域								
W	3	(30.0%)	3	(30.0%)	3	(60.0%)	6	(30.0%)
D	3	(30.0%)	4	(40.0%)			7	(35.0%)
	*Dcut=1							
	*Do=1							
d	3	(30.0%)	1	(10.0%)			4	(20.0%)
	*Do=2		*Do=1					
Dd	1	(10.0%)	2	(20.0%)	2	(40.0%)	3	(15.0%)
			*Do=1					
S							0	(0.0%)
III：形体水準								
F+	5	(50.0%)	6	(60.0%)	2	(40.0%)	11	(55.0%)
Fpm	3	(30.0%)	4	(40.0%)	3	(60.0%)	7	(35.0%)
F-	2	(20.0%)					2	(10.0%)
P		2		3		1		5
Sp.	0:0:4:0		0:6:2:0				0:6:6:0	
Org.	0:1:0:0		1:1:0:0				1:2:0:0	
IV：決定因								
Color								
	FC'=1		FC=2, CF=1, C=1 pseudo F⇔C=1					
Movement								
	（M）post=1 CM（detail）=1		M post=1 ・m=1 CM（detail）=1					
V：反応内容								
	H=1, （H）=1 A=1, Ad=3, dA=1 Plt=2, Cr=1		H=2, Hd=1 A=1, Ad=1 Plt=2, Cg=1, Obj=1, Paint=1					
VI：文章型								
	CS=9, AS=1		CS=8, CdS=2					

11.　ロールシャッハ解釈のまとめ（1 〜 3 回目の比較を踏まえて）

　3 回にわたるロールシャッハ・プロトコルを比較すると，いくつか特記すべき変化がみられた。まず反応数，初発反応時間は同じように増減しているが，反応時間は 1 回目に比べ 3 回目になると半分以下に短くなっている。プロトコル上の表現をみると，1 回目の多くの反応は「…と見えたけど，…とも見えて」という不確定なかたちで継時的に示されていたが，3 回目になるとそれらの表現はみられなくなっている。したがって，反応生成にあたって必要な比較検討や選択決定といった作業が内的に行われ，「継時性」の問題が改善しつつあるといえる。

　では，より具体的にどのような作業が内的に行われるようになったのか，個々の反応をみると図版の輪郭的な特徴全体をおさえるようになってきたことが挙げられる（Ⅱ カードの D2 に対する動物の説明など）。そして，輪郭全体の特徴をおさえるようになったことで必然的に各領域を分離・分割して見るようにもなっており，数量的な観点から言えば W% が 47.4 → 37.0 → 35.0 と減少傾向，つまり部分反応が増えている（その内訳をみても，いくつかの D が継時的に結合されて結果として D ないしは dr とスコアされた部分反応もみられなくなっている）。事例に特徴的であった「○○人間」という反応も示されなくなっている（Ⅷ カードでも，各領域が不自然に結合していた全体反応が，「パンジー」と「小動物」という独立した反応となり，3 回目では「パンジー」のみとなっている）。また，領域選択の問題とは別になるが，1 回目の Ⅹ ③「公園」や 2 回目の Ⅲ ②「人魚さん」のような図版との対応がない恣意的な関連づけもみられなくなっており，F+% が 47.4 → 55.6 → 55.0 と微増ではあるが（F– は 21.1 → 33.3 → 10.0 と低下），全体的には反応の質は良くなる方向で推移している。

　その一方で，Do という特殊な反応が増えている（1 回目のときは Ⅵ ①「チョウの羽」のみであったが，3 回目では Ⅰ ③「翼」の他，Ⅱ ①，Ⅳ ①，Ⅶ ②，Ⅹ ①）。Do とは Rorschach（1921 鈴木訳 1998）が「精神薄弱部分反応」（oligophrene Detailantwort）と命名した反応で，発達的には 3 歳半から 4 歳頃に多くみられ（Ames, Métraux, Rodell, & Walker, 1974 村田・黒田訳 1976），「全体像と全体概念によりかかっているにもかかわらず，全体像と全体概念の優位性が確立されずに，部分認知が優位性を持っていることを示す反応」（辻・福永, 1999）である。全体としては良質な反応が増え，治療経過をみても適応があがっている中，そのような Do 反応が増加するということは通常は考えにくい。この点については Ⅶ カードに注目し

たい。Ⅶカードでは，各回とも D1 に対して『人間』ないしは『動物』を見ている。1 回目では，最初に見えた D1「キューピッド」が，d2「耳」を起点として「ウサギ」にも見え，そこに D2「台座」が加わり，質疑段階では「ウサギ人間」にシフトしていくという継起が見てとれる。他方，3 回目では第 1 反応として d2 を「削除」した D1「少年」を示し，第 2 反応では先に「削除」した d2 に対して「ウサギの耳」（Do）を示している。その際，質疑段階では d2 について「どうしても耳に見えてしまって」と述べつつ，「一緒には考えれなくて。一緒のものにすると，バニーな少年になっちゃうんで，珍妙だなと思って別々かなと」と説明している。この「バニーな少年」とは 1 回目に示された「ウサギ人間」に類するものであろうが，事例の説明からは『そのような着想は浮かんだが，それは不合理だ』という「全体像と全体概念の優位性」にもとづく reality testing を働かせていることがうかがわれる。その一方で，d2 が「どうしても耳に見えてしまって」も，反応として，とりわけ Do 反応としてとりあげる必要はない。現に，D2 の処理を 1 回目では「何かの台座」と曖昧にとらえていたが，2 回目では「チョウか本かわからないけど」と明確にとらえ，3 回目ともなると不問にすることができている（Ⅷも同様）。したがって，より年少児にみられる Do 反応とは意味合いが異なり，事例なりの対処の結果として現れたそれであること，そして reality testing にはいまだ不十分な部分が残されているとはいえ，今後も発展の可能性をもっていることが理解される。

12. WAIS-Ⅲの結果と解釈（1 回目と比較して）

(1) 結果

全検査 IQ　86

言語性 IQ　84（単語 7　類似 10　知識 7　理解 9　算数 6　数唱 6　語音 4）

動作性 IQ　91（配列 13　完成 10　積木 3　行列 9　符号 9　記号 10　組合 7）

言語理解　90　知覚統合　83　作動記憶　69　処理速度　97

(2) 解釈（1 回目との比較）

　両結果を比較すると，全般的に成績が上がっている。特に，『絵画配列（13）』や『行列推理（9）』では 5 ポイントも上がっている。『絵画配列』では，ストーリーの説明にも変化がみられる。たとえば，Q4『入口』について，1 回目のときには

「どうしてここで怖い顔をしているのかわからないけど。親子で，だからケンカして出ていくお話？」と説明し（誤答），2回目のときには「開かない，おかしいわね，他の人があっさり開けて，押すではなくて引くだったっていう」と説明している（正答）。こうした説明からは，女性の表情という部分的特徴に注意が向いていたのが，ストーリー全体に目が届くようになったことがうかがわれる。また，『積木模様』の成績は2回とも全下位検査の中で最も低い。ただし，数値には現れてこないが，1回目は「うわーん，先生，私がこういうの苦手なの知ってるでしょー！」と大きく動揺し，制限時間内でも諦めていたのに対して，2回目は「苦手です…」と言いながらも粘り強く取り組み，制限時間後ではあるが正答を重ねて最終問題まで達している。そのように情緒のコントロールが高まっていることもうかがわれる。

13.　見立てのポイント

　1回目のロールシャッハ・プロトコルには，『○○人間』という反応をはじめとする課題に対する受動性の強さ，ならびに「継時性」が顕著に示され，統合失調症というよりもパーソナリティ障害ではないかと考えていた。

　その後，WAIS-Ⅲの結果から，1〜2回目のロールシャッハ・プロトコル上にみられた特徴，すなわち図版の部分的・表面的な特徴に注意が強く向き全体状況の把握が不十分な，いわば『図版に見えたまま』という字義通りの対応の背景には，中枢統合の弱さ（Frith, 1989 富田・清水訳 2005）に起因した知的な偏りを抱えている可能性が示唆された。そして，それ故に長年にわたって家族をはじめ対人関係がうまくいかず被害感の強いパーソナリティを形成せざるを得なかったのではないかと考えるようになった。

　しかし，1〜3回目のロールシャッハ・プロトコルを比較すると，その「字義通りの対応」に変化が生じていることが明らかとなった。ロールシャッハ・テストを「注意，知覚，記憶，決断，そして論理的な分析のプロセスを含んだ認知の構造化の課題」（Weiner, 1998 秋谷・秋本訳 2005）ととらえるのであれば，事例の認知のありようが変化していく過程が示されたということになる。これをパーソナリティの成熟ととらえることも可能であろう。そのため，依然として凸凹はみられるものの2回目のWAIS-Ⅲの成績も全体的に向上しており，ベースに発達障害を抱えているという見立てにも疑問が生じた。その一方で，検査場面でのや

りとりから受ける印象や検査結果に発達障害の可能性を疑う特徴が現れていたことも事実である。

　現在ではこれらの所見や生育歴を総合的に考慮し，愛着の問題をその背景として有し，いまだパーソナリティの偏りが認められる状態であると考えるようになった。

引用文献

Ames, L. B., Métraux, R. W., Rodell, J. L., & Walker, R. N.（1974）*Child Rorschach responses: Developmental trends from 2 to 10 years.* Revised edition. New York: Brunner/Mazel.［村田正次・黒田健次（訳）（1976）ロールシャッハ児童心理学．　新曜社.］

Frith, U.（1989）*Autism: Explaining the enigma.* Oxford, UK: Blackwell.［富田真紀・清水康夫（訳）（2005）自閉症の謎を解き明かす．　東京書籍.］

松木邦裕・福井　敏（2009）パーソナリティ障害の精神分析的アプローチ――病理の理解と分析的対応の実際――．　金剛出版.

Rorschach, H.（1921）*Psychodiagnostics.* Bern: Verlag Hans Huber.［鈴木睦夫（訳）（1998）新・完訳 精神診断学．金子書房.］

辻　悟（1997）ロールシャッハ検査法――形式・構造解析に基づく解釈の理論と実際――．金子書房.

辻　悟（2003）こころへの途――精神・心理臨床とロールシャッハ学――．金子書房.

辻　悟・福永知子（1999）ロールシャッハ・スコアリング――阪大法マニュアル――．金子書房.

Weiner, I. B.（1998）*Principles of Rorschach interpretation.* Philadelphia, PA: Laurence Erlbaum Associates.［秋谷たつ子・秋本倫子（訳）（2005）ロールシャッハ解釈の諸原則．　みすず書房.］

〔付記〕

　ご承知のように，DSM-5 におけるアタッチメント障害はもっぱら幼児を対象とした診断カテゴリーであり，成人に対してこの診断が下されることはまれである．本章のタイトルはわかりやすく愛着障害としたが，広く愛着の問題を有する事例と読み替えていただければと思う．

　さて，この方は，2 回目のロールシャッハ実施時にカウンセリングを希望されたが，その時期としては適切ではなかろうということで見送られていた．そして，3 回目の実施ののちしばらく経ってからカウンセリング開始となった（構造は隔週で 1 回 30 分）．開始時より数年が経過しているが現在も継続しており，キャン

セルは一度もない。この間のポジティブな変化として顕著なのは，発言の冗長性がなくなったこと，会話中自然な笑いが生じるようになったこと，自尊心が徐々に向上していること，それに伴って母親の評価が相対的に下がっていることなどが挙げられる。

　就労の問題は，試みては挫折するなど一進一退ではあるが，うまくいかなかったとしてもそれをきっかけに適応が急激に下がるということはなくなっている。セラピストもその初期にはおそるおそるの対応ではあったが，やりとりがスムースになるにつれ，お互いに率直に意見交換ができるようになっていった。道半ばではあるが，彼女も新たなアイデンティティを獲得しつつあるように見受けられ，セラピストに愛着を感じているようにも思われる。

第7章

自閉スペクトラム症の成人例

柘植久恵（公益社団法人岐阜病院）・伊藤宗親（岐阜大学）

1. 事例の概要

38 歳　女性（看護学校在学）　左利き

診断：うつ状態

主訴：眠れない，吐き気，授業についていけるか不安

現病歴：

　短大英文科を卒業後，地元の金融会社に就職するも，"上司が，酒を飲めないやつには仕事を教えてくれなかった"と 2 週間で退職している。聞けば，本当は飲めるが醜態をさらすので断った，上司の酒癖が悪く「ドロヨイしたことを会社に報告」した，と。

　他の職に就くも 3 日ともたず，そのうちに面接を受けても採用されなくなる。家業（賃貸経営）を手伝う程度でひきこもっていたが，20 代後半，"友人が増える"とのネット情報を信じてゲームセンター通いを始める。一時は知り合いも増えたとのことだったが，再度ひきこもっている〔男性と飲みに行った折に嫌われたと思い込んでおり，その影響もあるか〕。

　30 代後半になった頃，姉と不仲になった母親が家を追い出される。本人も母親について家を出たため生活費を稼ぐ必要にせまられたが，どうしても職に就けない。そこで「（就職先となる病院に）コネがある」と考え看護学校に入学する。ところが，不眠や嘔気が出現し，実習の単位を落とし，同級生や先生とのトラブルも頻発。

　当院には，治療中であることを学校に示したいと診断書を求めて父親と受診されている。本人は，同級生には「潰そうとしてくる意地悪な人がいる」，「噂をばらまかれた」，「（先生の）スパイがいる」，「授業中に私の真ん前で陥れてやろう

と悪口を言ってくる（人がいる）」，先生にも「教室から出て行くように言われた」，「私が悪いことをしたと言われた」と訴える。父親からは "大声で怒ることがよくあり腹が立ったことを一晩中でも母親に話し続ける" といったエピソードが語られ，"薬でなんとかならないのか" との質問があった。

生育歴および成績等：

　小学校は「いい人が多かった」が，中学では「そこまで信用できなかった（ので友だちはいなかった）」。友だちは作りたかったが，「（高校で）なんでできなかったのかなー。みんなバイトしてたけど浮いちゃって（笑）。自分は家事手伝ってたんで」と要因は外在化の傾向。中学時代の5教科の成績は5段階で4以上だったが，高校では軒並み2であった由。

家族構成：

　本人と，父（賃貸経営，農業），母（主婦，双極性障害），姉（派遣事務，未婚，+3歳）の4人家族。

臨床像：

　細身で長身。ショートカット。服装は清潔感あり。大きく見開いたような目で，きつい印象の顔つき。

薬物療法：

　サインバルタ20mg 1錠，ロヒプノール1mg 1錠，レンドルミン0.25mg 1錠

検査依頼理由：

　主治医より "よくわからない人だから" と，診断の補助，人格特徴の把握，知的機能の評価を目的に依頼があった。

検査実施時の様子：

　時折，笑顔が見られるも目が合うことはほぼない。コミュニケーションには何か違和感がある。貧乏揺すりがあり，頭を抱える，突然笑いだす等も見られた（会話の流れや状況から了解は可能な範囲）。

2. ロールシャッハ・プロトコル

(1) プロトコル

片口法に準拠して実施した結果を以下に記す。

表 7-1 ロールシャッハ・プロトコル

I	①	6″∧	〔カードを差し出すが手を出さない〕〈手に持ってもらえますか〉〔カードを受け取る〕 犬，犬に見える。	耳がここで，目があって，鼻があって，口があって〔両手の人差し指で左右同時に押さえていく〕，プードルみたいな小型犬に見えたのと，手がここで，〔間を置くことなく，I②の説明を始める〕〈待って。犬の方をもう少し〉プードルみたいな黒い犬に見えました。〈プードルみたいな，というのは？〉この辺が〔左右の膨らんだ部分の輪郭を trace〕，毛があるように見えた（笑）	W S FC′∓ Ad
	②	15″∧ 69″	〈あとは？〉人？　手を挙げている人。2人，人がいる？ 〔じっと見ながら，カードの底辺を両手で持ち非常にゆっくりと扇ぐように動かしている〕	ここが頭で（d5），両手があって，片手があって… ここが足（D5），腰で，胴体…〔D4 辺りをなんとなく何度か circle〕…に，見えました。〈2人？〉手が片方ずつあって，〈片方ずつ？〉右の人が右手，左の人が左手挙げて，頭2つあって，身体と足と，2つずつあって…真ん中に線があるので（笑）〈腰？〉ここ。〈足？〉こっからここ（D5）。〈ここ…？〔D4部分を示して〕〉スカートみたいな服？	dr M∓ H Cg
II	①	9″∧	これは，黒ずくめの人間が2人いて，手を合わせているように見えます。	覆面の忍者が，ここに1人，ここに1人いて〔D1 左右それぞれを circle〕，手を合わせているように見えました〔d1〕。〈覆面の忍者，もう少し〉手で，覆面着た頭で，ここが腕の一部，ここが腰で，ここが膝で，ここが足，こことここが足，ですね。	D M± FC′ H Cg
	②	37″∧ 50″	真ん中に〔ぐるぐる何度も circle，Tester に見せながら〕ランプみたいな物が見えます。	真ん中に白いのがあって，照明，ランプみたいに。〈そう見えた特徴って？〉上に丸いのがあったから，留めてるところがあって，笠みたいなのが，こう，広がってて〔傘の骨のように線を何本も引く〕，こう〔下の棒部分を trace〕，スタンド式のやつかなと。 〈先ほどの忍者に戻るのですが。腕の一部，っていうのは…？〉肘です，ここ〔Pの四足獣の耳部分〕，肘（笑）。〈ここが肘…どうなってる…？〉左手，こう，出し	S F± Obj

				てて, 右手をこう, してる, 曲げてる〔gesture〕。…なんでこういう格好してるか, わかんないですけど。〈覆面の忍者, 特徴?〉黒いで, 全身黒いで, ということと, この, ここのところが〔d1の下あたり〕, 膨らんでて, 袖のところが, 結んでるみたいだったので, 忍者の装束みたいだなーって見てたんですけど（笑）	
III	①	8″∧	しゃがんでる人が2人いるって言うのと〔Testerに見せつつ〕	これが人で〔D2 to trace〕, 2人… くの字になってる（笑）。手はこれで, 先がここで〔色の薄い部分を circle〕, 頭で, 胴体で, 足。	D M∓HP
	②	21″∧ 25″	人魂みたいなのが2つ見えます。	これが, 人魂, 2つ〔左右D1を指す〕〈もう少し教えて?〉肝試しに出てくるような, 尻尾の長いのが, 先っぽ丸くなっていて, 細長いのが。〈特徴?〉赤いっていうのと, 尻尾があるっていうのと, 先っぽが丸まっているっていうのとで, 人魂に見えるかなって, 思いました。〈ごめんなさい, 人に戻るんですけど, くの字, っていうのは?〉腰を曲げて。〈しゃがんでる, っていうのは, どういう体勢?〉腰を曲げて, 膝を曲げているから。〈膝を…?〉ここが〔足の真ん中の突起部分〕。	D FC± Fire
IV	①	12″∧	藤の花?　藤の花みたいな, 花に見えます。	こっち上で, これが上のショッカクで, 花びらが3枚ある。〈上のショッカク?〉花の上についた, おしべ, めしべが垂れ下がってるやつがあったから。〈花の上についた, おしべめしべが下がってるやつ…〉が, あったから, 藤の花に。〈特に?〉この, ショッカクと, 花びらの形。〈repeat〉はい, そうです。	W F∓ Pl.f
	②	28″∧ 44″	ゲームに出てくる, 悪役の, 黒ずくめの, キャラ, ボスキャラみたいに見えなくもないです（微かに笑みが見られるが, 嘲笑に近い）。	映画に出てくる, 悪役キャラみたいな, ボスキャラ。〔両手人差し指で左右同時に輪郭をなぞりながら〕この十字のとこが, 顔。これが, マントみたいで〔d2〕。これが足〔D3〕。…顔があって, マスク, マスクじゃないかな, これ, 全体がマントで〔D3〕, これが足〔D1〕, 悪役キャラの人。〈悪役キャラの人, 特徴?〉黒いし, 頭, 兜みたいなの, かぶってるし, マント着てるし, 悪役キャラの中でも一番偉い人かなと思いました。	W FC'∓ (H) Cg

V	①	8″∧	えっと，アゲハチョウみたいに。〔初めて回転。少し見ていたが，結局返却〕	これが触角で，これが羽。広げたところで，飛んでるところ。〈アゲハチョウ，特徴？〉羽の形が〔2度 trace〕，チョウにそっくりだったから。	W F± A P
		∨ ∧ 19″			
VI	①	6″∧	えっと，楽器，楽器で，バイオリンみたいにも見えるし，	これ自体が全部バイオリンに見えて。これ，持つとこで〔D1〕。これ，弾くとこ〔D1 以下 circle〕。で，バイオリンに見えました。	W Fc± Music
	②	∧ 20″	〔①の続きで一息に〕三味線が2つあるみたいにも見える。	〈三味線がっていうのも？〉遠くで見ると三味線が2本，重なってるようにも見える。1本，2本〔右半分，左半分を trace〕。〈バイオリン，特徴？〉先が持ち手で，弦がここに弦みたいなのが出てるのが見えるので〔D5〕，形の特徴が，下が波型になってるので〔最下部輪郭を trace〕，あと，黒が濃いから硬そうな材質に見えるので，楽器かなと思いました。〈三味線の特徴？〉上の方に飾りがついてて，上の方に弦があって，形が全体に四角なので〔D3 左右の突起は省いて trace〕，2つ並べて立てかけてあるように。〈どっち向き？〉表向きじゃなくて，縦に2つ並んで，立てかけてある。	dr Fm∓ Music
VII	①	14″∧	2匹のチワワが立っているように見えます。	こっちが足で立ってる〔D4 の突起部分 trace〕，チワワみたいに見えるんですけど，ここ，胴体ですね〔D5〕。足，胴体。〈他のところ？〉ここが頭〔D1 を何度も circle〕。〈どっち向いてる？〉右のチワワは右，左のチワワは左，向いてて，2匹とも立ってる。〈特徴？〉前足が，お手したときの足に見えた。おすわりしてる感じが… 小型犬に見えたので，チワワかなと思いました。〈ちなみに，ここ〔d 2〕って？〉そこはなしで，ここまでで。	W FM∓ A
	②	26″∧ 35″	〔24″ カードを裏向け置きかけたが，再び表を向けて〕それと，女の人が2人向かい合っているようにも見えます。	ここが顔で〔D1 を trace〕，これが髪型の，髪の毛，髪をしばってて〔d 2〕，これが掌で〔D4 の突起部〕，胴体〔D4〕，スカート〔D5〕。〈女の人？〉若い女の人で，頭の上で髪の毛を団子じゃないですけど，ちょんまげ様にしている。	W M± H Cg P
VIII	①	15″∧ 26″	…こ，昆虫？ カブトムシみたいな…	飛び立つ前のカブトムシで，頭で〔D3〕，広げようとしている，羽で〔D1〕，ここ〔なんとなく下半分あたりを指して〕，胴体，飛び立つ前のカブトムシ。〈カブトムシに見えた特徴っていうのは？〉頭の形と	W F− A

				(D3 上部輪郭を三角に trace)，羽が，まるくて，長い形になっているので (D1 を circle)，で，ギザギザな感じが (D1 四足獣を見たときの足部分)，カブトムシに見えました。〈胴体〉上と (D7) 下 (D2)。	
IX	①	9″∧ 29″ 35″	髑髏が真ん中にあって，下にカチみたいなのが見えるし… 背景に暗闇みたいなのが見えます。	これが髑髏で (D4)，目で，これが目で…(d4)。これが髑髏，目。で，これが，背景の暗闇で (左右 D1)，下が鎧みたいな (D2)，西洋の甲冑 (カッチュウ) みたいなのを着て立っている (笑)。〈カチか，カジと先ほど…?〉カチュウですね，西洋のカッチュウみたいな。〈暗闇というのは?　どういった特徴から…?〉これ，全体なんですけど，だいたい，髑髏が出てくるところは暗闇なので (笑)　暗闇 (笑)　背景みたいな。〈…これは，西洋の甲冑みたいなのを着て立っている，〉髑髏。〈どこから，どこまで?　なぞって?〉頭，目，首でつながってて，肩で，胴体，上半身。〈で，暗闇?〉バックが暗闇。〈暗闇はどこ?〉緑色の広がってる部分全部。あたりが暗闇。〈ここから上 (D1)?〉この上は特になしで。	dr M− KF Atb Cg
X	①	9″∧ 28″	女の人が2人で，手をつないで，踊っているのが見えます。	この2人はピンクの浴衣で (D6)，なんつうか，これが頭で (D13)，これがお下げ髪で，お下げ髪が2本で (D13 下部の左右に開いた突起2本)。青いのが手で，足で。浴衣だから，裾がつながってて，長くて。盆踊りでも，踊ってるのかなと。〈頭は〉このへん，全部が頭 (D13)。〈手?〉青色のが (D7)。〈どうなってる?〉…握手? (笑)　つながってるから，握手してるみたいな。〈浴衣の人は，どうなってる?〉右の子，左，左の子，右手で手をつないてて。こっちは右の子の手で。こっちは左の子の手で，パーの状態の手で (D1)。浴衣だから，盆踊り大会かなって。〈どっち向き?〉2人とも前向いてて。〈?〉こうなってる (gesture; 掌を開いた状態で両腕を広げる)。2人とも，今，踊ってる状態 (カードを覗き込みながら)。〈女の人，特徴?〉お下げ髪で，着物がピンク色だったから，主に女性が好む，色なので，若い女性なんだろうなと思います。	dr M ∓ FC H Cg

(2) イメージ・カード

MDC「（Ⅰ）吠えてる犬みたいに見えるやつだから，吠えてるのが… （Ⅸ）鎧を着た髑髏も怖そうだから。（Ⅲ）これも人魂いるから駄目で。（Ⅳ）悪役だし」

MLC「（Ⅹ）女の子との盆踊りと，（Ⅴ）チョウと，（Ⅱ）忍者と，（Ⅷ）カブトムシと，あ，（Ⅶ）これは競い合ってるように見えるから駄目。向かい合っているから」　Mo. and Self Card「（Ⅹ）いっつも2人で買い物に行って同じようなブランドで買って色とか被ったりするから。で，同じ色の服を着てたりするので」

Fa.Card「（Ⅳ）一人でいつもカラオケ教室とか行ってて。一人の世界っていうか，だいたい一人で楽しくやってるイメージあるから。暗いかなって」　Sis.Card「（Ⅷ）いつも一人で出かけちゃうので，カブトムシみたいに，ブーンと，なので，カブトムシみたいに（笑）。そう，カブトムシっぽい（大笑い）」「世の中の流行に左右されやすい。今，何が好きなのか，どこで買ってるのかわからない。だからカブトムシ（笑）」

(3) その他

〈検査から知りたいこと？〉「自分の癖」〈どういうときの？〉「人付き合いとか。物事を見るときの視点のズレ？」〈自分でズレていると思う？〉「ズレるといけないから」〈それで何か困ること？〉看護のDVDを見ていると姉がTVのチャンネルを変える。「家において（父母より）上の存在で。外に稼ぎに行っているから自分がえらい，自分中心って感じで」

3.　スコアリング結果

表7-2　スコアリングテーブル

R (total response)	16		W : D	8	4.0	M : FM	6	2
Rej (Rej / Fail)	0	0	W %		50.0	F % / ΣF%	18.8	100.0
TT (total tme)	351.0		Dd %		18.8	F + % / ΣF + %	33.3	37.5
RT (Av.)	35.		S %		6.3	R + %		37.5
R1T (Av.)	9.6		W : M	8	6.0	H %		37.5
R1T (Av.N.C.)	9.2		M : ΣC	6.0	0.8	A %		25.0
R1T (Av.C.C.)	10.0	E.B.	FM + m : Fc + c + C'	3	3.5	At %		6.3
Most Delayed Card	Ⅷ	R1T 15	Ⅷ + Ⅸ + Ⅹ /R		18.8	P (%)	3	18.8
Most Disliked Card	Ⅰ	他4枚	FC : CF + C	1.5	0.0	Content Range		7
Most Liked Card	Ⅹ	他3枚	FC + CF + C : Fc + c + C'	1.5	3.5	Determinant Range		7

4.　解釈

　反応数はやや少ないが，初発反応時間に遅延はない。カード離れもやや早いが，カードによっては反応産出後もじっくりと見ている。検査時点での抑うつ的な状態は否定され検査への取り組みも拒否的ではなかったと考えられる。

　体験型は内向を示しており，Mの多さが目を引く。Content Range や Determinant Range から見ても，内的な想像力・資質は十分に有している。しかし，F% の低さから物事を主観的に見すぎる傾向が，Pの少なさとdrの多さからは一般的でない独自の見解に至りやすい傾向がそれぞれ認められ，R+% の低さから現実検討力の問題もうかがわれた。つまり，内的な資質はありながらそれが適応的に働いていないということであり，これはM反応の質を見ても明らかである。一方，FM+m：Fc+c+C' から潜在的には外拡的体験型の傾向が認められる。これは「黒」を取り込んだ反応が多かったためであるが，それに加えて At. や KF の存在と威圧的なニュアンスのある反応内容〔Ⅳ①「偉そう」〕などに不安の高さが，濃淡への言及や決定因の多さに感受性の高さが，それぞれ現れている。全身像のH% が高く対人希求性の強さを確認できるにもかかわらず，不安の高さや感受性の強さがあり，主観的なものの見方が主で現実検討力も低いといったことがある

ため，対人関係が上手くいかないことは容易に想像できる。また，Fc があるものの「硬さ」と言及しており，陰影によるショックも認められるなど〔Ⅳ・Ⅵカードで形態質が低下〕，愛情欲求に関する葛藤がうかがえる。

　それでも，基本的には色彩（情緒刺激）を回避するという本人の対処は確立しており，この対処は功を奏しているとみられる〔Ⅱ・Ⅲカードで赤を無視し，形態水準が良の反応を出せる〕。ただし，多彩色図版になった途端，この防衛は破綻しており，精神病圏を疑うほど急激に水準が低下してしまう。しかし，Ⅸ・Ⅹカードでは，わずかながら回復の兆しが見えており，それだけの自我の強さは認められるといえよう。

　反応生成の過程として，突起やスペースに注目していることが推測され〔ほぼ，全カードに見られる〕，そこには若干の固執も認められる。しかし，一部分のみから全体を判断するまでには至っておらず，それ以外の部分についても説明がある。とはいえ，全体としてのまとまりを意識するという自覚はやや薄い。さらに，対象物を特定しようとする傾向と〔例えば，Ⅰ①「犬」→「プードル」，Ⅱ①「黒ずくめの人」→「覆面の忍者」，Ⅳ①「藤の花」，Ⅷ①「昆虫」→「カブトムシ」，といった具合に〕，質疑段階で明細化が進み認知的な距離は保たれているものの体験的な距離が次第に近くなっていく様子が〔Ⅹ①「今，踊ってる」，Ⅰ① MDC 説明で「吠えてるのが…」など〕観察された。それらの決めつけは現実場面で実際の出来事とは異なる本人独自の認知に発展する可能性を持っている。その上で，見えたまま外界の状況に合わせて反応するところがあり〔Ⅹ①「握手？　つながっているから」〕，これは表面的な事柄でもって相手を理解するところともつながる〔イメージ・カードでの発言〕。Cg への言及が多いのも，外見的な特徴に注目しやすいためかもしれない。それだけ周囲に左右されるところがありながら，不必要と判断した部分は切り捨てて反応できるというのは，完璧主義というよりもある意味での身勝手さとも受け取れる。本人がよどみなく至極当然といった様子で語り，疑問を差し挟む余地がないように思われることもまた彼女のコミュニケーションの特徴である。図版を tester に見せるといった行動はあるものの，自身の言語表現に対する疑問や発言内容が検査者に伝わっているかを気にする素振りはない。そればかりか，Ⅸカードに見られるようにおそらく甲冑を意味する言葉としてカチ，カチュウ，カッチュウを同列に用いており，本人にとってはどの言葉でもいいといった様子すらある。これらはコミュニケーションや語用の問題を感じさせる。Ⅲ①「しゃがんでいる人」に対して「くの字になっている」「腰を曲

げている」「膝を曲げている」，Ⅵ①「黒が濃いから硬い材質に見えるので楽器」といったように，説明として成立していない発言が多々見られることも同様である。

　最後に，感受性が強く外界の刺激が多い状況では容易に混乱する一方で，回復可能な側面も見られ，環境によっては非常に落ち着いた対処さえ可能であると考えられることも付記しておく。

5.　テストバッテリー

　ロールシャッハ・テスト以外に，WAIS-Ⅲ，バウムテストの2検査を実施。以下にそれらの結果の概要を記す。

(1) WAIS-Ⅲ

IQ及び群指数：

　FIQ97，VIQ104，PIQ88　　VC102，PO93，WM94，PS89

下位検査：

　単語11，類似11，知識9，理解14，算数7，数唱12，語音整列8，絵画配列7，絵画完成9，積木8，行列推理10，符号8，記号8，組合せ3

解釈：

　FIQ97は年齢平均の範囲である。ただし，VIQとPIQ間の差は著しく本検査のFIQは妥当性を欠く。かつ，群指数間や下位検査間でのバラツキも認められ，能力の偏りが疑われる。言語能力は年齢平均並みであり，一般教養的な知識はやや少ないものの社会常識的な知識や語彙は豊富で，言語運用能力や理解力，説明能力も十分である。その一方で，不器用さや作動記憶の問題が目立つ。また，物事の全体像を思い描くことも苦手であるが，この点においては，数値に認められる偏りもさることながら，誤答の在り方にこそ，本人の有り様が表れている。特に，"組み合わせ"の問題3で，組み合わせ方に大きなズレはないもののパーツの縁同士を組み合わせたときにできた線をつないで横一直線になるように揃えることを重視し，結果的に全体の輪郭をないがしろにした状態で「一応，できました。ゾウが…　あ，サイか，サイができました」と完成を伝えてくる。問題4でも輪郭よりもパーツの縁を基準にするという同様の傾向が見られ，屋根とドアの下に窓が横向きに並んだ状態で「い，家，と，窓」としている。問題5では独自の組

み合わせ方で「心臓」を作っている。これらは，中枢統合の弱さ（Frith, 1989）の表れとして理解できる。

(2) バウムテスト

〈実のなる木を描いてください〉との教示に対して「全体ですか？」との問いがある。〈好きなように〉と返すと，右左と幹の線を描き，枝を右から左へ，実を1個ずつ色も塗りながら左から右へと描いていく。樹皮の線や地面等をどんどん描き足し，最後にすべての実に1枚ずつ葉を描いて終了。用紙の上左右の3方向に枝先は飛び出しており，筆圧はかなり濃い。幹や枝が中心より先端方向へ太くなっているところがあり，いびつでなめらかさはない。木について，「農場のリンゴの木」「（実は）梯子使わないと届かないくらい高い位置に生（は）えてる」と。他者を圧倒するようなエネルギーといびつな感じを受ける描画であるが，木

図7-1　バウムテスト

としてのまとまりはあり，精神病的な要素はあまり感じられない。

6.　見立てのポイント

　被害的な訴えとひきこもりが前景にあり，統合失調症との鑑別が必要と考え検
査結果を検討した。

　ロールシャッハ・テストでは，多彩色図版での急激な形態質の低下，Ⅲカード
の「しゃがんでる」はⅡカードのイメージからの保続の可能性，体験的距離の近
さ，といった精神病圏を想定させるような特徴が見られる。その一方で，抑圧と
考えられる防衛が可能であること，反応内容に幅があること，回復の兆しが見え
ることなどが精神病圏を否定していよう。バウムテストの結果もこれを支持して
いる。

　そうなると，被害的な訴えも元になる刺激があり，そこから発展している可能
性が高い。検査終了後，「遅刻の理由が電光掲示板に流れていた」と妄想を疑う
ような発言があり驚かされたが，聞けば当院の待ち合いに設置されたサイネージ
に良質な睡眠がとれないと目覚めにくいという睡眠についての話が映し出され，
自分が学校に遅刻するのは睡眠がとれていないせいであると思い内容をメモした，
とのこと。つまり，妄想ではなく言葉の使い方の問題だったわけである。「カチ」，
「カッチュウ」を同列に扱っていることも同様で，他者と共通理解するために同
一の言葉を用いなければならないという前提が崩れているのであり，思考の問題
というよりも語用の問題としてとらえられる。Ⅲ①の質疑段階で「くの字になっ
ている」「腰を曲げている」と述べているが，自由反応段階で「しゃがんでいる」
との発言があったことを指摘すると，「膝（突起部）を曲げている」と突起部を
膝とした場合の一致度の低さも度外視した上に質疑段階の発言と両立しないこと
を平然と述べていることもその表れかもしれない。

　ところで，ここまで語用の問題に焦点化してきたが，そうすると“言語運用能
力には問題がない”としたWAIS-Ⅲの結果との間に矛盾が生じるのではないかと
いう疑問が生まれる。しかし，WAIS-Ⅲで述べた言語運用能力は，“類似”“理解”
に示されるように的確に抽象概念を扱い社会常識について説明する能力のことで
ある。語用の問題は，コミュニケーションにおいて文脈や相手を意識することが
難しいことから起きており，WAIS-Ⅲに比べ構造化の度合いが少ないロールシャッ
ハ・テストという検査の特殊性によって，より際立つものとなっている。これは

言語面における中枢統合の問題といってよいだろう。そして，ロールシャッハ・テストでの突起へのこだわりと一方でそれを簡単に排除する点はWAIS-Ⅲでも見られた認知面における中枢統合の問題として理解できるのではないだろうか。

　以上の事柄から，本事例は自閉スペクトラム症であるとの結論に至っている。

引用文献

Frith, U.（1989）*Autism: Explaining the enigma*. Oxford, UK: Blackwell.〔冨田真紀・清水康夫（訳）（2005）自閉症の謎を解き明かす．東京書籍.〕
大井　学（2006）高機能広汎性発達障害にともなう語用障害——特徴，背景，支援——コミュニケーション障害学，23(2), 87-104.

〔付記〕

　この方は，一連のアセスメント作業の数年後に，ご本人の「家族不和の問題を解決したい」との申し出により，隔週1回30分というスタイルでカウンセリングが開始された。開始当初より，やや早口で切迫感のあるような詰問調の話し方，他者に対する被害感を訴えるエピソードの報告（店で他の客に意地悪されたなど）が顕著であった。

　認知の歪みが大きいと思ったセラピストは，状況の細かな説明を求めそれについての本人の解釈とは別の可能性を提示したり，一日のうちでポジティブな感情を抱いた出来事も合わせて報告してもらうよう求めたりした。それらをめぐって話し合いを重ねるうちに，面接中の表情も柔らかくなり，就労やもともとの主訴である家族の問題に話題が移っていた。

　他からのプレッシャーもあり，就労へのトレーニングが始まると再び被害感が増大し，一旦就労の話は保留となった。その後，カウンセリングでは家族をテーマとした話題を主に話すようになり，家族の理解のなさや自分が不当に家族から扱われているという訴えが増えていった。これに対して，セラピストは否定することもなく，その上でどうしていったらよいかを話し合うことを念頭においていたが，経済的な理由（ちょうど，投薬が変わり治療費が上がったのを理由にお金を節約したいという申し出）で，約2年続いたカウンセリングは突然の中断となった。その決定についての意志は固く，再開の可能性もあるということを伝えるのがせいぜいであった。

　なお，ロールシャッハで指摘されていたコミュニケーションの問題は確かにあ

り，こちらの問いに対してずれた応答が見られることもままあった。それらについては丁寧に伝え返していたものの十分ではなかったのかもしれない。ただ，セラピストに対する被害感や疑念は一貫して見られなかった。

第8章

知的障害の事例

小野聡士（筑波大学大学院人間総合科学研究科）・小粥展生（法務省矯正局）

1．事例概要

30代後半男性・介護職

診断（検査実施前）：妄想性障害，統合失調症疑い，発達障害の疑い，軽度知的障害疑い

検査目的：診断補助

テストバッテリー：WAIS-Ⅲ，SCT，ロールシャッハ・テスト（片口法）

問題とその経過：

　介護関係の専門学校を卒業後，介護職として働き始めるが，自己主張が強く周囲と衝突するために長続きせず，介護関連の仕事を転々とした。20代前半の頃，一時パニック様の症状から病院へ通院し自律神経失調症の診断を受けた。その後，20代半ばで現在の妻と結婚し，30代前半より妻の両親と同居を開始した。30代半ばを過ぎた頃，不眠がちとなり睡眠薬を使用するようになった。その頃，上司より「異動をしなければ給料を月に4万円下げる」と半ば強制的に異動するように迫られた。当時子どもが欲しかったこともあり，給料が下がることを危惧した本人は，家族に相談しないまま独断で遠方の職場へ異動を決めたが，異動してからは，通勤時間が長いこと，異動先が慣れない土地であったことから心労をためるようになった。家族からは「続けなくていい」と助言されたが聞く耳を持たず，同時期から考え込むことが多くなり，異動から半年後，同僚の解雇の知らせを聞いた際，「自分のせいにされる」，「逆恨みされる」として突如妄想的となり，職場で興奮状態となった。自分の荷物を散乱させたり外に出て大声をあげるなど，激しい興奮のため，緊急措置入院となった。一時落ち着いたため，措置が解除され，退院するが，その後，「妻が浮気している」，「誰かが押し入れにいる」，「監

視されている」，「妻の浮気相手は自分の友人で，そのうち家に金を取りにやって
くる」などとして妄想状態が続き，家族への暴言や興奮もしばしば生じたため，
外来を受診し，オランザピンを処方された。しかし，服薬は遵守されず，その後
も家族に対して激昂して興奮が収まらなくなることがあり，家族より 110 番通報
がなされ，警察が来た際も，「俺を馬鹿にしやがって」，「信じた奴の目しか見な
い！」など大声で話し興奮した様子が見られ，警察に保護されたことがあり，そ
の際には，警察の保護室でも，飛び跳ねる，倒れこむ，壁や床に頭を打ちつける
などの行動が見られ，再度精神科へ入院した。退院した後は，再び落ち着きを取
り戻し，概ね良好な経過を辿り，話は迂遠で要領を得なかったが礼節は保たれ良
眠できていた。その後，身元引受先を調整するために通院先を転院し，実家にて
父と妹家族と同居を開始した。一方，妻から「（本人は）精神障害者」のような
ことを言われた上，「あなたとの子どもは作れない」と言われてショックを受けた。
また，妄想が表出されるエピソードはなかったものの，本人は仕事をしていない
ことに不安を感じていた。

生育歴：

　同胞 3 人の第二子として出生した。生育上，顕著な問題はなかったものの，幼
少期は「言うことを聞かない」性格であった。地元の小学校・中学校を卒業後，
偏差値 50 〜 60 程度の高校へ進学した。その後，両親が離婚し，以後父子家庭で
生育した。小学校・中学校・高校ではいじめはなく，中学校と高校では部活動の
友人がいた。勉強に関しては元来興味がなく，成績は常に下位であった。小さい
頃に祖父母から良くしてもらった経験から介護職を志し，高校卒業後，介護関係
の専門学校へ進学した。専門学校を卒業後，介護職として障害者施設へ就職した
ものの，自分が正しいと思うことを主張することで他の職員と衝突し，1 年で退
職した。以降，15 年間は仕事を転々としたが，介護の仕事以外は長続きしなかっ
た。本人によると，病前性格は「思ったことをストレートに言ってしまう」傾向
があり，「高圧的な人」が苦手であり，仕事中に急かされたりすると感情的にな
り言い返したくなることがあったため，今でも「次も暴れてしまうのではないか」
と危惧している。

表 8-1　プロトコル　　　　　　　　　　　　　　　　　　　　　　　　　g…gesture

Card	Response	Inquiry	Score
I 9″	①蛾，蛾ですかね	〈①〉え？〈Q〉この辺が羽で，真ん中抜かして (g)，蛾のような感じがした〈Q〉この辺 (S) の，あ，でも蛾に見えますね。蛾の標本〈Q〉立体的に？〈Q〉蛾が倒れているような (g) イメージで。〈Q〉これを中心に見て，そう思いました。〈Q〉ここが羽で，触角で，ここわかんないですけど，全体的に蛾で。	① W F± A P
20″ (1′14″)	②人の顔にも見えます (机に置く)	〈②〉ああ，目と口。	② W, S F∓ Hd
II 23″ (57″)	え～難しいな… ①肺。わかんないですね…体の中の肺…全然思いつかないですね	〈①〉それ以外なんて答えたらいいかわからなくて…〈Q〉この黒い部分	① D1 F∓ Ats
III 4″ (34″)	①人に見えますね。人が何か，物を持ち上げようとしてるところ…なんかあったかいところで…	〈①〉人で顔，顔で，これが胸で，何か持ち上げようとしてる。足で，まぁ片足かもしれないんですけど。〈Q〉で，これがあったかさ表現してるのかな，と。〈Q〉いや，黒で，赤だから，色的に。赤で。	① W M±, Csym H, obj, Abst P
IV 15″ (56″)	(図版回転) ①巨大な人ですかね (伏せようとする)〈ゆっくりご覧に〉あ，はい…ちょっとわからないですね	〈①〉そうですね…これが顔で，手で，足で，これが木なのかな？ わかんないけど〈どういう状況？〉え～…全然わかんないです。〈Q〉立体的に見えるんです。〈Q〉なんか浮き上がってるかのような。絵が。これとこれの色の違いがそう思わせるのかな。	① W FK± H, Pl
V 5″ (20″)	①鳥ですかね…鳥…わかんない	〈①〉これが羽で，これが触角ですかね。わかんないですけど	① W F± A
VI 3″ (26″)	①バイオリン？ 巨大なバイオリンの。もやがかかったような	〈①〉こんな風にして考えると (g)，これでバイオリンだと思って。で，これをもやだと。もやがかかってるようだと表現しました。〈Q〉この感じ (上部) で，バイオリンに。〈もや？〉ちょっとわからないですね…	① W F∓, K Music, Moya
VII 18″ (26″)	①子どもが２人…	〈①〉なんかそう感じた…ちょっとトイレ行ってもいいですか？ (入退室) あ，これが顔だと思って，これが手だと…。で，なんか祭りかなんかのあれかなと〈Q〉ちょっと，まぁこれが…頭の冠みたいな	① D2 F± Hd, Cg P

VIII　24″ 　　(55″)	①タヌキが 2 匹…	〈①〉こことここですね〈Q〉足で，まぁなんとな～く	① D1 F± A P
IX　4″ 　　48″	え〜… ①花，ですかね…わっ　かんねぇ…	〈①〉もう全体的に思考停止ですね。もう花だろうと。〈Q〉ここまできたら何か，というのが浮かばずに，花と答えましたね。色が 3，4 種類あって，赤，緑，薄緑，オレンジといろんな色があるから花かなって。	① W CF Pl.f
(55″)			
X　30″	①王様の顔？	〈①〉これが頭の一番上（D4）で，これが髪の毛（D6）で，目（D2）で，髭（D3）。	① dr F∓ Hd
	②動物たち…カブトムシや王様の顔に見えます。鼻で，髭で。	〈②〉カブトムシみたいなのと…，ちょっとわかんないですね。〈他の動物たちは？〉ちょっとわかんないですね…〈カブトムシ？〉黒色で，かくばってたんで。	② D9 FC′± A
(1′00″)			

Most Like Card：X（明るい色だから。人の顔にも見えるし。優しそうな。）
Most Dislike Card：IV（根拠はないです。）
Self Card：なし　　妻 Card：V（旅立っちゃう）
Fa. Card：IX（なんとなく）Mo.Card：II（もう会ってないんで）

2．ロールシャッハ・テストの結果

(1) 形式分析（数量分析）

　プロトコルは表 8-1，Basic Scoring Table は表 8-2，Summary Scoring Table は表 8-3 に示した通りである。心的エネルギーの低さ（R = 12，FM = 0）に加え，対処の幅は狭く（M：ΣC = 1：1.75，F% = 67% で両貧型），概ね一つの方向でしか物事を捉えられない柔軟性の低さがうかがえた（I，X 図版を除き，1 図版 1 反応）。反応拒否はないため，自分の役割を果たしていこうとする一方で，あまり状況に対して粘り強く関わることはできず（Rej = 0，RT（Av）= 46.3″），現在利用可能な心的資質も限られている（M：ΣC = 1：1.75）。

　状況を把握する際は，物事を全体で捉えようとする傾向が認められるものの，利用可能な資質が伴っていないため，漠然とした全体把握にとどまっている（W：D = 7：4，W：M = 7：1）。

　また，色彩刺激にショックを受けやすく，感情が喚起されると，客観的な認知ができなくなり（Csym = 1，CF（nonF）= 1），状況の把握に時間がかかる傾向がある（R1T（Av.N.C）= 10″，R1T（Av.C.C）= 25.8″）。さらに，陰影刺激からも不快

表8-2　Basic Scoring Table

Location		+	±	∓	−	nonF*	Total	%	Add.
W**	W		4	2		1	7	58%	
	W̌								
	DW								
D	D		3	1	0		4	33%	
	d								
Dd	dd								
	de						1	8%	
	di								
	dr			1					
S							0	0%	1
Total.R***		0	7	4	0	1	12		1

Contente		Freq.	total	%	Add.
H	H	1			
	(H)	1	5	42%	
	Hd	3			
	(Hd)				
A	A	4			
	(A)		4	33%	
	Ad				
	(Ad)				
At	Atb				
	Ats	1	1	8%	
	X-ray			0%	
	A.At			0%	
Sex				0%	
Anal				0%	
Aobj				0%	
Pl.f		1	1	8%	
Pl.				0%	1
Na				0%	
Obj				0%	1
Arch				0%	
Map				0%	
Lds				0%	
Art				0%	
Abst				0%	1
Bl				0%	
Cl				0%	
Fire				0%	
Expl				0%	
Food				0%	
Music		1	1	8%	
Cg				0%	1
Mark				0%	
UFO				0%	
Moya				0%	1
				0%	
Total.R***			12		5

Dertaminant		+	±	∓	−	nonF*	Total	%	Add.
F			4	4			8	67%	
M			1				1	8%	
FM							0	0%	
Fm							0	0%	
m(mF,m)							0	0%	
k(Fk, kF, k)*****							0	0%	
FK			1				1	8%	
K(KF, K)							0	0%	1
Fc							0	0%	
c(cF, c)							0	0%	
FC'			1				1	8%	
C'(C'F, C')							0	0%	
FC	FC						0	0%	
	F/C								
CF	CF				1		1	8%	
	C/F								
C	C						0	0%	
	Cn								
	Csym								1
Cp(FCp, CpF,Cp)*****							0	0%	
Total.R***		0	7	4	0	1	12		2

感情が喚起されやすいことがうかがえ，反応として適切な対処ができずにおり，そうした状況をできるだけ避けようとする傾向がうかがえた（Most Dislike Card＝Ⅳであり, 15″ですぐに伏せようとする等）。一方，情緒を喚起される刺激であっても，部分を切り離して捉えやすい場面や，不快感情が喚起されにくい場面では，比較的落ち着いて状況を捉えることができる一面がある（P = 4, Ⅲ・Ⅷ図版でP反応）。

　対人関係に関しては，人に対する興味・関心は損なわれていないものの，人の

表 8-3　Summary Scoring Table

R (total response)	12	W : D		7 : 4	M : FM	1 : 0
Rej (Rej/Fail)	0	W%		58%	F%/ΣF%	67%/92%
TT (Total Time)	7′43″	Dd%		8%	F+%/ΣF+%	50%/64%
RT (Av)	46.3″	S%		0%	R+%	58%
R1T (Av)	17.9″	W : M		7 : 1	H%	42%
R1T (Av.N.C)	10″	E : B	M : ΣC	1 : 1.75	A%	33%
R1T (Av.C.C)	25.8″		FM+m : Fc+c+C′	0 : 1	At%	8%
Most Delayed Card & Time	IX, 48″		VIII+IX+X/R	33%	P (%)	4 (33%)
Most Disliked Card	IV	FC : CF+C		0 : 1.5	Content Range	5
Most Liked Card	X	FC+CF+C : Fc+c+C′		1.5 : 1	Determinant Range	5

顔に注目しやすく，ともすれば周囲からの評価を気にしやすい傾向がうかがえた（H% = 42%，I・X図版で「顔」と反応し，Ⅲ・Ⅳ・Ⅶ図版では人を説明する際「頭」ではなく「顔」と反応）。

(2) 継列分析（質的分析）

【Ⅰ図版】

　9″で「①蛾」を産出しており，新奇場面において概ね常識的な対応ができることがうかがえる。一方，Inquiry では「倒れている」と説明しており，生きている「蛾」から「蛾の標本」へと変化させた上，何らかの違和感または不快感を喚起された可能性が考えられる。また，空白領域のある中心部に「②人の顔」を産出しており，通常，動物の顔やハロウィンのかぼちゃなどの「顔」に見られやすい図版（黒田, 2017）に real human として「人の顔」を見ていることからは，他者の視線を意識しやすい傾向を持つ可能性が示唆される。

【Ⅱ図版】

　図版を手にした際，「え〜難しいな…」と困惑する様子が見受けられ，その後，23″で戸惑いながらも「①肺」と反応した。初発反応時間が比較的遅く，反応に際して戸惑っている様子がうかがえ，複雑で不快な情動を喚起され，混乱したのではないかと推察される。自由反応段階では「この黒い部分」に「肺」と反応す

るも，肺については「それ以外なんて答えたらいいかわからなくて…」と詳しい説明ができずにおり，Inquiry の段階でも自分で説明を打ち切り，図版を伏せようとしていたことからは，色が混ざり合い濃淡もある赤色刺激から不快な情動を喚起され，混乱していた様子がうかがえる。

【Ⅲ図版】

　4″で「①人が何か，物を持ち上げようとしてるところ…なんかあったかいところで…」と反応した。彩色図版ではあるものの，Ⅱ図版と比べて，黒色部分と赤色部分がはっきり分かれているため，情動面では混乱することもなく，素早く常識的な反応をすることができたものと考えられる。また，赤色部分に「あったかいところ」と肯定的な意味合いを付与する等，色彩刺激に対し必ずしも不快感情を喚起されるとは限らないことがうかがえる。ただし，反応に形態がない等，対処としては未熟な反応にとどまっている。人については比較的丁寧に説明している一方，そのほかの領域（持ち上げようとしている物）については説明を求めても，大雑把な説明にとどまっており，図版全体を反応に取り入れようとする一方，最初に目に付いた部分を手掛かりに反応し，その余の部分に関しては曖昧な見方をする傾向が見受けられる。

【Ⅳ図版】

　初めて図版をぐるぐると回し，15″で正位置に「①巨大な人」を産出した。色の濃淡から立体感を感じていることがうかがえるものの，十分な説明には至らなかった。また「根拠はない」としつつも Most Dislike Card としている。図版の特徴として威圧的な印象を与える図版であることや（黒田, 2017），15″で一度図版を伏せようとしたこと等から，本人にとっては不快かつ威圧感を感じる図版であったと推察される。「巨大な人」と同時に「木」を見ている上，説明を求めても，「わかんない」と述べるだけであり，不快感情の影響か，相当混乱している状況が認められる。図版の刺激特性を踏まえると，刺激に圧倒され，不安，劣等感を喚起された上，そうした不快感情が喚起される刺激を取捨選択することもできず，大きく動揺していた可能性が示唆される。

【Ⅴ図版】

　迷いながらも 5″で「①トリ」を産出した。Inquiry の段階で dd 領域を「触角」

と説明しており，目についた領域を受け流す（刺激を取捨選択する）ことができない傾向や，十分に吟味せずに見たままを軽率に言ってしまう傾向がうかがえる。また，「旅立っちゃう」という理由から妻のカードとして選んでおり，20″で図版を伏せている様子からも，シンプルな刺激ゆえにかえって不安等のネガティブな感情が喚起された可能性も否定できない。

【Ⅵ図版】

　3″で「①巨大なバイオリン」を産出した。刺激の両端を隠しながらも比較的見られやすい弦楽器の一つとしてバイオリンを見ている。しかし，結局は刺激の両端の陰影部分を「もや」とし，「バイオリンにもやがかかっている」とやや不自然な意味づけを行っており，Ⅴ図版に引き続き（ここでも），目に付いた領域を受け流す（刺激を取捨選択する）ことができない傾向がうかがえた。漠然とした不安を感じやすい人（あるいは実際に感じている人）は陰影を拡散していると感じると指摘されており（Schachtel, 1966），通常「もやがかかっている」というようなK反応は「漠然とした対象の定まらない不安」と解釈され（人見, 2017），Ⅳ図版の反応に引き続き，「巨大な」という修飾語がついていることや，「もや」という反応内容を考え合わせると，何らかの不安が喚起されたと推察される。また，Ⅳ図版の反応における「巨大な人」と「木」に係る説明に見られるように，この図版における「巨大なバイオリン」と「もや」についても，両者の区切りが明瞭ではなく，不安が喚起されると，自他の境界が曖昧になり，刺激を適切に取捨選択できなくなる傾向があると推察される。

【Ⅶ図版】

　18″で「①2人の子ども」と反応した。比較的シンプルで不安を喚起されにくい刺激に対しては無難に反応できる様子がうかがえる。一方，Ⅲ図版と同様最初に目に付いた部分以外は漠然と見ており，注意・関心が全体に行きわたらずムラになりやすく，一部の印象で物事をとらえやすい傾向がうかがえる。

【Ⅷ図版】

　初めての多彩色図版であるため初発反応時間は遅いものの，24″で「①2匹のタヌキ」という平凡反応を産出している。色彩が混じっておらず，部分として切り離しやすいというこの図版の刺激特性により，常識的な反応ができたのではな

いかと推察される。感情が喚起される場面においても状況を切り分けてシンプル
に把握することができれば，ある程度常識的な対処が可能であると言える。

【IX図版】

　最も初発反応時間が遅く，48″で「①花」を産出している。Inquiry では「もう
全体的に思考停止ですね。もう花だろうと」，「色が3，4種類あって，赤，緑，
薄緑，オレンジといろんな色があるから花かな」と反応している。こうした反応
には，同じ多彩色図版でもⅧ図版ほど領域が分化しておらず，色彩が重なってい
るこの図版の構造が影響していると推察される。また，色彩への言及がまったく
なされておらず，情緒刺激への対応が未熟なレベルにとどまっている可能性が示
唆される。ただし，時間をかけて色彩を取り入れたある程度無難な反応をしてお
り，複雑な情緒刺激であっても不快感情が喚起されにくい場面では，戸惑いなが
らも比較的良好なアウトプットができると推察される。

【X図版】

　30″で第1反応である「①王様の顔」を産出した。Most Like Card に選んでおり，
比較的よく見受けられる反応であるものの，顔の輪郭には頓着しておらず，髪，目，
髭といったパーツに着目し，Ⅰ図版に引き続き「顔」を見ていることから，周囲
からの視線を意識しやすい本人の特性が反映されている可能性がある。また，第
2反応である「②カブトムシ」は，その角ばった形や黒色に反応しており，すべ
ての色彩反応を通して唯一の一次形態反応である。X図版は多様な刺激が含まれ
る一方，色の重なりが比較的少なく，形がそれぞれ明瞭である特徴を有している
ことから，物事を一つ一つに切り分けてシンプルに捉えることが容易な場面では，
比較的落ち着いて対処できる可能性があると考えられる。

(3) ロールシャッハ・テストのまとめ

　総じて心的エネルギーが低い状態である。物事を常識的に捉える素養は持って
いるものの，現在利用可能な資質が限られているため，状況を把握する際は最初
に目に入った印象だけで漠然と全体を把握することになりやすい。対処の幅は狭
く，概ね一つの方向でしか物事を捉えられない柔軟性の低さが本人の一つの特徴
と言える。感情が喚起される場面では，動揺する傾向が強く，自分の感情体験を
客体化して捉えられない。特に，威圧感や不安が喚起された際には，動揺して現

実検討が緩くなる傾向が認められ，ともすれば，自他の境界が曖昧になりがちである。一方，感受性は比較的豊かであり，シンプルな状況においては，物事と距離を置いて客観的に捉えようとする構えも見られることから，その場の状況を整理して捉えることができるよう促すとともに，感情をコントロールするスキルを向上させることで，ある程度の適応が図れる可能性があると考えられる。

3. テストバッテリーの結果と解釈

(1) WAIS-Ⅲ

　全検査 IQ = 60，言語性 IQ = 71，動作性 IQ = 53 であり，言語性 IQ と動作性 IQ との間でディスクレパンシーが認められた。群指数は，言語理解 = 76（単語【8】，類似【4】，知識【5】，理解【8】），知覚統合 = 55（絵画配列【2】，絵画完成【3】，積木模様【2】，行列推理【3】），作動記憶 = 60（算数【4】，数唱【5】，語音整列【3】），処理速度 = 52（符号【3】，記号探し【1】）と言語理解が他の群指数よりも有意に高い結果となった。平均域に位置している下位検査は単語【8】と理解【8】のみであり，他の下位検査に関してはいずれも平均を大きく下回っていることが特徴である。

　基本的な語彙や社会的な常識は概ね身につけており，単純な聴覚情報の記憶も可能である。一方，並行課題が加わると，途端に聴覚情報の保持および処理が難しくなる。1 回に一つのことにしか注意を向けられない聴覚的注意力の低さがうかがえた。また，視覚構成に関する能力は総じて低く，特に視覚情報を細分化して再構成したり，視覚情報から文脈を把握することは苦手である。

　以上のことから，基本的な言語能力は概ね備わっているものの，空間把握や文脈理解のほか，概念の操作が苦手であることがうかがえ，何らかの発達上の偏りがある可能性がうかがえる。ただし，これまでの生育歴等や介護職として働いていたことを踏まえると，元々の知的な低さがあったとしても，動作性 IQ が総じて低すぎることから，知的障害があるというよりは，現在何らかの機能低下が生じている状態であると推察される。なお，積木模様において，問題 7・8・9 では必ず回答の最中に同じ形（中央に赤い菱形模様がくる形）を作ってしまうほか，回答中は手が震えている様子がなんども見受けられた。他者からの評価を気にして緊張している可能性は否定できないものの，本人はそれを否定し，緊張などではなく勝手に震えてしまうと申し述べていることから，高次機能障害の可能性の

有無についても，各脳検査所見も併せて精査することが望ましい。

(2) SCT

　文の特徴としては，比較的文章が長く，漢字も多く使用していることから，明らかな知的な低さはうかがえない。また，全て回答するのに（休みながらも）3日間を要したことから，エネルギーが低い中でも粘り強く丁寧に取り組んだのではないかと推察される。

　記述内容からは，基本的に真面目で実直な本人の性格傾向がうかがえる（【Part I-20：世の中後悔の連続だが，生きているだけでありがたい】，【Part I- 13 人々，とうまくやるには自分を受けいれる人よりも，自分の方が 100% 相手を受け入れるかだと思います】）。一方，正義感や固定観念が強く，柔軟性を欠く思考に陥りやすいことがうかがえる（【Part I-7：争い事は，嫌いですが，大きな事故になるくらいなら，大きな声で争いを止めます】，【Part I-24：私の不平はこうでなくてはならない，固定概念から，きています】）。また，物事を整理して段取りよく対応することが難しくなりやすく，そうした実情を自覚している分，能力面での自信のなさを抱いていると推察される（【Part II-15：私の頭脳は，何かを考えていると，他のことが入ってきません】，【Part II-22：大部分の時間を悩み迷いに使ってしまっている】，【Part I-4：私の失敗は，自己満足し，順序よく，段階を踏まず，一方的に歩ゆんでいたことです】，【Part I-2：私はよく人から要領が悪いと言われます】）。

　加えて，男性としての理想像がある一方，妻との間で生じた一連の出来事により，夫としてのアイデンティティを失いかけていることを後悔している様子が見受けられる（【Part II-8：男とは，家を守り頼りになる】，【Part I-21：夫でいた頃，もっと誠実にいればよかったと思い直してます】，【Part II-23：結婚してから，そのありがたみを忘れたこともあります】，【Part II-19：私の気持ちは，見守ることしかできない】，【Part II-18：妻を想う気持ちは元気でいてね】）。

　以上のことから，能力面だけでなく男性として（夫として）の自信が持てず，肯定的な自己イメージを抱くことができていない様子がうかがえる。そうしたことと相まって，周囲から高圧的に対応されたと感じると過敏に反応をしてしまうのではないかと推察される（【Part I-10：私がきらいなのは高圧的，自分に話すらしない人です】，【Part I-14：私のできないことは高圧的な人と過ごすことです。】，【Part II-25：どうしても私は高圧的に言われると言い返してしまいます】）。

4．総合解釈

(1) 対処力の低さと柔軟性の欠如

　ロールシャッハ・テストの結果からは，漠然とした全体把握が優位であり，状況に応じて部分に切り分けることができないなど，柔軟なものの見方ができない特徴が見てとれる。また，色彩や濃淡等の刺激が複雑な場面では，反応の質が低下するなど動揺した様子を見せており，少しでも情動を喚起されるような複雑な状況になると混乱しやすく，時にパニック状態に陥る可能性が考えられる。特に，威圧感や不安が喚起された際には，大きく動揺して現実検討力が低下し，周囲の刺激に圧倒されるまま，自他の境界が曖昧になりやすい様子がうかがえた。WAIS-Ⅲの結果からも，状況を細分化して認識する機能が低下している状態が見てとれ，SCTにおいても，真面目で実直で正義感が強い一方，固定観念の強さといった柔軟性のなさが顕れており，自身の枠組みでしか物事を捉えられない傾向がうかがえた。

　就職後，自分の正しいと思ったことを主張するなどしたため，他の職員と衝突し，それを契機に退職し，その後も職を転々としているとのことであり，このように社会生活に上手く適応できなかった背景には，自分が心地よい状況だけを選択することができた学生時代には露呈しなかった対処力の低さや柔軟性の欠如が存在していると考えられる。なお，こうした対処力の低さや柔軟性の欠如に関しては，発達上の問題が関連している可能性について留意しておく必要がある。

(2) 漠然とした不安と被害的な認知

　ロールシャッハ・テストにおいて，色彩や濃淡刺激に反応しており，特に濃淡刺激から威圧感や不安が喚起されている様子がうかがえる。また「顔」に注目しやすいことからも，周囲の視線を気にしやすく，威圧されたと感じては大きく動揺するなど，被害的な認知やそれに伴う不安が喚起されがちであることが推察される。SCTの記述やこれまでの生育歴からも，威圧的に対応されることへの敏感さや，被害的な認知が働きやすい傾向がうかがえる。

　就職後，周囲に上手く適応できない状況が続く中で，人の視線を気にしながら様々不安を募らせ，周囲に対して被害的な認知を強めていった様子がうかがえる。

(3) 自信のなさとアイデンティティの問題

SCT の結果から，真面目かつ実直な性格に加え，正義感の強さや男性としての理想の高さがうかがえる。しかし，現実では要領が悪く，物事に柔軟に対処できない等の理由により，うまく立ち回ることができなくなりやすいことから，能力面での自信のなさを抱えている。また，暴れて措置入院になる等，混乱して取り乱した経緯があり，そのことで妻からネガティブなことを申し向けられ，離婚の危機にあると感じているなど，男性（夫）としての自信のなさを抱えている状態であると考えられる。そうしたことと相まって，周囲から威圧的に対応されることに対して敏感に反応しやすくなっているものと推察される。ロールシャッハ・テストにおいて，Self Card を選択できなかったことは，自身のアイデンティティを失いそうになっている現状が反映されていると考えられる。

(4) 発達上の問題と知的水準

WAIS-Ⅲの結果から，全般的に知的水準は低い状態であると言える。一方，元々の知的な低さがあったとしても，これまで介護職として働いていたことを考慮すると，動作性 IQ が総じて低すぎると考えられる。これまでの経過に加え，ロールシャッハ・テストでの応答の様子や SCT における記述内容から鑑みても，知的障害があるとは言い切れず，現在何らかの機能低下が生じている状態であると推察される。なお，上記（1）でも触れたとおり，各テストの結果や，これまでの生活歴からは，対処力の低さや柔軟性の乏しさが顕著にうかがえ，発達上の問題を抱えている可能性を視野に入れておく必要がある。

(5) 現在の状態像と支援について

上記の結果を踏まえると，現在の状態像としては（1）適応障害の反応として幻覚・妄想が生じた状態，または（2）統合失調症を発症した可能性が考えられる。発症年齢やこれまでの経過，ロールシャッハ・テストの応答や SCT の内容を考慮すると，元来対処力の低さや柔軟性の低さといった性格特性を有していることがうかがえ，人事異動等の職場環境から身体的・心理的に非常に強い負荷が加わったことを契機として，各種の症状が出現したものと推察される。また，その背景として，発達障害あるいは高次脳機能障害の可能性が考えられることから，さらなる精査を進める必要がある。その際，本人からだけでなく，養育者等からの生

育史等に関する聴取ができることが望ましい。なお，現在，知的水準が低下している要因として，うつ状態に陥っている可能性も考えられるため，希死念慮などが出現していないかどうか確認する必要がある。

　対処力が低く柔軟性に欠け，状況が複雑化することでパニックになるほか，周囲の対応に敏感に反応し，特に，威圧的に接しられたと感じると，それに強く反発する傾向がある。支援に際しては，物事を切り分けてシンプルに認知できるように手助けし，落ち着いて一つ一つ順番に対応できるよう方向付ける等，社会的場面での対処スキルの向上を援助することが重要である。また，実現可能な目標設定を促し，少しでも達成感を得させることで肯定的な自己イメージを獲得させることが必要である。

引用文献

人見健太郎（2017）第3章 各記号の解釈仮説．馬場禮子（編）力動的心理査定——ロールシャッハ法の継起分析を中心に—— pp. 78-100. 岩崎学術出版社.

黒田浩司（2017）第2章 施行法・記号化について——片口法とその修正点——．馬場禮子（編）力動的心理査定——ロールシャッハ法の継起分析を中心に—— pp. 34-77. 岩崎学術出版社.

Schachtel, E. G.（1966）*Experiential foundation of Rorschach's Test*. New York: Basic Books.［空井健三・上芝功博（訳）（1975）ロールシャッハ・テストの体験的基礎．みすず書房.］

第 9 章

アルコール依存症の事例［女性：断酒継続中］

髙岸百合子（駿河台大学）

1. 事例の概要

　40 代の女性 D。娘，息子の 3 人家族。30 代からアルコール依存症を患う。現在は無職で，クリニックのデイケアでリハビリ中である。今回報告する検査は，本書の趣旨を説明し，同意を得て実施した。検査の目的は，自身の性格特徴をよりよく知ることを通して，断酒継続に役立てることであった。多面的に検討を行うために，ロールシャッハ・テストのほか，SCT とバウムテストも実施した。

(1) 生育歴

　2 子中，第 1 子として出生。自営業を営む父母のもとで育った。成人に至るまで目立った問題はなく，高校卒業後は専門学校を経て専門職に就いた。20 歳代半ばで一度目の結婚をして退職。5 年の結婚生活中に，夫との性生活がない状態が続いていたところ，夫が風俗店を頻回に利用していることがわかり，離婚。その後間もなく，外出先で知り合った男性との子を妊娠したのを機に二度目の結婚をした。2 子を授かるも，夫婦仲は順調とはいえず，お互いに手が出る喧嘩を度々していた。第 2 子出産後まもなく夫の浮気が発覚し，D が問い詰めたところ，逆上した夫から暴力を受け，全治 6 カ月の骨折をした。受診先で DV を疑われ，警察等が入り傷害事件として扱われることとなった。その後，夫は傷害罪で有罪となり，離婚も成立した。D はシェルターを出た後，支援者の制止を振り切り，実家に身を寄せ，2 子を育てることとなった。介護の仕事に就き，収入が安定するのに伴い実家を出て，現在に至るまで 3 人暮らしをしている。

(2) 現病歴

　20歳代で飲酒を開始してから，酒好きではあった。一度目の離婚後から気分の落ち込みが生じ，酒量が増えた。心療内科に通い始め，睡眠導入剤と抗うつ薬を処方されるようになった後も，習慣的な飲酒は続けたが，しばらくは顕著な問題なく経過した。二度目の離婚後，一時身を寄せていた実家を出て子ども2人との3人暮らしを始めたことに加え，仕事の負荷が増えてストレスが昂じたのに伴い，さらに酒量が増え，コントロールが効きづらくなっていった。その頃，昼間はパートで働き，帰宅後に飲酒し深夜まで飲み続ける生活であった。次第にアルコールが抜けないまま出勤するようになり，いつか事故を起こすのではないかという恐れからアルコールの専門病院を受診，即日入院となった。3カ月間の入院生活を経て退院。退院後は通院，薬物療法（シアナマイド，レグテクト）と自助グループを併用している。断酒を決意してから数年は度々スリップ（一時的な再飲酒）をくり返していたが，ここ3年間は断酒を継続している。

2. ロールシャッハ・プロトコル（片口法）

表9-1　ロールシャッハ・プロトコル

Card	Response	Inquiry
I 4" ① ∧	カボチャ。ジャック・オ・ランタン。 これは伏せた方がいいですか？ パッと最初に見たときの印象をお伝えして，でも，じっくり見ているとまた答えがちがってくるものもあると思うんですけど，どうしたらいいですか？〈他のものが見えてきたら，それも教えて　これ以上は見えないなと思ったらカードを伏せて〉わかりました。 ② ∧　サンリオのキャラクターの，私はちょっと名前を知らないんですが，クロミちゃん？ってキャラクターにも見えました。 55"	白く抜けている部分が目と，独特の口に。まずここに目が，印象に。中央に。季節柄，あちこちで見かけたから，まずそれが頭に浮かんだんだと思います。両方に広がった上の部分が耳で，目で口でとなると，サンリオのキャラクターのクロミちゃんっていう，悪魔をつかった，アンパンマンで言うと，ドキンちゃんのキャラクターになるんだろうなって思って，その子に似ている気がしました。〈詳しく。まずジャック・オ・ランタン〉ジャック・オ・ランタンに関しては，この部分（trace）。クロミちゃんに関しては，これがお耳，目と鼻と口と。〈クロミちゃんらしさ〉全体が，顔が黒くて，そんな印象。でね，クロミちゃん，ちょっといじわるなんです。印象としては，にかって楽しく笑っているわけではなくて，いたずらしちゃうぞっていう感じ。ひどく悪意ではないけど，悪さ，いたずらしちゃうみたいな印象を受けます。〈その印象は，カードのどんな特徴から？〉目の形と，口の口角が上がっているところが，残虐ではなくて，ちょっとおどけた感じを，雰囲気として受けます。 ①dr, S　F±　Obj ②W, S　M±,FC'　(Ad)

II 7" ① ∧ 27"	ピエロが2人で，こう，ハイタッチをしてる姿に思います。	赤の両方の部分が，とんがり帽子のようなものをかぶった顔に見えて，合わさっている中央が手をハイタッチしている姿。中央が，膝が，赤くなっているところが，ぴょんってなって，お互いにハイタッチしている感じ。絵柄に朱が少しずつまざっているので，おどけた，水玉模様のように，印象を受けました。〈場所，詳しく〉目で，大きくあけた口。〈手，膝？〉はい。この，ボヨン×4が，お洋服の柄みたいな感じがした。〈ピエロらしさ〉奇抜な衣装を着るのは，ピエロかなって。〈奇抜な衣装？〉形が，丸…ではないけど水玉模様の衣装に見えて。すぐ，ピエロ。衣装から，そういう風に言ったのかもしれません。 W　M±, FC H, Cg　P
III 25" ① ∧	（カードをもつ手が少し震える） 二人のカーリング選手	女性のカーリング選手を思い浮かべました。女性の横顔と，女性の胸。そしてこう…おしりから足にかけて。とてもきれいな足の形。この部分がカーリングの玉のようにみました。すごく女性的なものを感じます。〈女性的？〉なだらかな，胸の大きな形や，ここの形が，まるみがあるのでセクシャリティな女性の感じを受けました。 D　F± H, Obj　P
② ∧ 44"	牛の鼻紋	ここが鼻の穴で，こう（図版を指でなぞる）。牛の鼻，鼻の穴，牛。牛って，鼻のあたりはすっとしているので，この辺が，鼻，鼻の穴。真ん中のところが，こう（指でなぞる）。ちょっと変わったセンターの柄。ここらへんが，たぶん，お目目になるのかなって。〈目はここには描かれていない？〉本来は，もっと離れる。鼻，全体が。こんな柄の子がいたらおもしろいなって。蝶のような模様(D3)。〈牛の鼻に見えた決め手？〉ここ（＊鼻の穴の部分を指す）ですね，特に。私は猫を飼っていたことがあって，猫すごく好きで，よく猫の鼻のところを注目してみる癖がある。うちの子は真っ黒で，鼻がパッキンみたいな感じだったんですが，どうしても，鼻を見ることが多くて。牛ってこんな鼻。それを思い出した。 W, S　F−　Ad
IV 19" ① ∧	大きな樫の木	幹があって…あ, 樫の木？もみの木か。ごめんなさい。幹，枝ぶり。ちょっと変わった枝。全体が木のような印象を受けました。ハイジのもみの木みたいだなって。〈ハイジのもみの木？〉ハイジがお爺さんの家に行くときに，後ろに大きなもみの木が3本立っているんです。とても重量感があって，どっしりしたものっていう気がしました。〈重量感，どっしりした感じ？〉枝ぶり。本来木なら，幹があって，上にこう（図版を指でなぞる）描きますよね？でも，もみの木ってすごく重量感があって，下の方まで枝を伸ばしている印象があるので，それに見えました。〈木らしさ？〉この三角と，この（輪郭をなぞる）。 W F± Pl

② ∧ 56″	ものではないですが，何か重苦しそうなものを感じます。	印象。〈印象？〉たぶん…樫って言ってごめんなさい。もみの木自体を，とても重々しいものと考えているみたいですね。柳とかだったらたおやかで風に流れるような姿を考えるはずなんですが，圧倒的な，自然の…針葉樹ってすごく重そうな感じしません？　それをすごく思っているんだと思います。重心が低そうなバランスだよな，重苦しそうだなって。まず木のように見えて，いちばん近いのがもみの木だなって思って，絵全体に，黒いのが下の方に集まってて，重苦しそうって言ったんだと思います。〈黒いのが下の方に集まっているのも見て重苦しそうな感じと？〉うん。 W　C′F− Abst
V 5″ ① ∧ ② ∧ 32″	あー，蝶の羽化。 うん。 ものではないですが，飛び立とうとか，前に進もうという印象を受けます。	頭の部分で，羽の部分で，特徴的なのが，このぴろぴろ。これって，蛾だったり，蝶だったり。でも，蛾とは思いませんでしたね。〈蝶と思ったのは？〉たぶん，羽と思った部分の形が，もっと単純な形であれば蛾って思ったかもしれないんですが，とても，繊細さをここに感じて。特に羽化っていうのは，最初，さなぎから出てきたときって，羽がくしゃくしゃで，だんだんきれいにひろがっていく。その途中の段階を思い浮かべました。クロアゲハっぽい。今改めて見ると。〈クロアゲハと思ったのは？〉色的に黒なので。あと，自分が羽化させた経験があって，そのときに，すごくきれいだなって思ってみていた経験があるので。まだ完全体じゃないなっていう印象と，悪い印象じゃない。これから大きくなっていくんだなって感覚も同時に持ちました。特にこれ（下の部分）が，蝶の様子に，すごく見えました。ピロンピロン。羽の特徴。一番羽らしく見えました。 W　FM±, FC′ A P 〈その後に，ものではないですが，と〉ああ，言ってた？笑，そうでした。蝶の羽化を経て，今は，きれいに成長する途中だぞみたいな印象を受けたので，そういう風に言ったと思います。 W M− Abst
Ⅵ 31″ ① ∧	蘭の花	これはなかなか思い浮かばなくて，しばらく考え込んでたと思いますが，うん，蘭の花が近いかな。蘭の花って，少し白くなっている部分が虫を誘う…正しいかはわからないんですが，この部分から虫が入っていって，背中に花粉を付けたり，種を付けたりして受粉するような印象があります。こことここ（中央上部の色が薄くなっている部分）に，虫を誘う何かがあって，ここから入って，出て，蜜があるかないか，学術的にはわかりませんが，虫を誘っているような。〈蘭の花自体はどう見た？〉全体が蘭の花です。〈どこに何が？〉わりと，蘭は，線対称なんです。蘭の花って。うーん…この全体がやっぱり，花びらのように。花が開いているところ。

		きっと後ろにつながって，開花した姿がこれかなって。 W F∓ Pl.f
② ∧ 43″	なんとなく，性的なニュアンスを感じるような気がします。	私にとって，蘭の花って，女性性器を思い浮かべるところがあります。えーと…（目をつぶる）私，花が好きで，蘭もすごく好きなんですが，普通の，マーガレットとかデイジーよりも，蠱惑的とか，魅惑的とか，女性器そのまま？　連想させるものがあります。 W　F−　Sex
VII 5″ ① ∧ 37″	（カードを持つ手が震える） 向かい合った子どもたち これはとても，おどけたような，おどけたというか，楽しそうな印象を受けます。 踊り？うん	このピロンが髪の毛で，ポニーテールをしてて，前髪，鼻，口，手をおどけてあげている子たちが向かい合っている様子です。これが多分スカートのような，下半身部分。ぱっと見そう思って，よく見ると，ここの部分は，あの子に似ている。ハクション大魔王の妹の何ちゃんっていったっけ？　あの子も，ポニーテールで，インドっぽい，ブワンとしたズボンみたいなのをはいているので，それがすごく印象に残りました。〈インドっぽいズボン？〉インドの衣装って，腰のところ細くて，下の方がブワンってなっている。それに似ていると思った。〈その後に，おどけたような，楽しそうな印象を受けます，と？　詳しく〉はい。うん…首を前に出すというしぐさは，すごくおどけているような気がします。それと，黒一色なんですが…，この，濃淡の具合かな？　があまり濃くなくて，全体に楽しそうに感じました。特にこの首から手のラインが，おどけている感じに思います。〈濃淡の具合？〉こういうところ（口）が真っ黒ではなくて，お口のところが濃くなっていたり，髪の毛のところが濃くなっていたり。特にこの，お口まわりが黒いのが，お化粧してて，えへってなっている，小さな子。決して大人ではないです。〈その後に，踊り？〉まさにインドの踊りみたいな。こういう（踊りを真似た身振りをする）の印象に。すみません，言葉にできなくて。インドの踊りを楽しそうにやっているかなって。暗めな印象ではなくて，楽しそうにやっているなって印象があります。アラピン・カラピン・スカピーンって言いながら，タンバリン打つんですよね。 なんていったかな。〈絵は出て来るけど，名前わからない〉あ！　あくびちゃんだ。そうだ，あくびちゃんだ。 W　M±，FCp（H）（P）
VIII 7″ ① ∧	木に登っているヤマネ。それを見つめる熊さん，かな。	ここの部分が熊さんです。これが木になっていて，これが木の葉っぱ。赤の部分がヤマネ。これが一本，幹になって，枝が伸びている。〈それぞれ詳しく〉熊さんは，この部分（図版をなぞる）熊が上を向いているような，それで，この部分が熊さんの足とおしりですね。どっしり座って，ヤマネがそれを利用しながら上に。〈ヤマネは？〉この部分が，本体としっぽと，足が。幹と枝に足がかか

			っている。〈それぞれらしく見えたのは？〉やっぱり，色が。色がそれぞれ区別されているところ。それで，植物，動物らしく見えました。〈色が区別されているから？〉色の印象。赤っぽいものは生物のような気がするし，緑は，どうしても植物的なものを。すとんと，熊とヤマネと思いました。 W FM±, Csym A, Pl P
②　∧	力強さを感じます。		熊さんの方がもちろん身体も大きいし，力も強くて，年配者という気がしています。で，ヤマネの方が若者っていう印象があって。年配者が下を守って，若者が上を目指していく感じを，印象として持ちました。私は，絵本の…何ていうタイトルだったか，アナグマさんって。アナグマがどういう動物かは知りませんが，その絵本の挿絵，その絵本のことをすごく思って，絵本が，アナグマさんが老いて死んでいくわけです。でも，森の全員からすごく尊敬されて，遺書みたいに書き残すんですけど，自分の死を悼んではいけない。悲しんではいけない。これはしかたのないことなんだから，君たちは君たちでがんばって生きなさいよっていう趣旨の絵本なわけですよ。それを思い浮かべて，成長していこうとしている若者を見守っているような印象を受けました。スーザン・バーレイの，忘れられない贈り物ってタイトルかもしれません。あれ，私のナンバーワンなので，それをスポンと熊さんに，そこの動物たちに，投影しました。たぶんスーザン・バーレイです。
32″			W F− Abst
IX 14″ ①　∧	天国と地獄		赤い部分の下にある，重々しいこの物体。何かに似ているではなくて，ここ自体が…地獄の部分で，ここが平民の部分で，天国の部分，っていえば。もうちょっとおどろおどろしいような感情。赤い部分が緑を引きずり降ろそうとし，緑は上にあがろうとする赤いものを引きずり降ろそうとし，上は上で，ずり落ちないように必死になっているような印象を受けました。人間の怨念とかを思い浮かべました。この中で，真ん中の一本筋が通っているんですが，それを，羅生門の蜘蛛の糸のように感じたんですよね。何かものを思い浮かべてはなくて，情念みたいな，形にならないものが表れているような気がしました。〈そういうものが見えてきたのは，カードのどういう特徴から？〉カードの？　…やはり，下の方でうずくまっている，この赤。色的なものも，赤ということで，あまり…こう…おどろおどろしいではなくて，何だろう。さきほども赤を生きているものと捉えることが多いとお話したんですが，人間のエゴとか，そういうものが何となく，赤として思っています。で，エゴと，いろんなものがまざったグリーンの色が，中間地点のような。で，

			それよりも明るい。オレンジと赤を比べると，何となくオレンジの方が上のような感覚があって。全体的にどろどろしたものを感じるような。下が上をひっぱってる感じがします。 W　M–, Csym　Abst
② 　 ∧ 48″		社会の縮図のような感じがします。	印象から。社会でも，底辺の人間は，中流に上がりたくて，手を伸ばして，手には見えないんですが，上にしがみつこうとする印象。ここ (D1) は，中流なんだぞ，中流社会なんだぞって，でも，ちょっとでもいい生活…いい生活が何なのかわからないけれど，上に上がりたいっていう。上流は上流で，本当に限られた少ないところで，必死でその位置を保っているような印象を受けました。 W　M–　Abst
Ⅹ 20″ ① 　 ∧		孤独な少女が向き合っている感じがします。向き合ってても，分かり合えないんじゃないかなっていう印象があります。	こちらは少女の顔の横顔になります (D6 の上部)。顔に見えたところが，とても自分に印象的で，ここが胴体だとか足だとかは思わなくて，ここが表情に見えてしまって。決して，先ほどのあくびちゃんが 2 人で踊っているような感覚ではなくて，とても暗い表情をしている 2 人なんだなっていう印象を受けてしまいました。〈暗い表情？〉色が，赤よりも紫っぽくなっていて，赤よりも暗い印象を感じています。この部分 (D13)，邪念のようなものを象徴しているような。実際の動物とか生き物ではなくて，悪魔っていうとまたちがうんだけれども，うーん…悪い版のまっ黒くろすけのような印象があって，それに取りつかれているような 2 人を見ました。エクトプラズムじゃないけど，心のため息？ がここの部分 (D7) のように思えたし，頭の後ろで考えていること (D1) はもやもやしていて，何かお互いにいがみ合っているような印象を受けました。〈ここが頭の中？〉想念ですね。頭の中から出たもやもやした思い。〈顔を詳しく〉少女の部分は OK ですか？ 少女の部分で，これが目で，これが一つの個体。悪をつかさどる…悪っていうか，邪な嫉妬のような。目があって口があって，いがみ合っているような。〈少女，顔以外は？〉どうしてもこっちに注目してしまって。何せこっちの印象が強くて。少女って言ってますよね？ 私。〈孤独な少女が，と〉なんか，思春期独特の「私のことは誰もわかってくれない」みたいな，そういう想念をお互い持ってお互いいがみ合っているような感じがします。少女ですね。決して成熟した大人ではない。〈そう思ったのは？ カードの特徴〉カードの色から，まず女性を思い浮かべましたし，女性的な横顔のように思いました。色もあるんでしょうね。どうしても。赤＝女の子というような。女性の中でも，特に，少女のような印象です。 W　M–, Csym　H, (A), Abst

| ② | ∧ | あと，先ほどもお話ししたんですが，蘭のように感じます。ちょっとエロチックな，性的な感じがします。 | まずそっちの少女の方が印象が強くて，ちょっと落ち着いて全体を見てみようと思って，全体を見てみたら花弁があって，花びらがあって，全体に。蘭の花びらのような。色も多色なので，あでやかな感じがしなくはないので，花っぽいかな，こういう花もあるかなって思って。〈性的な感じ？〉蘭にどうしても性器を思い浮かべてしまうので，そこで，セクシュアリティな印象は受けたのかもしれません。どうしても蘭って，花びらも三角っぽくて，カトレアみたいな印象があって，それに近いかなって思って，お話ししたと思います。〈ここが花びら？〉はい。で，ここら辺が，おしべ，めしべくらいな。全体に，あでやかな感じにみえなくもないなと思って。
W CF ∓ Pl.f, Sex |
| | 59″ | | |

表 9-2　Summary Scoring Table

TR	18	W : D	16 : 2	M : FM	7 : 2
Rej	0	W%	89	F% / ∑F%	39 / 89
TT	7′23″	Dd%	6	F+% / ∑F+%	43 / 50
RT (Av.)	44″	S%	0	R+%	44
R₁T (Av.)	14″	W : M	16 : 7	H%	22
R₁T(Av. N.C.)	13″	M:∑C	7 : 3	A%	22
R₁T(Av. C.C.)	15″	E.B.	FM+m : Fc+c+C′	2 : 2	At%	0
Most Delayed Card & Time	VI (31″)		VIII + IX + X /R	33%	P(%)	4.5(25%)
Most Disliked Card	IX	FC : CF+C	0.5 : 2.5	Content Range	7 (8)
		FC+CF+C : Fc+c+C′	3 : 2	Determinant Range	5 (7)

（注）計算にあたり，Csym のうち，VIII・X カードの反応は FC として，IX カードの反応は C として処理した。

3.　スコアリング結果

(1)　スコアからの理解

　平均的な反応時間において，平均より少ない数の反応を産出している。図版の回転なくほとんどの反応が W であることに鑑みると，反応数の少なさはエネルギーの乏しさよりは，認知面の固さや要求水準の高さからくるものと思われる。

W：Dは極端にWに偏っており，統合的に物事を処理しようとする傾向があるために，臨機応変に物の見方を変え具体的で現実的な対処を行うのは難しい面がある。良質なMも産出できていることから，要求水準の高さを支える知的な資質は備えていると思われるが，主観が優先されてときにM-も生じており，思い入れが昂じたときに現実検討が大きく崩れるようである。

　体験型は内向型を示し，自分の考えによって外界を再構成しようとする傾向が強いといえる。ただし，潜在的な指標との相違があることから，現在の状態は，頭の中で考えることにエネルギーを注ぎすぎているか，あるいは，本能的な欲求が抑え込まれている可能性が推察される。

　感情面では，FCはごく少なく，CsymやCpなど，色彩に対して意図的に知的な処理を施した反応が多い。情緒刺激に触れた際に気持ちが揺り動かされたとしても，自然な感情を成熟した形で表現することは難しく，抑制されてしまうか，加工された形で表現されるかのいずれかである。FMに対するMの多さからも，知的な抑制の強さがうかがえる。

　Pの数やH%は標準的で，良形態のMを伴ったH反応が産出できていることから，基本的な現実検討は良好に保たれ，対人関係上で常識的な振舞いも可能であろう。しかし，R+%が低く度々マイナス反応が出現しており，置かれた状況や自身の状態により，現実を詳細に観察する力をうまく発揮できずに，ものの見方が大きく歪んでしまう機会も多いと思われる。

4.　解釈のまとめ

(1)　知的な資質と表現力

　統合的な見方が多く，かつ図版の細部まで観察して反応を説明していた。やるからには全力で関わり，高いパフォーマンスを発揮したい思いがあり，それを可能にする観察力や想像力を備え，持てる資質を的確に表現する力も備えている。ただし，ⅤカードやⅦカードでは，平凡反応ではあるものの，「蝶の羽化」「あくびちゃん」と，公共性はやや下がる反応となっていることから，完璧に近づけたいという要求水準の高さによって，他者と共有しやすいものの見方から離れてしまうこともあると推察される。

(2) 不安の高さとそれへの対処

　Ⅰカードでの自由反応段階の発言や，質疑段階で検査者の質問を待たずに自ら進んで説明していたことから，慣れない場面でも気を回して自らが主導権を握って物事を進めていこうとする傾向が示される。Ⅰカードでは平凡反応は産出されず，Ｗの領域で顔をみており，基底には強い迫害的な不安を抱えていることがわかるが，「ジャック・オ・ランタン」「クロミちゃん」と非現実のものへと加工し，「残虐ではなくてちょっとおどけた感じ」と意味付けするなど，想像力を活かして不安を減らすための工夫がなされている。物事をよい方向に考え，不安を打ち消すために積極的に行動するよう努めることで，慣れない場面においても適応的な対処ができる力を備えている。

　しかし，強い情緒刺激に曝されると頭で考えて行う対処が効果的に機能しなくなってしまう面もある。多彩色図版においては,「天国と地獄」「社会の縮図」「孤独な少女が向き合っている。向き合ってても，わかり合えないんじゃないかなっていう印象」など，主観が色濃く投影され，形態水準の低い反応が続いている。質疑段階において説明を求めると，Ｄの中での論理には破綻なく，図版の特徴を踏まえて説明しているが，色彩の使い方が自然で素朴な形ではなく，抽象的で観念的になっている。感情を刺激されたときの混乱は深く，実感できる心の動きからは離れたところで処理せざるを得ないために，現実的な対処が困難となってしまうのであろう。質疑段階において，言葉を尽くして検査者に対して説明を試みるなかで内閉的な論理が強まる場面もあり，自分の主張を通そうとしてつじつまを合わせようと努める姿勢があるために，かえって現実的な対処から遠ざかってしまうこともあると思われる。

(3) 対人関係

　全体的な人間像にて良質なＭを伴うＰ反応も産出できており,対人関係場面で,「外の顔」として常識的な対応をそつなくこなすことができる資質を備えている。ただし，通常みられるよりも精緻な明細化を行ったために，かえって一般的な見方から離れてしまう場面（Ⅶカードの (P)）もあったことを考慮すると，自分の中での基準を高く設定しすぎることで，やりすぎてしまい，かえって一般的な対応から離れてしまうこともあるかもしれない。

　また，Ⅲカード以降みられたような，第1反応では形態水準が良好で出現頻度の高い反応を産出し，その後急激に退行した不良形態の反応が産出されるパターンか

らは，対象との距離の不安定さが示される。はじめは対象と距離をとった無難な関わりをするものの，関わりを続けるうちに距離が急激に近くなり，Dの心象が色濃く投影された認知が突然開示される。こうした特徴は，関わる相手にとっては急に距離が近づき戸惑う体験となるであろうし，D自身にとっては，心を開いた相手が自分を理解してくれない不満や傷つきをもたらすリスクになるものだと思われる。

(4) 感情や欲求とその統制をめぐる葛藤

Ⅵ・Ⅹカードにおいては，陰影が意識されるのに続いて，急に退行した性反応が産出されるパターンがみられた。Ⅱカードにおける女性の描写や，性反応が蘭の花に象徴されている点からは，性的な対象としての女性に対するイメージは肯定的で自己親和的であろうと推察できる。性反応の出現は，性的なことへの関心の高さや率直さの反映とも思われるが，他方，依存欲求が刺激されると，安全で温かい触感覚が想起されるのではなく，一気に生々しい性的な接触へと至るあり方には，愛着形成上の課題や自身を護る態度の弱さが感じられる。

また，公共的な反応の後に退行した反応を産出するパターンは，「外の顔」では飽き足らずに，自分自身のことを正確に知ってほしいという気持ちによるものであろう。∓の反応はほとんどみられず，±か−のいずれかであることからは，少し甘えてみて様子を見るといった安全な対処ではなく，全くのよそ行きの態度か，すっかり心を開いた態度かの二択しかないことを示しており，自分の欲求を適度に統制された形で満たすことが困難なことがうかがえる。

こうしたあり方の背景として，潜在的には気持ちが動かされながらも，意識的には知的に抑制しようと努める力が働くがゆえに，自然な感情や本能的な欲求を実感することが難しく，結果的に，Dの意図に反して，時に統制を欠いた形でそれらが表現されてしまう状況が想定される。

(5) まとめ：アルコール依存のメカニズムと適応への示唆

知的機能は十分に高く，観察力や共感性も豊かで，常識的な対応も出来る点，豊かな資質を備えた人物といえる。他方，主観が色濃く投影されて現実検討が脇に置かれる場面も多く，機能レベルの振れ幅が大きい。とりわけ，自然な形で感情を感じ適応のために活かすことが難しく，心の中のざわつきを知的な処理によって乗り切ろうとする姿勢が，かえって現実適応や対人関係を難しくする場面が多々あるだろうと予想できる。

　うつや飲酒の問題はパートナーとの間の出来事に端を発したものであり，女性性に親和的なDにとって，夫の性的な関心が自分以外に向けられた体験は，深く傷つく出来事であったと推察できる。普段は知的な努力によって適応を保とうとしているDにとっては，理性をつかさどる大脳皮質の活動を低下させ，抑えられていた感情や本能を活性化するアルコールは，自然な感情の働きを取り戻し，自分の内的なバランスをとるための手段であったのかもしれない。その点，感情とのつき合い方や対人関係をめぐる葛藤など，パーソナリティのあり方がDをアルコールへの依存に向かわせたと解することができよう。外的・内的適応を保ちながら断酒を継続するためには，アルコールの力を借りずとも自分の本来的な感情や欲求を自覚し，人との関係の中で適度に表せるようになることが必要と思われる。

5.　他の心理検査結果と解釈

(1) バウムテスト

1）検査時の様子
　「実のなる木を1本描いてください」という教示の下で実施。途中何度か消しゴムを使って修正しながら，30分ほどで描きあげた。描かれた絵は図9-1のとおりである。描画後に「南天の木。季節柄。赤い実がたわわに実っているのを見ると，きれいだし，心が躍る」と説明された。また，検査のフィードバック時には，「大地，木，枝があって，実。実のなる木を描いてと言われたときに，食べるものは嫌，リンゴ，ミカン嫌。平凡すぎて嫌って思った。それが一般的なものなんだろうと考え，それは嫌だと自分で思った」と語っていた。

2）バウムから読み取れること
　描かれた木は，実はたわわであるが，

図9-1　バウムテスト

それを支える幹や根が描かれていない。描線は細く，寄る辺ない印象を受ける。目に見える成果や，人から認められることにエネルギーを注ぐあまり，自分の根幹となるものにエネルギーがかけられておらず，環境から栄養を取り込むことが難しい状態と推察される。平凡な存在であることを意識的に避け，安定した生活を築く機会を得ることよりも，独自の存在であろうとする欲求を優先する生き方を好む傾向がうかがえる。

(2) SCT

SCTへの回答は，表9-3に示した。

表9-3　SCTの回答

Part I

	刺激文	反応
1	子供の頃，私は	1人で本を読んでいるのが大好きだった。他人といるとめんどうくさいと思っていた
2	私はよく人から	しっかりしてると言われる　忙しそうだと言われる
3	家の暮し	は大好き　1日中家の中にいても平気である
4	私の失敗	を子どもたちや他人にもしてほしくないと思って今まであれこれと穴うめ作業をしたが，穴に落ちる＝失敗ではないんだと今思う
5	家の人は私を	なまけてると思っている
6	私が得意になるのは	情報を得て　伝えたがる時である
7	争い	はできればやりたくない　負けることが嫌なので自分の不得意なことでは勝負しない
8	私が知りたいことは	すぐに調べてみる　今はネット社会ですぐにわかるので便利だなと思う
9	私の父	は悪い人ではないと思う。やさしいのだとも思うけれどもやさしい→いくじなしとも思う
10	私がきらいなのは	学ぼうとしない人だ　何度失敗してもいいけれどはじめから "あたしバカだし〜！" と言われると鳥肌がたつ
11	私の服	は青い色が多い　黒い色が多い　緑色がほとんどない
12	死	とはなんだろうと小さい頃から考えていた。生きるとは何だろう　死とは何だろうと割といつも考えている
13	人々	，
14	私のできないことは	機械関係（配線）や修理，DIY中でも（しゅじゃ選択）ができない　物が捨てられない
15	運動	は自分がやってこそ楽しいものだと思うスポーツ観戦に何の興味もわかない

16	将来	私は何がしたいのだろうかと常日頃思う
17	もし私の母が	死んでゆくとき，私はその事実を受け入れることができるだろうかと不安である
18	仕事	をする喜びは知っているけれども　その責任の重さも 同時に感じている　少し今の自分には荷が重い
19	私がひそかに	あこがれているのは
20	世の中　（歌詞）＊	はいつも変わっているから　頑固者だけが悲しい思いをする。変わらないもの何かにたとえて　そのたび　崩れちゃそいつのせいにする
21	夫	を今は理解することができたように思う　夫もある意味機能不全家族の被害者だったのだが認めることはできない
22	時々私は	
23	私が心をひかれるのは	新しい知識を自分が得ることや，何かにうちこんでいる人の姿である 自分の知らない事に詳しい人はあこがれる
24	私の不平は	自分が家事において正当に評価されていないと感じることだ　自分が子どもの時，母に対してしていたことと同じなのでしかたないが。
25	私の兄弟（姉妹）	妹はまったく性格も物の考え方もわからない　決して嫌いというわけではなく，不思議な人だと思っている
26	職場では	
27	私の顔	は自分の人生がにじみ出るものだ。父に良く似ているとも思う
28	今までは	白黒思考。パワーゲームなど優劣のつけられることが 全てと思っていたが　そうではない世界もあると知った
29	女	に生まれてくやしいと思う事もあったけれど　もし来世というものがあるとしたら次も女に生まれて来たいと思う
30	私が思いだすのは	

（注）＊は刺激文ではなく，D が反応として書き入れたものである。

Part II

	刺激文	反応
1	家では	何もしたくない　書類書くとか　整理整頓とか　掃除 はほこりを見つけても　見なかったことにしてしまう
2	私を不安にするのは	経済的な側面での将来だ
3	友だち	がいたら良いと思う反面，わずらわしくもあった 子どもたちのママ友活動は苦痛で仕方なかった
4	私はよく	"ばっかじゃないの？" "そんなことも知らないの？" "常識でしょ？"とTVに暴言を吐いてスッとしている
5	もし私が	20代の私と対面することができたとしたら1つだけ言ってあげたいことがある　"全部OK"
6	私の母	はとてもすごくて　何でも出来る　別格という言葉に近い だけどなぜ　あんな父と一緒になったのだろう？

7	もう一度やり直せるなら	子どもたちを産んだところから育ててみたいと思う。 今の考え方なら私自身きっと育児を楽しめただろう
8	男	が言う "俺，子ども大好き" とか "動物大好き" とか 私には理解できないし，信用してもいない
9	私の眠り	には アイピローがかかせない。目元をかくしていると 心地良く眠れる
10	学校では	
11	恋愛	不公平だと思う
12	もし私の父が	死んでも泣けないと思う。感謝はしている
13	自殺	は人間に許されて当然のことだと思う
14	私が好きなのは	食べ物に関することである（作る，たべる etc.）
15	私の頭脳	は 自分が思う程ではない カタイ
16	金	はあった方が生きてゆきやすいが程々なのが１番だ お金で買える愛もあるけど お金がないと愛は育たない
17	私の野心	もし 来世というものがあるのなら医療関係か食品加工に たずさわりたい。だが反面 貝でもいいかナ？
18	妻	であった時間が短すぎてよくわからない 世間でよくかみさんに 聞かないとって言う夫たちの気持ちも全くわからない
19	私の気持ち *	はいつもゆれうごく。ただひとつ間違いないのは 私は私のことだけが１番すきということだ
20	私の健康	なんてもんは くそくらえと思う TV の健康番組は 矛盾だらけでヘドが出る
21	私が残念なのは	自分が子供を産んでしまったことだ
22	大部分の時間を	TV を見たり本やマンガを読んでいる
23	結婚	は人生の墓場だ
24	調子のよい時	はパンツが放り出してあってもくつ下が丸まっていても イライラせずに洗たくできるのだけれども―――。
25	どうしても私は	おせっかいをやきたくなる
26	家の人は	自由気ままに 良く生きていてくれて 良かったと思う
27	私が羨ましいのは	若さ，柔なん性，やる気
28	年をとった時	私には何がのこるのだろう
29	私が努力しているのは	とりあえず 子供たちを死なせない
30	私が忘れられないのは	東北大震災

（注）* は刺激文ではなく，D が反応として書き入れたものである。

　形式面の特徴として，文章量は刺激文によってムラがあり，回答欄に収まりきらない場合もあることや，記述内容が表面的なものから内面的なことまで幅があることから，自分の思い入れ次第で態度ががらりと変わる傾向がうかがえる。

内容面では，全体的に目立つのは，対人関係上の困難に関する記述である。
I-1「**子供の頃，私は**1人で本を読んでいるのが大好きだった。他人といるとめ
んどうくさいと思っていた」，II-3「**友だち**がいたら良いと思う反面，わずらわ
しくもあった　子どもたちのママ友活動は苦痛で仕方なかった」と，他者といる
ことが心地よく感じられないものの，II-25「**どうしても私は**おせっかいをやき
たくなる」と，人と関わると相手に干渉しがちなことが語られている。また，
II-11「**恋愛**不公平だと思う」など，自分が虐げられている認識が強く，対等で
親密な関係を築くことの難しさが示されている。

原家族に対しては，II-6「**私の母**はとてもすごくて　何でも出来る　別格とい
う言葉に近い」と，母親を価値の高い存在と位置付ける一方，I-9「**私の父**は悪
い人ではないと思う。やさしいのだとも思うけれどもやさしい→いくじなしとも
思う」と，父親の価値は低くみている。I-17「**もし私の母が**死んでゆくとき，
私はその事実を受け入れることができるだろうかと不安である」II-12「**もし私
の父が**死んでも泣けないと思う」と，ともに対象が失われる場面がイメージさ
れており，愛着対象との関係の安定性が懸念される。

自己像については，II-19「**私の気持**ちはいつもゆれうごく。ただひとつ間違
いないのは私は私のことだけが1番すきということだ」の直後に，II-20「**私の
健康**なんてもんは　くそくらえと思う」と記し，矛盾がある。本来的に自身を
大事に思えているかが危ぶまれ，これからの自分の人生に希望や期待を抱くこと
は難しく（II-28「**年をとった時**私には何がのこるのだろう」），子どもたちを育
て上げる役割意識によって生かされている状態である（II-29「**私が努力してい
るのは**とりあえず　子どもたちを死なせない」）。

ただし，I-28「**今までは**白黒思考。パワーゲームなど優劣のつけられること
が全てと思っていたが　そうではない世界もあると知った」，II-7「**もう一度や
り直せるなら**子どもたちを産んだところから育ててみたいと思う。今の考え方
なら私自身きっと育児を楽しめただろう」と，これまでの自身のあり方を顧みて，
変化しているところも認めている。この点について，現在 D が依存症からのリ
ハビリ中であることに鑑みると，自らの酒害体験をふり返り自身のありのままを
受け止めるプロセスの途上にいると考えられよう。

6. 解説

　アルコール依存症は様々な疾患との併発も多く，発症に影響する因子として遺伝や環境に加えて性格的な要因も指摘されることが多い疾患である。依存症に特徴的な性格については，1つの典型的な性格を想定するよりは，いくつかのタイプが存在するという立場（Eg., Rick, Vanheule, & Verhaeghe, 2009）や，アルコール依存症の発症を引き起こしやすい特性があるとする立場（Eg., Donadon & Osório, 2016）が採られることが多い。また，自己治療仮説（Khantzian, 1985）に代表されるように，飲酒は背景にある問題への対処行動として選択されたものであると解されるのが一般的である。したがって，臨床上のアセスメントにおいては，その人を飲酒に向かわせるメカニズムと，背景にある問題や困難を同定し，飲酒以外の方法で課題を解決する術をその人が見つける手がかりを提供することが有用であろう。

　本例においては，飲酒によって理性を一時的に休めることは，困難の多い日々において自分の感情や欲求を見失わないための手段として役立っていた可能性を共有した。そして，断酒を3年間継続していてもなお，常に飲みたい気持ちがあるというDの現状に関して，安全で親密な関係を体験することや自然な感情を適応のために活かすことが難しいという課題が現在も潜在している点を指摘し，その改善のために採りうる指針を示した。

　本例はSCTにも率直に自分を表現していたが，「否認の病」と言われる依存症においては，真に問題となる点は質問紙への回答には表れないことも多い。例えば，ロールシャッハ・テストでは対人関係上の困難や自己批判的な思考，感情的なストレスの存在が示されたにもかかわらず，MMPIではそれらに関連する所見が一切示されなかったとする研究（Ganellen, 1994）もあり，本人の言説のみに頼ると問題の本質を捉えられない可能性もある。アセスメントは投影法も含めたバッテリーを組んで行い，当人が自覚し難いことも含めて明らかにし，自覚できている点と結びつけながらフィードバックを行うことで，当人が自分について理解できる範囲を広げることが必要であろう。

引用文献

Donadon, M. F., & Osório, F. L. (2016) Personality traits and psychiatric comorbidities in alcohol dependence. *Brazilian Journal of Medical and Biological Research*, 49(1), e5036.

Ganellen R. J. (1994) Attempting to conceal psychological disturbance: MMPI defensive set and the Rorschach. *Journal of Personality Assessment*, 63, 219-243.

Khantzian, E. J. (1985) The self-medication hypothesis of addictive disorders. *American Journal of Psychiatry*, 142, 1259-1264.

Rick, D. A., Vanheule, S., & Verhaeghe, P. (2009) Alcohol addiction and the attachment system: an empirical study of attachment style, alexithymia, and psychiatric disorders in alcoholic inpatients. *Substance Use & Misuse*, 44(1), 99-114.

第 10 章

虐待された経験をもつ双極性障害と診断された女性の事例

坂本由紀子（なでしこメンタルクリニック）

1. 事例概要

(1) 生育歴

　戦前生まれの両親のもとで 2 人同胞の末子として生育した。父親はアルコール依存症であり，飲むと暴力をふるい，母以外の女性と暮らすために，妻子を家から追い出した。患者が 10 代の頃に両親は離婚し，その後は母と共に，母の実家で暮らし，転校した学校での馴染めなさも感じていたという。学業成績は優秀だったが，母からはできない点ばかりを指摘され，テストでは常に満点を取ることを求められた。褒められた記憶はないという。最終学歴は大卒で，卒業後は複数の会社に勤務した。勤務先では同僚に頼られることが多く，仕事も問題なく処理していた。結婚を機に退職し，夫の赴任に同行し海外でも生活したが，その頃は家事や育児で充実していたという。帰国後は夫の両親と同居している。夫と子どもには肯定的な感情を持っている。

(2) 治療歴

　X–10 年から精神科に通院し，5 年後に治療を中断している。X–3 年には気分の落ち込みで日常生活に支障を来し別のクリニックに通院した。双極性障害との診断で薬物療法を継続していたが，X 年 Y 月には希死念慮が強まり，クリニックからの紹介で精神科病院での入院治療を開始した。今までに自殺企図は無いが，3 親等以内の親族 2 人が自死しており，患者自身も死を身近なものと捉えている。入院時に主治医に生い立ちなどの話ができたことを肯定的に捉えている。主治医から診断補助と人格理解のために心理検査が指示され，入院後約 2 週間の時点で心理検査を実施した。

(3) 検査時の様子

　検査については，自分自身の理解を深め，今後のカウンセリングの方向性を検討するために行うと伝えた。患者は主にカウンセリングに関して心配な点を質問していた。両親との関係を思い出すのが辛い作業でもあるので，他職種の持つ情報の共有や，面接内容の主治医との共有も希望した。受検時の気分は，1 をうつ状態，10 を躁状態とする 10 段階で 3 〜 4 程度だった。退院後は気分が 1 であれば，這ってでも来談するが，それが無理な場合は後日連絡すると話していた。うつ状態がひどくなると，視野が狭まり，周りのことが入らなくなるという。また，常に自分の周りに膜のような物があって，現実感が希薄であるとも話していた。受検態度自体は淡々としたものであった。

2.　ロールシャッハ・プロトコル（片口式）

表 10-1　ロールシャッハ・プロトコル

Card		Ti./Po.	Response	Inquiry	Coding
I	①	4″ ∧	えーと鬼。 （テスターに向けてカードを置く）	①これはすごく怖い。敵意あるのかなと思ったのは，目が怒って睨んでるように見えたので。〈らしさ？〉ここが角に見えます。	W M∓ (Hd) S
	②	15″ ∧	犬かなーっと思ったんですが，どっちにしても敵意ある感じ。〈他はない？〉はい。（丁寧に伏せる）	②もしかして犬かもと思ったのはどちらにしても私に敵意がある。怒ってて口が獰猛。私を食べようとしてるみたいに，大きな口を持ってるから，鬼でも犬でも怖いです。〈?〉ここがふわふわしている。〈カード特徴？〉丸みをおびてる（輪郭をなぞる）。〈目が怒ってる？〉目がつり上がって見えるので。	W FM± (Ad) S
		33″			
II	①	3″ ∧ @ 19 ∧	こっちから見なくていいですか？〈自由に〉海老が羽根を広げて怒っているところ。（笑）	①海老のような生き物が見えますけれども，敵意を持ってるようには見えない。この赤い部分が海老さんにみえました（Tr）。〈らしさ？〉海老は（笑）お寿司で食べるような開かれた海老さん。見たことがないような物だけど，海老だろうと。〈?〉こっち角で（D3 領域を p）。	dr FM – Fd （dr = D3+D1 の中央）
	②	36″ ∧	象がキスしているところ。（頬杖）キスしてるようにも見えるけど，お互い血を流して闘ってるようにも見える。	②ここでキスしてて手をつなぎ合ってるかな。でもだんだん赤い部分を見ると 2 匹とも血まみれで闘ってるかもしれないと思った。ここが手で，手が怪我してる。2 匹とも同じくらい怪我してて，鼻から血がバーッ出てる（D3）。〈血？〉黒い象の上に薄	W FM∓ A P FC′ Bl CF m

		1'15"	以上です。（しばらく見て伏せる）	くかかってる赤い血に見えた。目を移動したら鮮血が飛び散ってる（D2）ように見えて。〈象？〉これ後ろ足で，前足をぶつけあってて，血しぶきが飛び散ってる。〈キス？〉一瞬キスに見えて，その後，どうしても喧嘩してるようにしか見えない。	
III	①	13"∧ < 35"∨	あー（と小声） リボンを挟んで2人の女性が会話をしている。 えー2つの虫が天井から落ちてきている。（指してCPに見せる） （図版を回転させる）	なぜ女性か。胸のある感じがして，脚があって，手があって，何かをしながら話してる（D2）。真ん中にある物がリボン（D3）のように見えた。生き物落ちてくるのは〈虫？〉虫というより生き物でここが頭でここが尻尾です（D1）。〈一緒？〉はい。〈リボン？〉私が好きな形じゃないけど，きっとこれがリボンなんだろうなぁって。結び目で蝶ネクタイっていうのか。〈生き物〉鼠とかそういう物。尻尾の長い。落ちてる感じがする〈？〉怖いと思ってる気がする「わぁー落ちるー」って。ぶら下がってるような楽しさがない。〈ここ？〉何か作ってる。〈人の間にリボン？〉不思議ですけど，リボンがあることで近づけない。2人を離しているリボン。2人は仲良しだけど。	W M∓H P m　A Obj Cg
	②	1'00"∨	つながっていた2人が引きはがされようとしている。	②頭で繋がっていた（D5）2人が無理やり引っ張り剥がされてるように見えます。手がよくわからない。これかこれ。〈どっち？〉パッと見て大きい方（D4）。可哀想ですね。無理やり剥がされて。どっちにしても，真ん中のリボン（D3）は嫌な感じです。この辺は胴体（D6）。下半身は何となくしかわかんない。〈つながった2人？〉双子のような心の通い合ってる2人なのに，無理に引きはがされるように見えます。	Dr F∓H m　Cg
		1'16"	以上です。（向きを揃えて伏せる）		
IV	①	7"∧ 30"	これは，とても大きな生き物が私に向かって威嚇している。とても大きいです。 睨んでる。	①小さな顔です（d1をp）。まるで熊さんとか口の長い生き物。毛はフサフサしてて，手（d2）は小さい（笑）。威嚇してる割には，これ尻尾（D1）で足（D3）は大きいです。〈大きい？〉ふわーっとしてる（ges）。〈？〉足が大きなところが。足と尻尾が大きい。フサフサしてる（輪郭をp）。尻尾も顔の周りもフサフサ。	W FM∓A
	②	40"∨	逆さにすると，やはり威嚇されている感じがしますけど，今度は鳥に見えます。さっきは	②足が羽（D3）に見えます。鳥というか羽の着いた生物。〈詳しく〉鳥にしては首が長くて（D1をp）（笑），パッと見て鳥みたいだ，この部分って。その後，王様と言った。	dr FM∓Ad

150

	③	1′16″	猛獣のようだったけど，威嚇しているのは鳥なのか。王冠を被った王様のようにも見えます。はい，以上です。（すぐに伏せる）	③よく見ると王冠（D4 の上）被っているし，影は薄いけど王様かなって。鳥と思って見つめているうちに王様。〈詳しく〉顔に見えます。黒い点が目に見えて，髭に見えた（D4 中央の濃い部分）。マント（D3）を着てるかな。〈別？〉眺めているうちに王様かなと思い直した。パッと見えた物が見つめているうちに王様にしか見えない。フサフサした襟元とか（p）。ここ違う（d2 を手で覆う）。マント着ていて，上半身。鳥かなって時は大きい。羽広げた鳥に見えた時には。王様は不気味なんで，どこが足かわかんない。	dr F∓ Hd
V	①	7″∧　　　　55″∨	んー，これは足があるので，羽がある何か。人間ではないけれど，夢の生き物のよう。たぶん気持ちは伝わるんだと思うんです。とても穏やかに見えます。私に怒ってる感じに見えない。	①足（d3）があるし，悪魔のそういうのじゃなくて，角（d1）があったり羽（D1）があったりするから，人間じゃないのかなと。話しできそう。怖くない。〈Rep?〉小さく感じる。羽は大きいけど，きっと綺麗な羽だろうなって思う。〈何？〉人間に似てる。宇宙人というよりは，ファンタジーのような感じかな。	W F± (H) (P)
	②	1′09″∨	反対にすると羽が高くなって，怒っているなぁーっという感じがします。	②〈→〉ファンタジーじゃなくて怖い。とても不気味で，羽（D1）はあるけど虫じゃない。宇宙人のように見えます。さっきと違って，意味のわかんない目。アンテナっていうか触角（d3）。気味の悪いデザインの頭してて真っ黒で，これは宇宙人に見えて，私のこと嫌いなんだなって。〈怒ってる？〉羽が高いところ。不気味な感じ。羽はフワフワした優しい羽じゃなくて，羽も強そう。〈特徴？〉色が濃いところ。	W M∓ (H) FC′
		1′29″∨	はい，以上です。（すぐに伏せる）		
VI	①	6″∧	これはあの，人に殺されて皮だけはぎ取られた生物。カーペットのようになってる。	①これヒゲ（d2 下の突起）。鼻の長い生物の鼻とか口とかがついてる所（d2）。これは耳（D1 の突起）。手と足と。あっ違う，手（d4）と足（d1）と胴体。〈皮らしさ？〉今までの映画とかでみてきた趣味の悪い皮のカーペット。パッと見てそう思った。色が薄いから〈?〉真っ黒の動物じゃないんだなって。	W F± Apbj P
	②	<　　32″∨	ひっくり返すと２つの生き物が背中がくっつ	②〈→〉背中くっついてる。木に縛りつけられている２人の人間（D3）は女性だと	W F∓ H m Pl

		1'12″∨	いちゃって，違う，木に括りつけられている2人の生き物，人間かなー。わー（と図版に近づく）。	思う。〈詳しく〉胸と手と足。〈頭〉ここです。丸く出ているのが目。〈らしさ〉胸＝女性，髪がフサフサしてるようにも見えたし，女性だなって。ゴツゴツした感じじゃなく柔らか。〈木？〉木の幹（D4）ですね。これ葉っぱ（D5）。〈？〉人間と比べて色が濃くてまっすぐ伸びてる。	
	③	1'23″∨	小さいけれど顔がある。顔と角がある生物かもしれない。1つの生き物かも。でもそんなに怖くないです。	③小さいけれど，これが目（d3）に見えて角はこれとここ（d3の上）にも見える。〈怖くない？〉色が薄いからかな，そんなに怖くない。生き物らしさは，顔に，ここに羽（D3）が生えてて，宇宙人ぽい形。	dr F∓ (H)
		1'52″∨	以上です（伏）。		
VII	①	7″∧	可愛い2人の女の子。髪の毛結んだ2人がお話をしています。ちょっと繋がって苦しそうにも見えます。縦でもいいですか？	①これ手です。繋がってるようにも見える。今までは引き裂かれる絵ばかり見てきたけど，これはちょっと可愛らしいし，楽しそう。〈詳しく〉手，胴体（D4），スカート（D5）はいてるから足はどうとは言えない。髪（d2）をお団子にして。〈顔？〉この辺かな。鼻とか口（D1）あって。	W M±H P Cg
	②	< 50″ <	犬に見えます。犬がご飯を食べているように見えます。	②これが犬かな。目もあって耳もあるし（D4）足もあって尻尾（d2）。〈ご飯？〉口がくっついている。形が山盛りの餌のように見えた（D5）。〈？〉色が薄い方が柔らかく感じる。黒かったら美味しくない。	D FM±A P Fd (D = D2+D5)
	③	1'11″∨ 1'25″	んー，逆さにすると犬がちょっと苦しそうに見えます。	③犬はさっき（②）と同じ。〈苦しそう？〉まるでパン食い競争のように餌を食べてるから。つるされた餌を食べてるから，届きそうで届かない。	D FM±A P' m Fd (D = D2+D5)
VIII	①	13″∧	2匹の動物が木に登ろうとしているところ。…。それを下の動物たちが助けようとしている。	緑の所（D6）が木に見えて，これ幹（d2）。動物（D1）はカワウソのような尻尾のある動物。口とか手。尻尾。〈足？〉4本あって1本隠れている。〈木？〉緑の色と形が末広がりなツリーのような。〈下の動物？〉可愛い熊さん（D2）。ずんぐりして，どっしりして，組体操みたいに。逆の役割はできないくらいに大きくて優しい。〈？〉色が薄いから。2匹を見上げてる。〈どっしり？〉カワウソに比べて体太い。2人は寄りかかってるかな。支え合っている感じでその面広い。	W FM∓A P FC Pl
	②	40″∨ 43″∨	花の蜜を吸おうとしているアリクイみたいな，	②ここ花（D2）。赤もオレンジも花びら。前足，後ろ足（D1），器用にも（笑）こん	W FM∓A P CF Pl.f

③	1′18″	鼻の長い生き物が花の蜜を吸おうとしている。	な所に立って，花の蜜吸ってる。〈こんな所？〉随分背が高い花。葉（D6）は柔らかいはず。チューリップの葉。フワフワした色もこうで，花びらも広がってる感じ。		
	1′11″<	縦と横の時は，前後の時は怖くなかったけど，縦にすると動物が凄く怖く見えます。歩いてます。	③獰猛な豹とか。足は１本見えないだけであって，前足と後ろ足と尻尾。	D　F±AP′ (D = D1)
	1′25″	以上です。（伏せる）			
IX ①	20″∧	リンゴの上に４匹の動物がいます。曲芸みたいにバランスをとって，下の動物が優しそう。上の動物はきっと敵意を感じます。	①４匹いるなぁ。丸いリンゴが４つあるんだな（D2）。その上に器用に４匹が，曲芸か組体操みたいに，よく頑張ってるなぁ。上を見上げてる感じが優しいし，ちょっと怖い（D3 を p）。結局全部利用してる。騙してるとは言わないが，優しい人の力を借りて何かしようとしてる。〈詳しく〉これ，手かな。海老さんみたいな未知の生物。リンゴと犬（D1）は分かるけど，これ，エイリアン（D3）。手ぐらいしか分かんない。〈リンゴ？〉丸いところ。〈敵意？〉尖ったところ。〈犬？〉見上げてる顔，体，足。蓮の花かな。広がってる丸い花かな。	dr M∓（H） FM　A　Fd
	1′13″∨				
②	1′21″∨	茎の長いお花が見えます。その下にオレンジ色のちょっと気味の悪い生き物が２匹見えます。お花は花瓶に入ってるのかなって。この花は敵意があるのかもしれない。虫を食べちゃおうとしているようにも見えます。	②茎（D5）はここまで。薄い緑がかっているから，花瓶の中に入っているのかも。赤い大きな花（D2）があって，葉っぱ（D1）は開いている。〈虫？〉尖っていると不気味で,胴とか手や足はわかんない(D3)。〈らしさ？〉手らしきもの（d1）。何考えてるか分かんない。花までとどかないのに。〈似た花？〉蓮？	W CF Pl.f FC A Obj
	2′23″<				
③	2′27″<	縦にすると小柄な女の子が大きい人に虐待されているように見えます。緑の所。一生懸命逃げてるけど凄く大きなお母さんが逃げる娘に掴みかかって，お仕置きしようとしてる。	③こっち（>）の方が分かりやすい。一番印象的なのは，逃げ惑っている子を怖いお母さんが追いかけている。２人ともスカートで足は見えない。お母さんが女の子の髪を鷲づかみにしている。引っ張っている手，顔，鼻。女の子は丸い所が顔。お母さんすごく太ってますね。大きくて太っちょ。〈？〉背中太ってるし，すごく大きなスカートを穿いてる。	D1　M∓H Cg
	3′27″	以上です。			

X	①	7″∧	2匹の赤い生き物が何かを飲んでいます。その下で黄色い生き物が，緑の何かを食べています。オレンジと黄色の生き物達が助け合って赤い生き物にしがみつこうとしている。怖い虫が葉っぱを持っているように見えます。赤い生き物の上にちょっと怖そうな鼠のような生き物が見えます。	①上から見ていって，赤いのが（D6）何かあって，黄色（D8）も何かに見えた。〈赤い生き物?〉タツノオトシゴ。これ海の中に見えて。〈らしさ?〉細長い口がこう（ges）。飲んでるのは病棟で要介護の人が飲んでるのを見て似てる。これ口ですね。大きな口をして青い藻の様な物（D7）を食べてる。これ何だろう? 川獺みたいのがいる（D10）。魚でもないのに。上見ると蟹（D9）がいるし魚（D8）がいる。〈蟹らしさ?〉蟹は足が細長いところ。〈川獺?〉鼻で手で。鼻を支えているところがいい。蟹（D1）はすごい蟹って。蟹以外に見えない。葉っぱ（D11）を持ってる。〈葉っぱらしさ?〉形。トゲトゲした足が沢山あって，皆を利用している。〈鼠?〉ファンタジーですね。実在しているのはこっち(川獺)。童話に出てくる鼠のような生き物（D13）。目が童話チック。尻尾と足がある。斧のような物（d2）を持ってる。海なのに変ですよね，きっとここからが海なんだ（とD13の下で図版を区切る仕草）蟹は頑張ってる。小さい足でぷるぷる支えてる。	W FM∓ A FC （A） CF PI Na Obj
	②	1′43″∨ 1′56″∨ 3′09″<	反対にすると赤い羽の蝶々に見えるんですけど，ちょっと怖いなぁって感じがします。いろんな動物たちがバランスをとりながら蝶の周りを取り囲んでいて，オレンジの生き物が一番上にいる感じ。以上です。	②不気味な生き物（D1，D8，D9，D10）は全部同じで，これ全部が蝶々（p）。オレンジ色の目（D2）をしてて，赤い羽（D6）を広げていて，こちらに向かって広げている。緑の触角（D3）もちょっと怖いな。ここは入らない。鼠のとこ（D13）。	W FM∓ A FC （A） CF PI

3.　スコアリング結果

表6-2　Summary Scoring Table

R（反応数）	25		W：D	15：5	M：FM	6：12.5
Rej（Rej/Fail）	0		W%	60	F%/ΣF%	24/98
TT	17'27"		Dd%	24	F+%/ΣF+%	33/29
RT（Av.）	1.44"		S%	0	R+%	28
R1T（Av.）	10.3"		W：M	15：5	H%	44
R1T（Av.N.C）	6.2"	E.B	M：ΣC	6：4	A%	44
R1T（Av.C.C）	14.4"		FM+m：Fc+c+C	15：1	At%	0
Most Delayed Card & Time	IX 20"				P (%)	7.5 (30%)
			Ⅷ+Ⅸ+X/R	32%	Content Range	5
Most Disliked	IX		FC：CF+C	2：3		
			FC+CF+C：Fc+c+C′	5：1	Determinant Range	4

4.　解釈のまとめ

(1)　形式分析

　反応数は25個と平均的であり，R1T（10.3″）の遅延もないことから，うつ状態に起因するような心的エネルギーの低下は認めがたい。R1Tも平均的だが，カラー図版のR1Tはモノクロ図版の倍以上であり，情緒刺激の扱いに苦慮していたことも推測される。カラー図版ではカード離れも遅く，心的負荷のかかる場面から離れにくい傾向もあるようだ。

　反応領域については，6割がW反応であるが，観念的な傾向があり，WやDd%が24％と高めであることからは，恣意的な傾向もあると思われる。完璧主義の面もあるようだが，要求水準は平均的である。（W：M＝15：5）。

　体験型は内向型であり，観念活動が活発であるが，良形態のM反応は1つしか無く，主観によって現実を歪曲することも多いと思われる。そのため，現実検討が低くなっている（F+%＝23，ΣF+%＝29，R+%＝28）。

　情緒刺激への感受性はあるものの，情緒表出が未熟であり（FC<CF+C），衝動統制のまずさ（M：FM＝6：12.5）も抱えているため，周囲からの刺激に適切に反応できないことも多いと思われる。自傷他害の恐れも念頭におくべきだろう。

　反応内容ではH反応が44％と高く，他者を希求する心性も強いと思われる。

A 反応と合わせると全体の 9 割を占め，同一図版に類似の反応を与えることが多いことも影響し，興味や関心は限定的（CR = 5）で，DR = 4 と対処方略にも乏しい。しかし，平凡反応も 7.5 個あるので，常識的な対応は可能であろう。

(2) 継列分析

　Ⅰカードでは 4″ と短時間で①の鬼を見てすぐに図版を伏せようとしており，「鬼はすごく怖い」と恐怖感の強さで対象の具体的な説明も少ない。鬼を②の犬に置き換えることで対処し，敵意を払拭できないまでも，形態水準は回復している。父親カードでもあり，暴力的な父との関係性から敵意を知覚したようだが，限界吟味でも P 反応を認めず，新奇場面での一般的な対処は難しいと思われる。

　赤色の含まれるⅡ・Ⅲカードでは反応産出に時間がかかり，形態水準も大きく低下する。Ⅱ①の海老は怒りに彩られていたが，質疑段階ではそれを寿司の海老にすり替え敵意を否認している。寿司という食べ物にすることで，自分が捕食者となり優位を保とうとしたのだろうが，海老の形態は破綻しており，敵意という主観により著しく現実検討が低下したと推測される。Ⅱ②の象は P 反応であり，知覚の面では一般的な物を見るまでに回復しているが，キスから喧嘩へと意味づけが真逆になり，最終的には喧嘩にしか見えなくなる。象のキスから子どものカードにしているが，そのイメージも容易に変容する可能性がある。ⅢカードではⅡカードよりやや早く①の P 反応の女性を産出している。赤色と黒色の領域が分かれたカード特徴に助けられ，Ⅱカードよりは現実的な見方に回復している。しかし，個々のパーツは図版との一致度が高いのに，その結合には合理性が欠けている。Ⅲ②の頭で繋がった 2 人も，引き剥がされようとしており，共生と分離という両価性も認められる。姑，義姉カードだが，女性同士の関係も両価的で不安定なのであろう。赤色により攻撃性が喚起されると，対象に敵意を投影してしまう。周囲の刺激も作和的に反応に取り込み，それによっても現実検討が低下する推測される。

　続くモノクロ図版では，Ⅳカードでは 7″ で①自分を威嚇する大きな生き物を見ており，質疑段階で「クマさん」と可愛らしく表現したり，図版を回転させることでイメージを変えようとしてもそれも奏功せず，形態水準は許容水準のままである。②の鳥と③の王様は全体を見つつも一部しか説明できない状況だったのだろう。③の王様は不気味ではあるが，王様にすることで威嚇を正当化しようとしたのだろうか。Ⅳは夫カードで，自分のなかで存在が大きいとは言うものの，Ⅰ

と同様に男性イメージには恐怖を喚起する側面も含まれているのだろう。Ⅴカードでは P 反応に準じる「怖くない」ファンタジーの対象を見ており，単純な状況では適応的な対処が可能だが，カードを逆にすると怖い宇宙人が見えてしまう。敵意を感じる物はパターン化されており，羽を広げたり，高くしていると恐怖が喚起されるという認知の硬さもあるようだが，些細な変化で対象の意味づけが Good から Bad に変化してしまうという問題もあるようだ。それに関連して，自己イメージの分断も生じているのかもしれない。Ⅴカードでは黒色への言及があり，Ⅳカードではそういった発言がないのは，Ⅳの強い陰影刺激への動揺が関与した可能性もある。

　陰影刺激の強いⅥ・Ⅶカードは　どちらも同程度の時間で P 反応を産出している。Ⅵ①のカーペットは「人に殺されて皮だけはぎ取られた生物」を質疑段階でカーペットに加工している。③で色が薄くてそんなに怖くないとの説明もあり，淡い色調に助けられ P 反応に加工できたと思われる。しかし，ここでも長く刺激に関わると，②木に縛りつけられた女性や宇宙人を見て現実検討が低下する。Ⅵカードのみが F だけの決定因になっているが，小川（1994）の言う，〈ものとしての存在〉に加工し，主体を抑制することで動揺に対処しようとしたのだろう。限界吟味では陰影刺激への言及があることを考慮すると，依存欲求による動揺とも考えられる。Ⅶカードの①の可愛い女の子は繋がって苦しそうにも見えると述べ，ここでもアンヴィバレントなイメージを持っている。Ⅱカード以降の正位置で 1 つ，逆位置でもう 1 つという反応産出パターンを破り，ここでは図版を縦に見て反応を与えている。MLC でもあり，柔らかな濃淡によって余裕が生まれたと思われる。②と③は犬が餌を食べる反応であり，依存欲求も喚起されていたのだろう。③ではパン食い競争を連想しており，楽しく話す関係性は競合的なものに変わってしまう。

　Ⅷ〜Ⅹカードでは色彩により情緒的な負荷がかかり，Ⅷカードでのみ良好な P 反応を産出できた。赤色カードと同様に，個々の知覚対象は現実的だが結合に無理があり，ここでも刺激を切り離せないという問題が生じている。童話の世界に加工することもできず，その意味では自我機能の脆弱さも問題であろう。Ⅷ①では擬人化された動物が助け合う主題が，長く刺激に関わることで③獰猛な豹に変化するという対象の易変性も生じており，多彩色刺激への対処の難しさが露呈している。しかも，カード回転については，Ⅶカードのパターンを踏襲したためにカード離れが遅くなり，心的負荷の大きな場面により長く関わることになっている。こうした行

動面での硬さが現実検討の低下を助長していると推測される。IXカードは 20″ と最も時間をかけて反応しているが，近接する多彩色により負荷が増したためか，最初から良いイメージは持てずに，①でエイリアンが他の動物を利用し，②では花の捕食，③では虐待が知覚されている。強い情緒刺激は虐待と結びついて被害感を喚起するのだろう。「いつも怒っていたわけじゃないけど，追いかけてたお母さん」との理由で母親カードに選んでいるが，母子関係の問題も影響して，②のように形態の把握も曖昧になり，③の自己に引き寄せた反応になったと思われる。そのカードに最も長く関わっているのも問題であろう。Xカードは 7″ と比較的短時間で，動物たちの食餌風景を認めている。興味深いのは，要介護の人が使う容器も見ている点であり，食べるという行為に含まれるケアと捕食という両価性が感じられる。食のテーマは繰り返し出てくるが，その意味は依存欲求を満たすものというだけでなく，捕食するという攻撃性も孕んだものであり，依存性と攻撃性が未分化な状態にあると推測される。最後に見た蝶もこちらに向かって羽を広げており，図版との距離を喪失するほど，情緒刺激に圧倒されている姿が見て取れる。

5. 他の心理検査結果と解釈

(1) SCT

　パートⅠの記述量が多く，設問 21（夫）「は明るく，暗い場所から私を引き上げてくれた人。」と，設問 29（女）「同志の付き合いは難しいです。」は一行で記載を終えているが，他は二文以上で二行になっている。パートⅡは設問 7，8，9，15，16，17，21，25 〜 30 の 13 項目が一行のみの記載になっており，エネルギーの配分の悪さが感じられる。与えられた課題に気負って取り組む過剰適応気味な面もあるのだろうが，それが持続しないという問題もありそうだ。内容からは，設問 4（私の失敗）「は数えきれません。子供の頃『だからお前はだめなんだ』と言われた事を思い出す時もあります。」や，設問 14（私のできないことは）「多い。働けない。自分の足で立てない。家事も中途半端，本を読む事，字を書くことも苦手になった。」，設問 24（調子のよい時）「も，自分を信じることができません。いつ落ちるのかと思う。」に見る自己肯定感の希薄さや，設問 12（死）「は私の身近にあるもの。祖父と私のいとこ二人が自死しています。私の中の死への恐怖感が薄らいできている。」に見る死への親和性，設問 19（私はひそかに）「死ねたらいいのにと思います。けれど，私はつらくても笑うから，誰も気が付かない。」，設

問 16（将来）「は家族に迷惑をかけないように消えたい。明るい老後は想像できない。」に見る希死念慮が読み取れる。反面，設問 8(私が知りたいことは)「私を一つにまとめたい。無理して社交的になる私，楽しい私，うつになる私，どれが自分なのか」に表れた自分を統合したいとの思いや，設問 16（金）「額が高くても病気を治したい。」に見る治療意欲も認められる。設問 30(私が忘れられないのは)「子供に『ママは変だ』と言われた事」については，とてもショックだったと自発的に説明し，早く寝てしまう点をそう指摘されたと話していた。後の外泊の際には「早く寝ちゃうママでもいいの？」と息子に問いかけ，「いい」と言われたと笑顔も見られ，治療意欲には子どもの存在も大きく関与していると思われる。

(2)　風景構成法

　20 分程度で仕上げ，春の夕方を描いたという（図 10-1）。後から加えた物は雲，太陽，複数の人であり，彩色は部分的である。アイテム自体も小さく，ややエネルギーは低下している印象である。画中の人は家や田との関係は無く，景色を眺めているとのこと。自分もそうすると言っていた。複数の人は遊んでいる子ど

図 10-1　風景構成法

もとのこと。地平線が無く，宙に浮かんだような人物像は，本人の抱える空虚さを反映しているのだろう。

6.　解説

　患者は希死念慮やうつ状態による生活への支障から入院加療することになったが，ロールシャッハのプロトコルは，反応数も初発反応時間も平均的で，発話量も多い。片口（1987）は先行研究をレビューし，うつ病では反応数の減少や初発反応時間の遅延，両貧型の体験型等の特徴が認められると述べているが，こういっ

たうつ病の特徴には合致しないプロトコルである。双極性障害という観点で見れば，クレーガー（Kleiger, 2010）がレビューの中で，双極性うつ病が単極性のうつ病よりもレベル1のINCOMとDRが多く，マイナスの形態水準の反応を出す割合も，単極性が14％に対して，21％と高いことを指摘しているが，このプロトコルでは作話傾向反応や作話的結合反応が目立ち，マイナス反応も4％と低い。R+％は28％と低いが，それは作話傾向や，作話的結合により形態水準が低下したためであり，知覚対象自体のインクブロットとの一致度はけっして低くはない。P反応が7.5個と多いのもそれを裏付けている。正常に知覚しつつも，行き過ぎた意味づけがなされていると言えよう。

　他の特徴としては，攻撃性や依存欲求，情緒刺激などが強まった際に対象の意味づけが両価的になり，対象や知覚された関係性が容易に変化することや，外部の刺激を遮断することが難しく，投影過剰な状態に陥り著しく現実検討が低下し，しかもそういった刺激に長く晒されやすい自我機能の脆弱さ，繰り返し語られる悪意（「怒っている（Ⅰ・Ⅱ・Ⅴ）」「敵意がある（Ⅰ・Ⅸ）」「威嚇している（Ⅳ）」「虐待されてる（Ⅸ）」）や分離・共生といった主題（「頭で繋がった2人が無理矢理引き剥がされようとしている（Ⅲ）」）が挙げられる。これらの特徴を鑑みると，気分障害というよりも，パーソナリティの問題の方が大きい印象であり，境界性人格障害である可能性が棄却できない。スプリッティングによる不安定さがあるために，対象の意味づけがGoodからBadへと急激に変化することに伴う気分の変動が双極性障害のⅡ型のように見えた可能性もあると思われる。描画やSCTからもうかがえるように，内面の空虚さも抱えており，基本的信頼感の構築が十分になされておらず，それに加えて虐待の影響による，容易に迫害感が惹起されるという問題も抱えている患者であろう。反面，刺激に長く関わらなければ，P反応にみる常識的な対処が可能である点は適応の一助となると推測される。

引用文献

片口安史（1987）改訂 新・心理診断法．金子書房．

Kleiger, J. H. 馬場禮子（監訳）吉村　聡・小嶋嘉子（訳）（2010）思考障害の活動とロールシャッハ法——理論・研究・鑑別診断の実際——．創元社．

小川俊樹（1994）決定因の言語論的理解——品詞分類から見た一試論——．ロールシャッハ研究．36, 19-26.

第11章

一覚醒剤中毒者のロールシャッハ反応
——精神分裂病との鑑別をめぐって——

小川俊樹（筑波大学）

　昭和59年に押収された覚醒剤は約198 kgにも及んだ。昭和55年の約150 kg
をピークに減少傾向を示し、昭和40年代後半に始まる、いわゆる覚醒剤の第2
次乱用期最高の押収量となった。覚醒剤はその乱用によって殺人や傷害などの凶
悪な犯罪をひき起こし、大きな社会問題となっているが、一方覚醒剤によって生
じる特異な精神症状によっても関心をもたれている。すなわち、覚醒剤（わが国
ではヒロポン、シャブと呼ばれるメトアンフェタミン）の乱用やその慢性中毒に
より、不眠、万能感、不安、焦燥などの一般的反応とともに、幻覚、妄想、無為、
気分易変など内因性精神病様の精神症状を呈することがある（福島、1977）。そ
のため、メトアンフェタミンといった覚醒アミンの作用機序の解明が、幻覚や妄
想などの精神症状、ひいては精神分裂病の理解に大いに役立つものとも考えられ
ている（台・町田、1973; Snyder, 1974）。
　しかし、メトアンフェタミンによる精神分裂病様精神症状の発現にはきわめて
個人差が大きく、またそのような精神症状でも精神分裂病とはいくつかの点で異
なることが指摘されている。すなわち、精神分裂病に特有の冷たさや硬さといっ
た情意の変化がなく、対人接触は保たれており、幻覚や妄想の内容も状況反応的
で了解可能である部分が多い（福島、1977; 山下・森田、1980）。しかし、臨床上
このようないくつかの相違が認められるものの、現実には鑑別診断のきわめて難
しいケースがあることも指摘されている。従来、精神分裂病の鑑別診断の有力な
道具としてロールシャッハ法（以下、ロールシャッハと略記）が用いられてきて
おり、メトアンフェタミン中毒性精神病との鑑別にもロールシャッハの果たす役
割は大きいのではないかと期待される。しかし、これまでの覚醒剤中毒に関する
ロールシャッハ研究は、その多くが中毒者のパーソナリティに関するもので（た
えとば、郡、1954; 弘田ら、1985）、精神分裂病との鑑別診断の視点からの研究は

きわめて少ない。福島（1981）は，覚醒剤乱用者が精神分裂病者と違って自我の柔軟な回復力をもっていることを指摘し，ロールシャッハ所見も有力な根拠となると述べているものの，その詳細についてはいまだ報告されていない。

　精神分裂病との鑑別診断を焦点に覚醒剤中毒のロールシャッハ研究を進める際，症例の選択が重要である。ロールシャッハの妥当性を臨床診断という外的基準におけば，ロールシャッハ診断は常に臨床診断に拘束されることになる。そこで，本論では，臨床上精神分裂病との鑑別診断が大きな問題となった一覚醒剤中毒性精神病者のロールシャッハ反応をもとに，ロールシャッハからみた精神分裂病との相違を検討した。

1.　症例

(1)　症例の概要

　ロールシャッハ実施時，40歳の男性。中学なかばで家出して非行に走り，傷害事件などで，少年院，刑務所に数回の入所歴がある。17歳頃より飲酒し始め，20歳頃より覚醒剤をも乱用するようになった。30歳頃不眠が続き，人に殺されるような，周囲から監視されているような気がして自殺を企て，入院となる。以後，いくつかの病院に入退院を繰り返すも，その間アルコール，覚醒剤をしばしば乱用していた。最初の入院時より，被害的な内容の幻聴があり，同時に指示的な幻聴もしばしば認められた。そのため同居女性を殺害し，強制入院に至ったこともある。今回覚醒剤を止めて3年後（本人談），失恋し，気分を粉らわすために飲酒し始めたところ，「死ね，死ね」とか，「こっちへこい」とかいった幻聴が激しくなり入院となった。それまでの臨床診断は，精神分裂病，中毒性精神病，アルコール精神病とさまざまである。なお，家系に精神分裂病の遺伝負因を認める。ロールシャッハは入院7日目に実施した。抗精神病薬を服薬中ではあったが，前述の指示的な幻聴はまだ消えてはいなかった。

表11-1　ロールシャッハ反応（領域指定は片口（1960）による）

I	3″–1′3″	クモにみえる。	頭で手で足，かっこうが，輪郭です。
		ちょうちょにみえます。	羽をひらいて，これが頭で飛んでいるところです。
		悪魔がささやいているようにみえます。	首のない悪魔です。手をこうやってささやいています。マント着て，異様なマント着て，（マント？）色で，（悪魔は）首がない，（ささやいている）ここから（d5）。
		女の人の首のない死体にみえます。	（死体）首がない，バスト，ウェスト，ヒップで足，パンドしめて，首がないから死体です。
II	5″–1′6″	幽霊のお城にみえます。	ここ，（幽霊のお城）ここに人魂がいるでしょ。こっちはがけっぷち。
		幽霊が戦って血だらけになっているようにみえます。	手で，頭をかくして，血だらけになっている，（幽霊）足がないでしょ。
III	6″–1′15″	骸骨がなにか作って，人魂に食わせようと思っています。人魂はそれをみて，喜んで早く作れと言ってます，骸骨は2人います。	骸骨で，作っています，なにかごちそうですね，これが人魂で，これは（D₃）こっちにいたけど，早く作れと怒鳴りにきた，（性別）男と女ですね，右が男で左が女みたいです。
IV	6″–1′15″	この世のものとは思えない怪物です，怪物がエサを求めています，首がありません，顔もありません。	手，足，尻尾で首がない，エサを求めて，腹が減っているようなかんじです，（動いて）そうです，ドシドシと。
V	2″–56″	これは蛾ですね，蛾の大きい奴。	ここ（d₁），こうなっているところで，翼，足，（蛾）グロテスクだから。
VI	7″–1′48″	とんぼのお化けです。	目玉で，胴体，羽，（お化け）ちゃんと羽がなっていないから。
		機関銃にもみえます。	これをたためば，2つにすれば機関銃になるでしょ，（半分でも）そうですね。
		イエス・キリストにもみえます。	イエス・キリストが処刑台にのって，火あぶりになっています，結がわれて，（下は燃えている）そう，燃えているところです。
		おじいさんが天国へ行くところです。	キリストでなければ，こっちから段々，地獄から天国に登っていくところです，（地獄と天国）下は地獄，上は天国です，（自分で登っていく）こう上に行く。
		原爆にもみえます。	これ原爆にみえませんか。下からパンと破裂して。
VII	2″–1′30″	ウサギが2匹，けつを向けて踊っています，これから殺し合いを始める前の儀式です。多分右側の方が強いでしょう，勝つでしょう。	耳で顔，手，お尻，ここが口，（儀式）ウサギはこういう儀式をやるんですよ，（右が勝つ）口が大きいところですね。
		女の性器にもみえます。	ここだけ，形が似てますね。
VIII	5″–1′5″	これは密林にあな熊が2匹登っていくところです，あとは何がみえるのかな。	（密林）木が一杯生えているしね，ならびに沢山生えている感じがする。

IX 7″–1′10″	なんともいわれぬ恐怖な顔をして いる幽霊です。今にも襲いかかっ てくるようです。何でも食べそう で，人間でも熊でも，生の肉が好 きそうです。恐くて言いようがあ りませんね，何とも。	目，鼻，歯，変色した火傷，（幽霊らしい）まと もにこんな人間ですか，生肉ばっかり食ってい るから変色しちゃった。	
X 3′–1′36″	虫が合唱しています。	虫が楽しそうに踊ったりなんかしている。竜の落 し子が踊っています。	
		竜の落し子で丸くなって。	
	それから織田信長時代の戦争をや っています，騎馬戦です，何人か 殺されています。どちらが勝つか 全然わかりません。	ここ（D₁）馬にのって戦っている。戦国時代で すね，槍で刺されています，ここにも（D₉）死 んでいる。	

scoring list

I	1. W	F∓	A	
	2. W	FM±	A	P
	3. W	M–,FC′	(H), Cg	
	4. D	F±	H	
II	5. D	F∓	Arch.	
	6. D	M∓, CF	(H), Bl	
	7. D	CF	Fi	
III	8. W	M–, CF	(H), Fi	(P)
IV	9. W	M∓	(A)	
V	10. W	F±	A	P
VI	11. W	F∓	(A)	
	12. W	F±	Arm	
	13. W	Fm±	H	
	14. W	M–	H	
	15. W	mF	Expl.	
VII	16. W	M–	A	
	17. d	F±	Sex	
VIII	18. W	FM±	A, Na	P
IX	19. W	FC–	(Hd)	
X	20. W	FM±	A	
	21. D	FM±	A	
	22. W	M±	H, War	

Summary Scoring は表 11-2 に示すとおりである。

表 11-2　Summary Scoring Table

R	22		W : D	16 : 6	FC+CF+C : Fc+c+C'	3 : 0.5
Rej（Rej/Fail）	0		W%	73	FM : M	4 : 7
TT	12'44"		Dd%	0	F+%/ΣF+%	32/91
RT（Av.）	1'16"		S%	0	F+%/R+%	57/50
R₁T（Av.）	5"		W : M	16 : 7	H%	36
R₁T（Av.N.C）	4"	E.B	ΣC : M	1.5 : 7	At%	0
R₁T（Av.C.C）	6"		Fc+c+C' : FM+m	0.5 : 6	P（%）	3.5（16%）
Most Delayed Card & Time	VI & IX 7"		VIII + IX +X/R	23%	Content Range	7
Most Disliked Card	IX		FC : CF+C	1 : 2	Determinant Range	7

2.　考察

(1)　諸研究との比較検討

　覚醒剤による精神症状の発現は個人差が大きく，その使用量，使用期間，頻度もさまざまである。しかし，欧米の研究では，Young & Scoville（1938）の報告以来，主として妄想が病的体験の中核と考えられており，妄想型精神病と覚醒剤中毒性精神病（欧米ではアンフェタミンが用いられている）との鑑別が問題となっている。Weiner（1964）はアンフェタミンのロールシャッハ研究を展望し，ロールシャッハがアンフェタミン中毒性精神病と妄想型精神分裂病を早い時機に鑑別診断し得る可能性を示唆している。覚醒剤摂取によるロールシャッハ反応は，反応総数や色彩反応の増加といった情緒的な反応性の高まりや易刺激性とともに，平凡反応数や F+% で示唆される現実吟味力にはなんらの問題も認めないというものであった。貧弱な現実吟味力は分裂病者に一致して認められるものであり，また妄想型分裂病者はロールシャッハに情緒的というよりも観念的に反応しがちなので，現実吟味力が損なわれずに情緒的な反応が高い場合は，精神分裂病を除外し得ると考えられるのである。

　一方，わが国では覚醒剤による精神症状として，急性期には妄想，幻覚，緊張病様興奮などを認め，無為，感情の鈍麻，周囲への無関心など分裂病にきわめて似た残遺症状が報告されている。妄想型のみならず，広く精神分裂病との比較考察がなされてしかるべきであるが，前述したように，そのような観点からの研究

はきわめて少ない。栗林（1955）は覚醒剤中毒者を，精神症状を発現しない依存者（A群），幻覚，妄想を中心とした精神症状を有するものの，短期間（2〜3カ月）で消失してしまう者（B群），精神症状を呈し，しかも経過が長く，慢性の精神分裂病者と全く類似の病像を示す者（C群）に分け，Piotrowski の予後評定サインを援用して，それぞれ，健常者（N群），精神分裂病者（S群）と比較した。その結果，C群は平均得点がS群に近く，有意な差を認めないものの，他の3群とは有意な差が認められた。また平均得点の高さからは，A，B群は，N群とC，S群との中間に位置していた。これらの結果を基に栗林は，Piotrowski のサインによって中毒者の予後をある程度推測し得ると同時に，予後評定サイン上，覚醒剤中毒の一群と精神分裂病との類似を指摘している。長坂ら（1955）もロールシャッハ，ウェクスラー式知能検査，ベンダー・テストを用いて，上述した3群を小学生，健常者，精神分裂病者と比較し，C群がA，B群と違って著しい退行を示し，精神分裂病群との間に相違がないことを見出している。したがって，これらの研究は，Weiner がロールシャッハ上現実吟味力が損われていない点で精神分裂病とは区別され得るとしたのと異なり，覚醒剤中毒は症例によっては精神分裂病との鑑別が困難であることを示唆している。

　以上のような諸研究結果と本症例を比べてみると，本症例では色彩反応は3個と必ずしも多くなく，また体験型は内向型，Weiner の指摘するような外界への高い反応性は認められない。しかし，FC< CF+C と感情の統制は弱く，感情面での不安定さを示し，量的スコアには表されない被検者の生々しい言語表現も刺激への感情的な反応力の存在を物語っている。栗林の研究でも，Piotrowski のサイン4（FC = 1 or 2）はC群とS群との間で差があり，A，B，C群に共通して多く，環境への情緒的な反応性が保たれていることが，本症例も含めて，この中毒性精神病の特徴のように思われる。この点，精神分裂病者が情緒的動きのない枯渇した感情や，統制を全く欠いた短絡的な反応を示したりするのとは異なっている。

　Weiner は F+% や P の数で示唆される現実吟味力の高さから精神分裂病との鑑別が可能としたが，本症例は F+% = 50, R+% = 45 と現実認知に歪曲を認め，現実吟味力は弱いといえる。この形態水準の低下を詳しくみてみると，F-% = 0, M-% = 57 と人間運動反応において現実認知が不正確となっていることがわかる。このことは思考の面での病理を示唆しており，Weiner の主張する指標ではより妄想型に近いところに位置づけられることになろう。

　一方，栗林の研究では，C群が同じ中毒者であるA，B群と違って，S群に類

似している要因として，Piotrowski のサイン 6（M = 0）が挙げられている。C 群はS 群とともに人間運動反応の出現をみることがなく（C 群の 71%, S 群の 60%），観念活動の貧困さ，創造的想像力の乏しさ，人間関係の希薄さがうかがわれる。特に対人関係については，やはりサイン 13（h = 0）で，他の群よりもCとS 群がともに高い出現率を示していることからも支持されよう。ところが本症例ではM = 7と多く，栗林の研究とは一致しない。精神分裂病では一般に人間運動反応の減少をみるが，妄想型では多いとの報告もあり，Weiner の展望とも考えあわせると，妄想型分裂病をも否定し得ない。

　以上，これまでの諸研究結果と本症例を比較検討してみると，情緒的な反応性の強さでは中毒性精神病を，現実吟味力の弱さ，特に現実性を欠いた活発な想像活動は妄想型分裂病をも疑わせる。しかしロールシャッハでは，常に各因子の布置など全体的な見方が必要であり，以下本症例のロールシャッハ反応の解釈を通して，この問題を検討した。

(2)　精神分裂病との鑑別を中心としたロールシャッハ所見

　総反応数 R = 22 と一般成人に期待される範囲内であるが，表 11-2 からも明らかなように，W% = 73 ときわめて高く，全体反応優位の把握型である。これらの反応を詳しくみてみると，未分化で漠然とした全体反応というよりも分化した反応や部分を結合した反応があり（反応 3, 8, 13, 14, 22），環境への対処様式が決して受動的で，消極的なものではないことがうかがわれる。部分を関連づけて全体へという結合傾向は強く，それが M 反応と結びついて結果的には形態水準を低下させ，病的レベルにまで到っていることは，臨床上認められる関係・披害妄想にも共通するものであろう。また，ある一定領域に限定できず，目につく周囲の領域をも関係づけてとり入れていくことは，前述の心性のほかに，心的エネルギーの乏しさを否定するものかもしれない。

　以上のような W% が高く，しかもその形態水準が低いことは，精神分裂病を否定し得ない指標であるが，妄想型分裂病のロールシャッハ特徴として，Exner & Weiner（1982）は Dd や S 反応領域の多さを挙げている。これは妄想者のもつ周囲への用心深さや猜疑心の現れに他ならないが，本症例ではこのような特徴はない。環境に常に警戒心を働かせ，隠された意味を探ったり，些細な事実まで見出そうとする傾向よりも，心的活動が高く，きわめて主観的で断定的に関係づけしてしまうといった思考障害を認める。

体験型は，M ≫ ΣC, FM+m ≫ ΣC′ とともに内向的で矛盾はない。運動反応が全反応の6割を占め，しかも active な反応が多いことは，観念活動の活発さを示している。そして EA = 8.5 と決して低くなく，ここでも心的エネルギーの強さがうかがえる。この観念活動の活発さと M– の多さは，環境をあるがままに見たり，受け入れたりすることなく，主観的に勝手に解釈してしまうといった不適応をもたらしている。その主観の強さからは内向的体験型を，また警戒心の高さからは両貧的体験を Exner & Weiner は妄想型分裂病の特徴とみなしているが，体験型に限れば，他の病型よりも妄想型といえよう。

　色彩反応は，FC = 1, CF = 2 と少なく，しかも FC< CF + C で，わずか1個の FCさえも病的レベルであり，情緒統制の弱さを表している。しかし，被検者に情緒的な反応性が欠けている訳ではないこともうかがえる。ΣC：ΣC′ = 3：0.5 と無彩色反応や濃淡反応の出現率は低く，内的な不安よりも外的脅威への意識が強く，自己の内面をみつめるといった内省的姿勢は望めないかもしれない。

　F% = 32 と標準範囲の下限に近く，現実を客観的にみることはできるものの，容易に個人的，主観的に走りやすくて，欲求や感情に左右されがちであるといえよう。F+%, R+% はともに低く，現実吟味力に問題がある。しかも前述したように，F– = 0 で，形態水準の低下が M によってひきおこされていることは，内的想像活動を現実に適応するよう統制できない自我の弱さを表している。平凡反応は3.5とやや少ないが，カードⅠ・（Ⅲ）・Ⅴ・Ⅷと最も出現率の高い反応は明確に知覚されており，基本的には社会的慣習を認識している。

　反応内容に関しては，A% = 41 と標準的であるが，H% = 36 と人間反応は多い。それらは「首のない死体」とか「イエス・キリスト」，「幽霊」といずれも平凡な現実的な人間とはいえず，対人関係における不安定さ，過敏さを表しており，円滑な人間関係がもち得ないことを示唆している。しかし，このような人間反応の多さや，たとえ抗争しているにせよ，相互作用のある人間像は，対人関係からの引きこもりよりはむしろ社会的接触を求めようとする姿勢を物語っているといえよう。反応の継列分析を行ってみると，いくつかの特徴が認められる。その1つは「戦争」，「原爆」，「機関銃」，「殺し合い」，「血だらけの幽霊」といったきわめて殺伐としたテーマであり，強い攻撃性の存在をうかがわせる。しかも，口唇への強調を認め（「骸骨がなにか作っている」，「怪物がエサを求めている」，「生の肉」など），強い依存欲求を伴った口唇攻撃性である。本症例が覚醒剤のみならず，アルコール依存という不適応様式をとっている事実は，このことからも説明され

得よう。人間反応が多く出現しているにもかかわらず，完全な人間像が少ないことも 1 つの特徴である。「首のない」，「頭のない」人間や人間類似の動物が知覚されており，検査時の幻聴に悩む被検者の体験をよく表している。このように欲求や実体験と結びついた，いわば比較的心理力動の単純な反応が多い。

　前述したように言語表現はきわめて生々しく，現実感を伴っており，プロットを客体化して見るというよりも，そのなかに入りこんでしまいがちである。そして，「男と女」，「天国と地獄」，「楽しそうな踊りと戦争」など対立する概念が，同一の反応のなかで，あるいは同一のカードのなかで述べられている。これは両価性の強調であり，分裂（splitting）という原始的防衛機制で，自我の弱さを示唆している。

　以上のような諸特徴をまとめてみると，基本的な社会常識はそなえているものの，対人関係はきわめて不安定で，暖かな人間的な交流というよりも常に勝つか負けるかのトゲトゲとした世界に生きているといえよう。依存欲求が強く，対人接触を求めつつも満たされず，敵意や攻撃的感情に左右されている。心的エネルギーは強く，観念活動は活発であるが，きわめて主観が強く働いた現実認知を行い，そのためしばしば現実を無視してしまいがちである。自我が弱く，激しい内的衝動を抑えることができず，情緒的コントロールができていない（カード Ⅵショックに示唆されているような性同一性の問題など，この被検者の idiographic な問題もあるが，ここでは省略する）。

　本症例の，このようなロールシャッハ特徴を精神分裂病との鑑別診断の観点から検討してみると，まず心的エネルギーや情緒的反応性の強さは，いわゆる分裂病の貧困化とは相容れないように思われる。平板化し，環境世界に受身的な一群の精神分裂病者たちとは異なる反応といえよう。むしろ観念的活動の活発さは妄想型の精神分裂病者との類似を示唆している。しかし，妄想型分裂病者がその猜疑心の強さや用心深さなどからしばしば高い Dd% や S% を示すのに対して，本症例ではそのような傾向が認められない。また，目や耳といった感覚器官をことさら強調した反応内容が妄想型分裂病者の警戒心の強さを示すことがあるが，そのような反応も出ていない。むしろ，被検者はプロットをより生々しく，リアルにとらえており，直截的に体験している。これは妄想型にしろ，精神分裂病者が現実との間に一定の距離をおき，時にはその妄想に対してすら冷淡な態度をとり，いわゆる硬さや冷たさをうかがわせるのとは異なっている。

　ところで，現実を歪曲した形態水準の低さは精神分裂病をも疑わせるものであ

るが，しかし前述したように，それが F– よりも M– 反応であることは，現実の完全なる無視，内閉的思考というよりも，欲求感情が負荷されることにより思考が歪むことを意味している。岡部・小川（1983）によれば，思考障害でも認知の焦点づけが精神分裂病者に多いのに対して，理由づけや明細化での現実からの遊離は境界例人格障害（borderline personality disorder）に多くみられるという。また，反応のなかに認める価値下げや分裂などの原始的防衛機制の存在も，境界例人格障害を考えさせるものである。そして，ひるがえってそのような可能性から諸特徴をみてみると，確かに人間反応の多さや心的エネルギーの強さなどは精神分裂病よりも境界例人格障害を疑わせるのに十分な根拠であるといえよう。

3. まとめ

　一群の覚醒剤中毒者はしばしば精神分裂病類似の精神症状を呈し，臨床上，両者の鑑別診断が困難なケースも見受けられる。従来，精神分裂病の心理診断にロールシャッハ法が果たしてきた役割は大きく，覚醒剤中毒性精神病と精神分裂病の鑑別診断にあたってもその貢献するところは大なるものと期待される。そこで本研究では，覚醒剤中毒性精神病と精神分裂病の鑑別をめぐるロールシャッハ研究を文献展望した上で，臨床上鑑別診断が問題となった一症例のロールシャッハ反応を検討した。その結果，中毒性精神病者は現実の歪曲や現実吟味力の低下を示す場合でも情緒的反応力があり，心的エネルギーは強く，認知の焦点づけよりも，明細化での欲求や感情が負荷されての認知の逸脱を認めた。そして，このような特徴が精神分裂病者のロールシャッハ反応と異なることを指摘した。

引用文献

Exner, J. E., & Weiner, I. B.（1982）*The Rorschach: A comprehensive system.* Vol. 3. New York：John Wiley & Sons.

福島　章（1977）犯罪心理学研究 I．金剛出版.

福島　章（1981）覚醒剤中毒の犯罪精神医学　臨床精神医学, 10, 1217-1224.

弘田洋二・加藤豊比古・前田研史（1985）覚醒剤患者のロールシャッハ反応．日本心理学会第 49 回大会発表論文集，309.

法務省法務総合研究所（編）（1985）犯罪白書（昭和 60 年版）．法務省.

片口安史（1960）心理診断法詳説．牧書店.

郡　美次（1954）ロールシャッハ・テストによる覚醒剤使用少年と非使用少年との比較.

四国矯正科学, 4, 4-10.

栗林正男（1955）覚醒アミン中毒者のロールシャッハ・テストに関する研究. 精神経誌, 57, 314-318.

長坂五朗・栗林正男・岩井勤作（1955）覚醒アミン中毒に関する臨床心理学的研究. 精神経誌, 56, 635-636.

岡部祥平・小川俊樹（1983）境界例の診断をめぐって. サイコロジー, 35, 46-53.

Snyder, S. H.（1974）*Madness and the brain.* New York：McGraw-Hill.［加藤信他訳（1976）狂気と脳. 海鳴社.］

台　弘・町山幸輝（1973）精神分裂病のモデル. 台　弘・井上英二（編）分裂病の生物学的研究　東京大学出版会, pp. 57-84.

Weiner, I. B.（1964）Differential diagnosis in amphetamine psychosis. *Psychiatric Quarterly*, 38, 707-716.

山下　格・森田昭之助（編）（1980）覚醒剤中毒. 金剛出版.

Young, D., & Scoville, W. B.（1938）Paranoid psychosis in narcolepsy and possible dangers of benzedrine treatment. *Medical Clinics of North America*, 30, 209.

補記

　本稿は，筆者が以前発表したものを転載したものである。以前といっても1987年のかなり古い研究であるので，今日的観点から以下の2点について補足しておきたい。なお，2002年に精神分裂病は統合失調症に病名変更がなされているが，本稿では原文のまま転載した。

　1つは，当時の時代的背景というか，当時の問題意識についてである。検査実施時はいわゆる覚せい剤の第二次流行期にあたる。戦後の第一次流行期が作家や芸術家などの間で創作のために乱用されたのとは異なり，第二次流行期は覚せい剤の乱用が犯罪がらみで社会問題となった。また当時の精神医学の分野では，相違点はあるものの，「慢性覚せい剤中毒が人工精神病のうちで最も統合失調症に酷似する病像を持つことは疑問の余地がない」（台・井上編，1973）として，統合失調症と覚せい剤中毒との鑑別診断に関心が向けられていた。ちなみに今日は覚せい剤の第三次流行期とみなされ，乱用者の低年齢化が問題となっている。したがって，本研究の意図したところは，統合失調症と覚せい剤中毒との鑑別診断上のロールシャッハ法の有用性であった。そのため本稿は統合失調症のロールシャッハ結果との異同について力点が置かれている。

　それでは本事例を覚せい剤中毒性精神病とした場合，本事例はどのように位置づけられるであろうか。それがもう1つの補足点である。福島（1994）によれば，

覚せい剤中毒性関連精神障害は抑制群，復帰群，そして過剰覚醒群という3つの群に分けられるという。抑制群が総反応数，人間運動反応ともに少ないのに対して，復帰群は総反応数，人間運動反応ともにほぼ平均的であるが，色彩反応に乏しい。一方，過覚醒群は総反応数，人間運動反応のいずれも平均以上であり，印象深い犯罪の精神鑑定事例の多くがこの群であったとのことである。本事例に関して福島（1994）は，「（総反応数と人間運動反応数から）福島の類型で分類すれば復帰群に入るが，運動反応系が多いので過覚醒群に近い点もある」と述べている。そして，「いずれにせよ，このようなケースでは，臨床的な幻覚妄想の存在にもかかわらず，自我の解体がほとんどみられず，また回復力や柔軟性もあることが指摘されているが，小川（1987）の一例報告はそのような覚せい剤精神障害者のパーソナリティの特徴をロールシャッハ・テストによって証明したものということができる」（福島，1994 p. 101）と本稿に言及している。

引用文献

台　弘・井上英二（編）(1973) 分裂病の生物学的研究．東京大学出版会．
福島　章（1994）覚せい剤犯罪の精神鑑定．金剛出版．
小川俊樹(1987)一覚醒剤中毒者のロールシャッハ反応——精神分裂病との鑑別をめぐって——．筑波大学心理学研究，9, 113-119.

第12章

社会適応の良好な一例（非臨床群）

袴田雅大（きまたクリニック）・伊藤宗親（岐阜大学教育学部）

1. 協力者プロフィール

40代男性，技能連携校教員。同胞3名中第2子，次男として出生。A県内の高校（普通科）を卒業後，B県私立大学（経営学部）へ進学。卒業後地元に戻り，学習塾関係の仕事を経た後，現職に就く。既婚，2児の父親。既往歴は特記無し。身長は高く，中肉，やや細身であるが筋肉質で，体躯はしっかりしておられる印象。誠実な雰囲気が感じられた。趣味はスポーツ全般と漫画を読むこと。

2. 検査状況

まず今回の企画の趣旨，個人情報保護等の説明を行い，同意書に記入をお願いした。その上で初めにバウムテストを，そしてロールシャッハ法を施行した。検査は個室で行われ，対面法にて施行。検査中の人の立ち入りはなく，静かな環境であった。ロールシャッハ法の所要時間は約80分であった。検査終了後SCTをお渡しし，後日郵送にて回収した。検査に対してはとても熱心に取り組んでいただき，一生懸命に図版を見られる姿が印象的であった。ただし，今回の検査状況も影響してか，緊張感や不安をやや強く感じる検査場面となった。とはいえ，検査が進むにつれて，これらの雰囲気は和らいでいった。

3. ロールシャッハ・プロトコル

施行法，スコアリング，分析等は，名古屋大学式技法（名古屋ロールシャッハ研究会, 2018）に依った。

表 12-1　ロールシャッハ・プロトコル（名大法）

Card		Response	Inquiry
I	1″	複数の答えが自分の中で思いついたら，お伝えする形で良いんですよね？（自由に答えていただければ）	question for instruction
	① 22″	第一印象は，あのー，犬の顔です，はい，まず，で，そうですね，あと……	①目と，こっち垂れさがっている耳（D4+4）と，顔の輪郭（D3+3 の外側）もこのあたり捉えて。ここが口ですね，はい。〈Q〉大きな口開けて，はっはっはっはってやってるような風に，僕はあのーイメージをして。まぁ元気のよさそうだなという。
	∨ ② 33″	ひっくり返した時に，こう，ちょっとタワーのような，にも見えましたし，	WS (Se), FMa+, Ad, Mor, affective elaboration
	③	人が立っている，大きく足を広げているようにも，ちょっと今一瞬見えましたが，そんなようにも見えるぐらいですね，はい。あとは，うんと……	②こっち（D7）が上なんですけど，形的にこう，三角錐のような形になっているところからのイメージで，あの東京タワーじゃないですけど，こうメインが支柱になっていて（D1）みたいな。〈Q〉先端が尖っているっていうところから。もちろんそんな形はちょっとないんですけど，そこらへんは自分の中で端折って（笑）。 W, F+, Arch, N, apology
	④ 57″	この向きでいくとやっぱり，鳥のような，コウモリのような，そういう風にも見えますし。うーんと，例えば……えーっと，いやでもなんだろうな。	③ここが頭（D6 中央部付近）になりまして，胴体で，足ですね（D5 付近），で手がこういう感じになってるのかなって（腕を曲げ両手を頭に当てる）。〈Q〉まぁ強いて言うならば，アニメのキャラクターが熱血で燃えている表現（笑）。 W, Ma–, H・Fi, Dch, inappropriate behavior (gesture), affective elaboration ④ここが翼になって（D3+3），ここが頭部になって（D5），全体像として，1 匹というか，こっちが尾ですね（D7）。〈鳥？コウモリ？〉コウモリですね。〈Q〉色ですとか，翼がうーん，まぁ鳥のような綺麗さではないという，色と翼の形と。 W, FC′+, A, P, N
	⑤ 1′58″	うーん。縦にしたときに，具体的なものではないんですけど，ちょっとこう，豚のようなイノシシのような動物が見える反面，下側は影のような感じにして捉えるようなこともできるのかなと。それぐらいかな。こんなような感じで良いですか？	⑤ここ豚の鼻です（d2）。で耳が立ってます（d5）。で体があって（D3），前脚，後ろ脚って感じで。こっちはその影が映っているというような。〈Q〉この鼻の形かなと。 WB, FV+, A・Mi, N,
			question for instruction
	2′32″	はい。	

174

II	1″	ああ，うーん。	
	∨	まずは……	
	∧	うーん。	
	①	まずパッと見た感じは人が2人，中腰のような形で，手を合わせているという風に，まずは見えました。あと…	①頭部（D3+3），ここが手のひら（d1）で腕ですね。ここ（D1+1）が胴体になって，膝を突き出している，座っている。左右対称で2人座っている。 D8+8ʙ, Mp+, H, P, N, detail description
	41″		
	∨		
	∧	うーん。	
	②	すごく断片的というか，まぁあの個人的に，この赤いところが足首より下。なので，ここが下半身。足ちょっと気持ち悪いですけど，ここが部分的にはちょっと足，という風にも見ることができるのかなとか。あと…そんな感じかな。	②えっと（笑）僕がちょうどこういうくるぶしが赤色の陸上用のソックスを持ってまして，その形に僕は見えてしまいまして（笑）。だから，ここはソックス（D3+3）です。足です（D1+1）。であの，黒いズボンです。〈気持ち悪い〉うーん，やっぱり色が，表現するときにまぁやっぱりこのあたりとかの（D4）説明がし辛いなと。自分はまぁこう見るけれど，自分が見たものに対しては説明がやっぱしにくいなとか。赤が入っちゃっているんで，気持ちは良く無いなぁという感じです。 W, FC・FC'-, Hd・Cg, N
	1′33″		
	2′34″	ほんとに直感，感想で良いんですよね？　例えば部分的とかそういうのも含めて，全てが〈はい，見えたものを言っていただければ〉	apology (self-critic), personal experience, affective elaboration, question for instruction
	2′50″	はい。	
III	3″	うーん……	
	∨		
	①	やっぱり僕は人を連想してしまうんですが，周りの色とかはすごくまぁ，気にはなってしまうので, これ（D2+2）は何かというとそれは言えないんですけど，パッと見た感じここが向かい合っている人にも見えますし，ひっくり返しても何か踊っているというかダンスをしているような。顔で腕でお腹で，上半身だけなんですけど。	①頭部で（d1+1），ここ（D7+7）が胴，胸部，手で，こう何か物を，重たそうなものを持って（D8+8），これ脚（D5+5）ですね。人が2人並んでっていう風に見えました。〈重たそうなもの〉んー，それは何と言われるとまぁトレーニングしてるような，ウェイトかなっていう（笑）。重たいものをこう，背筋を鍛えるための（笑）。 D1+1+6ʙ, Ma, H・Imp, P, Pst, apology (self-critic), definiteness (activity), detail description
	9″		
	②		②ここが顔（D8+8）になって，ここが腕（D5+5），で上半身（D7+7）。 D3ʙ, Ma+, H・Rec, Prec
	∨	そうですね，あと…	

	③ 1′06″ ∧ 2′50″	昆虫チックな，ヤゴのような，にも見えますし。何だろうな…… まぁ人と見た時に，何かを持っているのかなとか。それぐらいです。	③ここが顔ですね（D6），で目ですね（D8+8），で前脚です（D5+5），でこう胴体があるっていう。〈Q〉やっぱり目が大きいところと，口がなんかこう食べそうな（笑），口を開けているという感じかなと。 D3A, FMa+, A, Hor
IV	1″ ∨ ∧ ＞ ∨ ∧ ① 27″ ② 40″ ＜ ∨ ③ 1′20″ 1′47″	うーん。 うーん？ 第一印象は，ちょっとこう，竜がこっち側を。頭がこの向きですと下にあって，っていうような風にも見えますし。どっちかっていうとちょっと気持ち悪い，なんか怪物のような，人型の，そんなような風にも。 うーん あとはあれかな…… この向きだと，犬の顔，まぁ耳の垂れた犬の顔ですね。 あと何かなぁ…… うーん。 そうですね，そのくらいです，はい。	①ここが頭部ですね（D1），目になって，鼻から口にかけたところ，やや短いひげです。で，体に繋がっていくところ（D2上部）。〈Q〉これ（D5+5）が前脚というのか，手というのか広げている。表情は優しそうに見えました。目からそんな怖いイメージはないなと。竜としてとらえるなら。 W, FMi+, A/, Acnph, affective elaboration, detail description ②ここが頭になって（d1），ずっしんとここが足ですね（D5+5）〈気持ち悪い〉まぁ人ととらえるなら腕（d2+2）が凄く短かったり，頭がちっちゃかったり，ここ（D1）がいわゆる股間的な要素になったり，極端に足が大きいっていうアンバランスさから。 W, F+, H/, Adis, definiteness (size), affective elaboration ③目になります（D1中央部左右の空白）。正面の顔で，鼻筋になって（D2），ここ（d1）がヒゲになって，ここ（D3+3）が耳になってという。〈Q〉家が飼っている犬のようにも見えます，はい。〈Q〉そうですね，鼻から口先にかける感覚と，難しいな。 WS (Se), F+, Ad, N, personal experience, figure-background fusion
V	① 11″ ② 38″ ∨	パッと見はちょっとこう，チョウチョのような感じに。 そうですね…… うーん。 人が，こう作った翼を広げて立っている風にもちょっと見えますし。 うーんと…… あとなんだろうなぁ。	①翼で（D1+1）頭があって（d2）っていう漠然とした形からチョウみたいな感じです。 W, F+, A, P, N, ②ここが頭（d2），ここがちょっと何となく目と鼻っていうようにも見えたので（Dd4），あと脚の形として（d3）見えたので，人をここにイメージして。大きな翼（D1+1）を，作った翼を広げている。 WB, Mi+, H・Mi, N, definiteness (size), detail description

	③ 1'36″ < ∧ 2'15″	なんかこう，ハサミだけが発達したエビ（笑）のようにも見えます。 そのくらいです	③ここが（D1+1），一番前腕というかハサミになってるんですけど，ここだけが異常に発達している（笑）。〈Q〉ここが当然胴体になって（D2），このハサミだけが，こう極端に，アンバランスに発達した（笑）。 W, F−, A, Hha, definiteness (size) (distorted)
VI	10″ ∨ ∧ ①② 22″ ∧ ③ 40″ ④ 1'00″ ∨ ⑤ 1'26″ ∧ ∨ 2'44″	んー？　うーん…… まず思いついたのが，左右対称になってはいるんですが，天狗の顔のような感じと。 まぁちょっとこう，ギターのような楽器，のようにも見えましたし。うーん。そうですね。 こういう気持ちの悪い，なんか生物（笑）がいるんじゃないのかなみたいな，そんなような風にも感じましたし。 うーんと… やや強引に，えーと，子どもの遊ぶ，あのジャンピング，あの何だっけな，子どもが足を，両足を載せて動く，びょーんびょーんってやる（笑）あのおもちゃにちょっと見えたりとか（笑）。 えーとあと何かな…… うーん… はい，そのくらいで。	①②どっちでもありかな（∧, ∨）って思っちゃったんですけど。こっちだと（∧），ここを鼻（d2+2）として，アゴ（D5+5下部）ですね，口と。天狗の顔，お面というか，ここが飾りに（D1）。天狗に関してはこうひっくり返しても（∨）ありかなっていう。ここが（d2+2）当然鼻になって，ここ（d7+7）あごひげになってくるのかなっていう。 W, F+, Mask・Hd/, Adef・Pnar, apology (self-critic), detail description D2, F+, Mask・Hd/, Adef ③全体像です。全体像でこっちがトップになって（D1），多分こう，弦がこういう風に張られていて（中心黒色部），このおしゃれな形（D2輪郭）っていうような，はい。 W, F+, Mu, Prec ④こっちが頭になって（d1）。でこう脚がゆるゆるゆるっとあって（D8），異様にちょっと大きい体（D2）があって。〈気持ちの悪さ〉どうしても，アンバランスさからくるのかなって。これを虫としてとらえるなら，ここから後ろ（体）が極端に大きくなっていくところとか，不要なものかなと。 W, F−, A, Adis, definiteness (size) ⑤これ（d2+2）手を握るところで，足をかけるところ（D8）。ジャンピングホッパーじゃなくて，そんなような名前…〈ホッピング？〉あ，ホッピング。そうですね。 W, F−, Toy, Prec・Abal

VII	14″ ① 18″	これ難しいな（笑） でもまぁ，そうですね， まずはこう，お下げをし ている女の子の髪の毛 が，ちょっと上に上がっ ている，女の子が向か い合っているという風に まずパッと見えました。	direct affective response ①ここ（d3+3）がお下げですね。で頭（D2）で，頭の出 ているところで（d4+4），口になってあごになって（Dd3+3） っていう顔に見えたので。そういう女の子が対称的に向か い合っている。〈Q〉全体にはちょっとやっぱり見えなくっ て，ここまではなんとなく上半身（D1），体と手はってい うところまでは見えるんですが，そうすると下半身はちょ っと見辛い。
	∨ ＜ ∧	えーっと，そして…… そうですね，うーん。	D1+1B, Mp+, H, N, definiteness (sex), detail description
	② 1′39″	まぁこう絶妙なバラン スで，積み重なってい る岩，石（笑）という 風にも（笑）。ちょっ とほんと強引ですけ ど，そういうようにも 今思いました。	②これらが全部（D2+4+7），単体の岩です（笑）。それが あの，ここの石（D7）の上にこいつ（D4）が載ってて，こ うまた石（D2）が載ってるので（笑）。バランスとって。〈Q〉 岩っぽさはまぁやっぱり色からきてますね。 W, C′F・mFp+, Nat, Abal, apology（self-critic）
	∨ ＜	あと何かな，うんと…… 何かに見たいなと思い ながら，なかなか見え ないなあって（笑）。	apology（self-critic）
	2′59″	はい。	
VIII	2″ ① 17″	はあ，うーん。 そうですね，まずは…… ちょっとこう爬虫類の ような生き物が登って いるようにも見えま す。それが，まず第一 印象でしたね，はい。	①これですね（D1+1）。ここがカメレオンのような動物で すね。こっちが頭になって，前脚，後ろ脚っていうような 感じで，胴体があって，それが登っている。〈Q〉色が沢山 あったので，そうするとカメレオンはこう色を当然変えれ る特徴のあの，代表する生き物なので，こう赤のところか ら違う色にこれから変化していくのかみたいな，そういう のを連想しました。
	∨ ∧ ∨	うーん…… 何かなぁ。	W, FMa・FC−, A, Pst, content-symbol combination
	② 1′35″	反対向きにしたとき に，生き物の顔のよう にも見えます。うーん， なんというか，まぁち ょっとこう何の動物か っていうのが，特定が 自分の中であのー，し 辛いんですけれど。で もなんかちょっと悲し そうにしている，生き 物の顔にも見えます。	②正面の顔です。正面の顔で，ここが垂れ目の感じで（D2 内部）。で輪郭がこうあって（D1+1）。この辺が口（DS4） になって，ヒゲが生えている感じになりますけど〈悲しそう〉 うーん，まぁなんか，ここがちょっとこう涙のように。目 じりのところがちょっと白くなったので，泣いとるのかな っていう。 WSA (Se), Mp−, Hd/, Agl, affective elaboration, detail description, apology (self-critic)
	＜	あと何かなぁ…	

	2′57″	〈もしよければ…〉そうですね，パッと見た感じだと，そんな風に。	
IX	∨ < > ∧		
	① 41″	まずは…えーっと，鉄仮面をちょっとこう，かぶったような姿に。頭からここ肩とか胸のところまでを，僕は今見たんですけど，そういうなんか，西洋式の兜をかぶった甲冑のような。	①ここが顔(D9+9)でして，でー，首，胴体(D13+13)，肩(D8+8)ですね。そうするとここが目の位置 (Dd5+5) になって，口の周り (D3+3) をこう，その甲冑がおおう，まぁさらにこうかぶさっているっていう，全部甲冑なんですけど，そういうイメージですね。〈Q〉うーんと（笑）あの，ロビンマスクって分かりますか？（笑）〈あー〉兜，がっしりホールドされている。 W$_A$, F+, Mask・Hd/, Adef・Dch, detail description, utilization for illustration
	∨ ② 1′03″ ∨	それをちょっとこう逆さまにすると，何か女性が，気持ち悪い女性が笑っているようにも見えるなとか（笑） えー，うーんと……	②大きな目(Dd5+5)，で口です。大きな口が笑っている。で髪の毛 (D3+3) として。ここ (D2) はまぁ色々考えたんですけど，何か被ってるのか，それともつけているのか……ちょっと強引かなとか。〈Q〉髪の毛という感じでとらえたので，長い？　と，大きい口が，僕はどっちかっていうと男性よりは女性的に見えたなって。 D3+3+S7$_A$ (Se), F−, Hd, Adis, defineteness (sex) (size), affective elaboration, figure-background fusion
	③ 1′52″ 2′26″	何かこのあたりが，インコのような小動物の鳥にも見えて，こう，木陰で休んでるみたいな，そんな風にも見えますし。 うーん…… 何だろうな，そのぐらいかな？	③これで 1 羽です (D1)。頭から体にかけて，ここが尾ですね。でここ (d3) が足。木陰のようなところ (D3+3) の下で 2 羽が仲良く休んでいるという。〈Q〉まずは形からぱっと入って，当時自分がインコを飼っていたので。〈Q〉ここ葉と木，まぁ木というか葉っぱという風にとらえて，影っていう風に連想したので，その下でと。 D3+3+S7$_A$ (Se), FMp+, A・Nat, N, personal experience

| X | 2″
①
14″

∨
∧
②
1′29″

2′27″ | うーん……
何かパッと見た感じは,
小さな生き物が沢山い
る絵に見えました。昆
虫とか, そうですね,
ちょっと小動物とか,
いろんな虫が沢山いる
という, そういうちょっ
と, に見えました。
あと, うーん……
何かな。
あのー, でもちゃんと
顔にも見えます。ひっ
くり返した時に, 何か
ちょっと笑っているよ
うな, 顔を表すように
も見えますし。
うーんと……

はい, そんな感じです。 | ①これがクワガタ (D3+3) に見えまして。この辺 (D4+4)
も昆虫に。これは最初クモっぽさを感じて(D1+1)。これ (D
5+5)がちょっと大きいですけど幼虫(D5+5)にも。これが(D8)
なんていうんだろ, 蛇じゃないですが, 体の長い生き物とか。
黄色いこれも(D7+7), 小動物のように。あとこの辺(D11+11)
は葉っぱみたいな。ただ若干ここ(D1+1)に関しては, 虫に
もとらえたりとか, 水としてまぁ青色なので, 水のある所に虫
がとか, まぁなんか餌を求めてとか, そういうような。だから
この辺(D9+9)が落ち葉であったりとか, 黄色とオレンジとか,
そういうようなイメージで。ここ (D2) は木ですね。〈Q〉ク
ワガタっぽさは, ここの大きなアゴ(D3 下部)。こう木に登っ
ているっていうところとか, 色合いとか, 体のバランスからま
ぁクワガタかなって。〈Q〉緑の葉っぱ。でだんだん紅葉して
くような葉っぱっていうイメージです, はい。
W_B, FMa・FC・FC'+, A・Nat, P, Pst,
content-symbol combination

②これはちょっと強引な感じもしたんですが, 目 (D7+7) です
ね。口になって(D12), なんか笑っているのかな(D12 の輪郭)
って。〈目と口で…〉目と口のバランスから。これも人間ではない
(笑) ので, この辺 (D8) が模様になったりとか。
Dds (dr) (So), Ma+, Hd/, N, apology (self-critic) |

MDLC：(Ⅳ) これが気持ちの悪い生き物に見えちゃったので。

MLC：(Ⅷ) 難しいですが。(ⅧかX) こっちかな。色合いとしてカメレオン
ととらえるとか, こっち (Ⅷ) の方がなんとなくスッキリするっていうところか
ら。

SIC：(Ⅷ) 難しいな (笑) 状況に応じて身の色を変えていくみたいなところと
かカメレオンが生きるための力なので, その努力をしているところに共感して好
きです。

感想：初めてやって, 難しいなーというのが (笑) どう見ようかとか, 強引に,
自分の中でも解釈がし辛いというところに関しては正直疲れました (笑)。ただ,
こうなんですねとか振り返りをしたとき, 自分はこういう風に見たんだなと思う
と改めてスッキリしたので, 面白さを感じました。改めて自分の考えをまとめら
れたスッキリ感はあったかなと。

4. スコアリングテーブル

表 12-2　スコアリングテーブル（名大法）

[主要スコア]					
R	30	W%	70%	F%	40%
Rej / Add	0 / 0	D%	27%	VIII・IX・X /R%	24%
T/IR	22"	d%	0%	ΣC	1.5
┌T/ch	24"	Dd%	3%	FC : CF+C	3 : 0
└T/ash	20"	S	6	M : FM	8 : 6
Tur%	40%	orgA/B	4/7	M : ΣC	8 : 1.5
F+%	67%	Sequence	rigid	(FM+m) : (T+C')	7 : 4
newF+%	72%	Content Range	12	Activity level	15
R+%	73%	A%	40%	┌Act	8
P	5	H%	57%	│Ind	2
W : M	21 : 8	H+A/Hd+Ad	17/9	└Pass	5

[感情カテゴリー]		[思考・言語カテゴリー]
Hostility	9%	Abstraction & Card Impression : 1
Anxiety	45%	(direct affective response : 1)
Bodily Preoccupation	0%	Defensive Attitude : 11
		(question for instruction : 3, apology : 1, self-critic : 7)
Total Unpleasant	55%	Obsessive & Circumstantial Response : 9
Dependency	9%	(detail description : 9)
Positive Feeling	32%	Fabulization-Response : 19
Miscellaneous	5%	(definiteness : 9, content-symbol combination : 2, affective
Neutral	37%	elaboration : 8)
		Arbitrary Thinking : 2
		(figure-background fusion : 2)
		Personal Response and Ego-boundary Disturbance : 4
		(personal experience : 3, utilization for illustration : 1)
		Inappropriate Behavior : 1
		(gesture : 1)

5. 解釈

(1) 知的側面

　図版特徴に基づいた明細化が可能であり，非現実的な作話も見られないこと等から，知覚の正確さを備え，基本的な現実検討力が保たれている。また質の良い

形態水準を伴った概念結合反応や人間運動反応が多い。P 反応や Content Range の広さも一定程度見られ，知的機能の高さが感じられる。W：M の値やW反応の割合の多さから，達成欲求が強く，論理的・抽象的な知的能力，思考形式を備えている。一方で，達成欲求の高さから，やや無理な反応が見られたり，Color Shock や不全不安といった情緒的側面が影響したりすることで，知的な機敏性は時に遅延しがちになり，やや形態水準が下がることもある。

(2) 情緒的側面

　R+％の高さから，内面が情緒的に刺激されても基本的には客観的な事実・現実を踏まえることのできる自我の強さを備えている。また M：ΣC や（FM+m）：（T+C′）より，体験型は顕在，潜在ともに内向型であり，自らの思考や欲求を基に外界に関わりやすいタイプと思われる。さらに，Active な運動反応の多さや M：FM の値からも，実際の行動は積極的，活動的であり，自らの欲求に従って行動できる強みがあると考えられる。

　一方で，F％の値から，内面は情緒的に動きやすいと思われる。Ⅰ・Ⅱカードに見られる question for instruction より初頭緊張が強まりやすく，時折の Self-Critic や，detail description から，不全不安の強さに伴ってやや強迫的に特徴を捉える様子もみられた。さらに，Color Shock としてⅡカード②「下半身」において D4 の赤領域の扱いに苦労している点，Ⅷカード①でカメレオンの説明に他の部分の色彩を用いている（Content-Symbol Combination）点等から，時に日常生活で経験する様々な情緒体験で動揺が生じ，現実に即した情緒的な意味づけがやや難しくなることがあるかもしれない。感情カテゴリでは Anxiety の比率が相対的に高く，不安反対反応（Acnph）や防衛反応（Adef）など，不安に対する防衛も推測された。また Dependency の比率がやや低いこと，今回は材質反応が見られなかったことも合わせると，依存・愛情欲求を明確に意識することはやや苦手で，1人で頑張りすぎる傾向があるだろうか。なお，Hostility の比率の低さから，攻撃性はやや強く抑圧されている可能性がある。

　ただし，FC+CF+C，ΣC，Ⅷ・Ⅸ・Ⅹ /R％より，やや強めであるが情緒の外的統制は効いており，衝動的な情緒表出は見られないと考えられる。また Positive Feeing の比率がやや高いこと，Ⅰカード（③人が立っている⇒④コウモリ）やⅨカード（②気持ち悪い女性が笑っている⇒③インコのような小動物が木陰で休んでいる）などで一旦低下した形態水準の回復が見られる点などから，現実検討力

が立ち直る自我機能の強さも備えている。

(3) 対人的側面

　人間関係反応（H%）と人間運動反応の高さが示すように，人への感受性や興味関心は高い。これは評価懸念なども含め，対人的過敏さに繋がりうるかもしれないが，人間関係反応の形態水準は保たれており，現実人間反応（Pure H）の割合は高く，ペア反応も多い。よって，適切な共感性を発揮しながら人と関係を構築できる力があると思われる。さらにP反応を含め，反応の基礎的な概念は適切な（頻度の高い）反応が多いことから，対人認識は現実的で，周囲と同じものの見方が可能と考えられる。

(4) まとめ

　達成欲求や不全不安が影響するためか，断定的な言語表現はやや少なめであり，時に強迫的な関わりとなることがある。また論理的・抽象的な思考形式を持ち，色彩を中心とした図版特徴への感受性を持っておられるが，color shock のため，特に多色彩図版で感情体験の意味づけがぎこちなくなることがありうる。しかし，高い知的機能を備え，適切に形態を捉えたP反応中心の現実的な知覚が可能であり，反応の質を立て直せる自我機能の強さが見られる。そして周囲の人と建設的な関わりを結ぶことが十分可能であり，ご本人の対人的な興味，関心は現実的に生かされやすいと考えられる。

6．他の検査結果と解釈

(1) バウムテスト（図 12-1）

　教示は「実のなる木を描いてください」。描画時間は5′22″。主な描き順は根⇒地面⇒幹⇒枝⇒実。悩みながら少しずつ描き足されていくような様子が印象的であった。「大木を描きたいなと。さらに大きく成長

図 12-1　バウムテスト

するイメージです」。

　木全体の大きさ，幹の太さ，筆圧などから，強い情緒，エネルギー，活動性の高さが感じられる。また上向きの枝，検査後のコメント，右上の枝に1つだけなっている大きな実なども合わせ，周囲の環境への強い興味や，まだまだ成長したいという強い達成欲求が推測される。一方描画中の様子からは，なかなか具体的な目標の姿が決まり辛いこと，幾度か重なって描かれた描線の様子からは，周囲に対する緊張感や不安の強さも感じられた。

(2) SCT

　筆圧はやや強く，丁寧な字で記入されている。記述量は長くとも2行以内に収まっている。また，記述内容は現実的であり，論理的な矛盾点も見られない。まず「（私の不平は）正直者がバカを見るようなことです」や，「（夫）として父として家族をしっかり守りたいです」など，正義感が強く，理念を大切にされていることが伝わってくる。趣味の一つであるスポーツに関する言及もしばしば見られる。一方で，「（家では）のんびりと過ごすことが好きです」，「（私の野心）は特にありませんが，穏やかに明るく過ごしていきたいです」と，静かに過ごすことにも価値を置かれているようであった。なお，「（私はよく人から）頼りになると言われますが，嬉しい反面，責任を感じて少し大変です」，「（私のできないことは）たくさんあるので，できる人に助けて貰いたいです」と，現実的な対人関係を意識した，内省的な記載も見られた。

7．見立て，解釈のポイント

　SCTに見られた「（私の不平は）正直者がバカを見るようなことです」との記載は，検査者から見て最もご本人のイメージに当てはまった記載であり，一本筋が通ったパーソナリティを表しているようで印象的であった。この点でも，今回の検査状況は，ロールシャッハ法で見られたようなご本人の達成欲求や不全不安といった諸特徴が強まりやすかった可能性を考慮すべきであろう。

　ご本人の社会適応に繋がっている部分としては，ロールシャッハ法の解釈で触れた，P反応を含め基本的な知覚が十分に保たれている点，反応継起の立ち直りが見られる点，特にⅡ・Ⅲ・Ⅶカードで質の良い人間運動反応を伴ったペアの人間反応が産出されている点などが考えられた。すなわち基本的な知覚に関しては

周囲を知覚する際の常識性や共有の程度に，反応継起の立ち直りに関しては日常生活で情緒的なストレスを受けた際の回復の程度に，人間反応に関しては人に興味を持ち共感的に関わることのできる力を示すものと思われる。

　また，検査後の感想では，検査者とのコミュニケーションを通じてご自身の内面が整理されていったという体験が報告された。この点はご本人の自我機能の強さを示すと同時に，今回ロールシャッハ法で出現しなかったスコアの言語化という点も含め，ご本人のさらなる内面的な成長を示す可能性を示唆するものと考えられた。

引用・参考文献

森田美弥子・髙橋靖恵・髙橋　昇・杉村和美・中原睦美（2010）実践ロールシャッハ法
　　──思考・言語カテゴリーの臨床的適用──．ナカニシヤ出版.
名古屋ロールシャッハ研究会（編）（2018）ロールシャッハ法解説──名古屋大学式技法
　　──．金子書房.
髙橋雅春・髙橋依子・西尾博行（2009）ロールシャッハ・テスト形態水準表．金剛出版.

第13章
ロールシャッハ指標の紹介

　ロールシャッハ法（もしくはロールシャッハ・テスト）を実施すると，その結果から，実にたくさんの指標を求められる。従来考案されてきた指標の中には，片口法やR-PASのような実施・解釈の体系に属さないものも少なくない。しかし，そうした体系に含まれないことそれ自体は，必ずしもそれらの指標が時代遅れであったり，無益であったりすることを意味しない。実際，そうした指標群の中にも，臨床や研究に活用可能なものは存在する。しかし，特に初学者がそれを勘よく見つけ出すことは容易でないだろう。そこで本章では，主要な体系に含まれない指標を中心に紹介していく。したがって，たとえばR-PASに採用された自我損傷指標，片口法の修正BRSやRSS，名大法の思考・言語カテゴリーなどは，それぞれよく研究された指標ではあるが，本章では取り扱わない。ただし，原法とは違った形で諸体系に取り込まれた指標もいくらかあるので，必要と思われるものについては，その注釈付きで紹介する。また，ここに挙げる指標を独習するうえで，参照可能な文献についても可能な限り紹介していく。本章で提供するのはあくまで概説なので，ここで挙げられる指標を利用する際には，そのための資料を直接参照してほしい。

1.　ロールシャッハ予後評定尺度

　ロールシャッハ予後評定尺度（Rorschach Prognosis Rating Scale: 以下，RPRS）は，クロッパー（Klopfer）を中心とした研究グループによって開発された指標であり（Klopfer, Kirkner, Wisham, & Baker, 1951），心理療法の効果をよく予測することが知られている（Meyer & Handler, 1997）。RPRSではM反応，FM反応，m反応，陰影反応，色彩反応，形態水準について，それぞれ評定基準が設けられている。

その基準によって各反応の RPRS 素点を算出し，加重点に変換したうえで，すべての加重点を合計すると，RPRS の値が求められる。なお，後に考案された RPRS の短縮版は強度得点（Strength Score: 以下，SS）と呼ばれているが（Cartwright, 1958），これはクロッパーが RPRS を自我強度の指標とみなしていたことと関係する。SS では，M 反応，色彩反応，形態水準の3つを RPRS と同じ基準で評定し，得点の高い2つを合計することで値が得られる。なお RPRS はクロッパー法に基づく指標であり，他のシステムを利用している場合は，コーディング基準の違いに注意しなければならない。

　ここでは，河合（1969）によって邦訳された RPRS の評定基準を紹介する。RPRS の基本的な評定基準を表 13-1 にまとめた。M，FM，m のいずれかがコー

表 13-1　ロールシャッハ予後評定指標（RPRS）の評定基準

各反応の評定基準	評点
A. 人間運動反応	
1. 空間における運動の量	
a　生活空間の増加（ダンス，走る，話し合うなど）	1
b　生活空間の減少（おじぎする，ひざまづくなど）	0.5
c　単なる生存（眠っている，横たわるなど）	0
2. 運動を見ることの自由さ	
a　自発的に運動を見る	1
b　運動の表現に，仲介的な手段を用いる。（誰かが歩いている絵）	0.5
c　質問段階でしぶしぶ与えられる。あるいは，場面の論理的な構成からのみ生じたとき	0
3. 文化的なへだたり	
a　近接文化領域内の現実性を有する人	1
b　文化的へだたりのある現実性を有する人物，その文化領域内で普通の空想的な人物像。装具などにより事実上人間の形をかくされている人物像（ウバンギー人，スーパーマンなど）	0.5
c　特異な空想的人物，文化的，歴史的に極端にへだたりのある人物（ネアンデルタール人など）	0
B. 動物運動反応	
1. 空間における運動の量	
a　生活空間の増加	1
b　生活空間の減少	0.5
c　単なる生存	0
2. 運動を見ることの自由さ	
a　自発的に運動を見る	1
b　運動の表現に，仲介的な手段を用いる	0.5
c　質問段階でしぶしぶ与えられる。あるいは，場面の論理的な構成からのみ生じたとき	0

3. 文化的なへだたり

  a その文化領域内で，普通の現存する動物（犬，熊，かに，くも，ライオンなど）   1

  b 現存する珍しい動物, 普通の絶滅した動物, その文化領域内で普通の空想的動物（恐竜，   0.5
     ミッキーマウスなど）

  c 特異な空想的，あるいは文化的に極端にへだたりのある動物   0

C. 無生物運動反応

1. 自然の，あるいは機械的な力

  a 引力に抗する力（爆発，ロケット，火山など）   1

  b 引力によるもの（おちてくる）   0.5

2. 抽象的な力

  a 無生物に投影された表情（悪魔的な評定をしたカボチャ）   1

  b 反発力，あるいは吸引力   0.5

  c 力の消散（とけるアイスクリーム）   0

D. 濃淡反応

反応

  Fc（暖かさ，柔らかさ，透視），FK   1

  Fc 否定，Fc（冷たさ，固さ）   0.5

  K，KF   0

  Fc（色彩として使用された濃淡），Fk，kF，k，cF   −0.5

  Fc−，FK−，Fc（不健全な状態にある内蔵），c   −1

全記録に対する特性

  濃淡回避   −0.5

  濃淡への感受性欠如   −1

E. 色彩反応

FC   1

CF（爆発的，または受動的），Cdes，色彩否定，Csym（昂揚的），色彩について不快感を   0.5
示す感想

F ↔ C（強制的，あるいは無造作な結合），F/C，C/F   0

Csym（抑うつ的），不健全な状態にある内臓として用いられた色彩，CF（何らの感情を伴   −0.5
わずに与えられた爆発的な反応）

FC−，CF−，C，Cn，色彩錯合   0

F. 形態水準

1. 記録中に形態水準を"弱める"明細化（その反応の携帯水準が 0.5 を引かれるような明細化）が
生じたときは，全記録の加重形態水準評定から，0.5 を減じる。

2. 全記録中の最低の形態水準評定が負数であり，それと最高の形態水準評定との差が，3.0 以上のと
きは，加重点から 1.0 を減じる。

3. 上記の 2 つは，1 つの記録に累加して用いる。すなわち，上記の 2 つが，1 つの記録中に生じた
ときには，平均形態水準から 1.5 を減じる。

表 13-2　RPRS 素点を加重点に変換するための基準粗点の範囲

加重点	粗点の範囲		
	M	FM	m
3	5 〜 10.9	–	–
2	3 〜 4.9，11 〜 15.9	–	3 〜 5.9
1	1 〜 2.9，16 〜 20.0	2 以上	1 〜 2.9，6 〜 10
0	1 より小，20 より大	1 〜 1.9 FM 粗点が M 粗点の 2 倍以上	0 〜 0.9，10 より大
–1	0 より小	0 〜 0.9	0 より小
–2	–	0 より小	–

表 13-3　RPRS 加重点の解釈的意義

加重点の範囲	段階	解釈的意義
17 〜 13	I	少しの助力を必要とするだけで，ほとんど自力で立ち直ることができる有望なケース
12 〜 7	II	自力で問題を解決する点では，上記のものほどではないが，ある程度の助力で，かなり良くなる。
6 〜 2	III	確率は 1/2 より大，いかなる治療も何らかの助けとなる。
1 〜 –2	IV	確率は 1/2
–3 〜 –6	V	困難なケース。少しは良くなるかもしれないが，一般に予想は良くない。
–7 〜 –12	VI	望みなし。

ドされた反応を，それぞれの基準に従って評定する。たとえば M 反応であれば，空間における運動の量，運動を見ることの自由さ，文化的なへだたりという 3 つの基準で各 M 反応を評定し，基準に対応した 3 つの得点を得る。次に，反応ごとに 3 つの得点を平均し，その反応の得点を決定する。なお，形態水準が－の反応には –1 点が与えられる。最後に，全 M 反応の得点を合計することで，M 反応の粗点が得られる。FM と m についても，これと同様の手続きで粗点を求める。濃淡反応と色彩反応は，各反応の評定値を合計することで，それぞれ粗点を求める。なお，副分類に対しても上記の評定を行う。

　粗点を加重点に変換するための基準を表 13-2 に示した。ここでは，M，FM，m の粗点がどの範囲にあるかを確認し，3 から –2 までの加重点に変換する。濃淡反応と色彩反応は，評定に用いた項目数で粗点を割り，それを 3 倍することで加重点が求められる。形態水準は，クロッパー法に基づく平均形態水準得点をそのまま粗点とし，表 13-1 の基準による修正を行うことで加重点が得られる。以

上の方法で得られた加重点を合計し，表 13-3 の基準で解釈する。解釈に関する詳細については，河合（1969）の『臨床場面におけるロールシャッハ法』や，片口（1987）の『改訂 新・心理診断法』等を参照してほしい。

2. 思考障害の指標

　ロールシャッハ法は，統合失調症をはじめとした精神病性の疾患に関する査定によく用いられる。その際，よく参照されるのが形態水準であり，これは現実検討力や知覚の正確性を反映する指標だと考えられている。これに加えて，思考過程や思考内容の質を評価したり，思考障害の有無を査定する際にも，ロールシャッハ法は有益な情報を提供する。たとえば，ラパポート（Rapaport）による逸脱言語表現と，それを指標化したワトキンス（Watkins）の Δ%，さらに包括システムおよび R-PAS における特殊スコア群は，推論や概念化等の障害を示唆するものだと考えられている。これら以外にも，思考障害に関するロールシャッハ指標は数多いが，ここでは代表的なものを 3 つ紹介する。

　思考過程に関する指標の 1 つに，ホルト（Holt）によるロールシャッハ一次過程スコアリングシステム（Primary Processing Scoring System: 以下，Pripro システム）がある（Holt & Havel, 1960）。これは，精神分析理論における一次過程的思考の様相を，ロールシャッハ課題中の言語表現から把握するための方法である。よって，精神医学的な意味での思考障害というよりは，むしろ性や攻撃といった一次過程的な思考内容の顕れと，それに対する自我の防衛や統制に焦点を当てた，より包括的な方法だと理解すべきだろう。この包括性ゆえに，コーディングの体系は複雑で難しく，ホルト自身もその習得には多くの時間と経験を要すると述べている（Holt, 2009）。とはいえ，そもそも Pripro システムは研究での利用を念頭に置いたものだったため，日常的な臨床での使い勝手については，保証の限りではないのかもしれない。なお，Pripro システムについては吉村（2000, 2002 等）が一連の研究を行っているほか，クレイガー（Kleiger）による解説も訳出されている（Kleiger, 1999 馬場・吉村・小嶋訳 2010）。

　ワグナー（Wagner, 2001）によって考案されたコーディングとスコアリングの体系であるロジカル・ロールシャッハ（以下，LR）と，その指標である TETRAUT は，思考障害や器質性の問題を検出することに重点を置いている。コーディングはこの重点と関連するものに限定されていて，従来のシステムと比べてコーディング

の手続きは大幅に簡易化されている。曰く，訓練された臨床家は 1 プロトコルを 10 分でコードできるとのことで，日々の業務に追われる臨床家にとっては大変魅力的に映ることだろう。しかし，残念なことに LR を日本語で学ぶ機会はそう多くない。この点は今後に期待したい。

　上記の指標以外にも，思考障害を査定するためのロールシャッハ指標は数多く開発されてきた。その中でも，特にその妥当性を高く評価されているのが，ホルツマン（Holzman）らが開発した思考障害指標（Thought Disorder Index: 以下，TDI）である（Johnston & Holzman, 1979）。TDI は，ロールシャッハ課題中の言語表現に反映された思考障害の重篤度から，反応を 4 つの水準に区分して評価する。すなわち，最軽度のものは .25，中等度のものは .50 および .75，そして最重度では 1.0 の評価値が与えられる。そして，各水準には複数の反応カテゴリーが設定されている。紙幅の都合上，詳細は省かざるを得ないので，クレイガーによる『思考活動の障害とロールシャッハ法』（Kleiger, 1999 馬場・吉村・小嶋訳 2010）を参照してほしい。TDI を算出する際には，各水準の反応数とその水準の評価値を積算して合計し，反応数で割ったうえで 100 を掛ける，という手続きが取られる。TDI のカットオフ値は確定していないが，ホルツマンの研究グループは，0 ～ 10 が低水準，11 ～ 16 が軽度，17 ～ 22 が中等度，22 以上が重篤な水準の思考障害を示すという暫定的な基準を，クレイガーへの私信で明らかにしている（Kleiger, 1999 馬場・吉村・小嶋訳 2010）。本邦でもこの基準が適用できるかどうかは，検討の余地が残る。

3.　防衛機制の指標

　精神分析的な概念のうち，もっとも頻繁に指標化されてきたものの 1 つが防衛機制である。たとえば，先述した Pripro システムは一次過程に対する防衛効果の評価を含むものであったし，抑圧様式のロールシャッハ指標（Rorschach index of repressive style）（Levine & Spivack, 1960）もまた，その一例に挙げることができる。この指標は各反応に伴う言語表現を，特異性，明細化，衝動的反応，一次過程思考の表出，自己関連，運動の表出，連想の流れという 7 つの次元で評定していくものであり，抑圧機能の程度を反映するものと定義されている。大まかにいえば，反応に伴う言語化が乏しく，過度に一般化されていて，あまり明細化されていないとき，この指標得点は低くなるのだという。この指標は十分な心理測定的支持

を得ていないが，1つの観点としては学ぶところがあるかもしれない。

　防衛機制に関するロールシャッハ指標のうち，信頼性と妥当性の支持されたものとして知られるのが，ラーナー防衛尺度（Lerner Defense Scale: 以下，LDS）である。人格構造に関する精神分析理論の発展に伴い，防衛機制は前エディプス期の病理に基づくものと，エディプス期の病理に基づくものに分けられるようになった。LDS はこうした理論的発展に対応したもので，スプリッティング，脱価値化，理想化，投影性同一視，否認といった原始的防衛機制を評価することができるのだという。LDS の評定方法は複雑だが，ラーナー（Lerner）自身による『新装版 ロールシャッハ法と精神分析的視点』（Lerner, 2013 溝口・菊池訳 2016）にまとめられているので，適宜参照してほしい。

　クーパー（Cooper）らの考案したロールシャッハ防衛尺度（Rorschach Defense Scale: 以下，RDS）もまた，人格構造の水準を踏まえたロールシャッハ指標である（Cooper, Perry, & Arnow, 1988）。RDS は神経症，境界，精神病の3水準を網羅しており，そのため15の防衛機制を評価対象としている。神経症水準は抑圧，合理化，隔離，反動形成，知性化，神経症的否認，ポリアンナ的否認からなり，境界水準は脱価値化，万能感，原始的理想化，投影，投影性同一視，スプリッティングからなる。そして精神病水準には，軽躁否認と，大規模否認（massive denial）が含まれる。こうした包括性は臨床や研究で活かせそうだが，筆者の知る限り，マニュアルは公開されていない。

4.　対象関係の指標

　ロールシャッハ図版のいくつかは，人間に見えやすい構造的特徴を有している。とはいえ，それは人間を写実したものではないから，人間に関する反応には，必然的に被験者が持つ人間表象の有り様が混入してくる。時に，曖昧な形を補うイメージとして，または，対をなす人間像の関係性にまつわる主題として，さらには，運動や内面といった図版に存在しない要素を付け加えるような形で，我々は人間や関係性の表象をそこに反映させる。もちろん，全ての反応がそれを反映しているわけではない。したがって，ロールシャッハ法から被験者の対象関係を査定したいならば，反応を逐一精査していくしかない。問題は，それをどのように行えばよいか，である。以下に紹介する対象関係の指標は，その観点を提供するものであり，同時にその定量化を試みたものである。

　対象関係に関するロールシャッハ指標として最もよく研究され，その妥当性についても一定の支持を得ているのが，ユリスト（Urist）による相互自律性尺度（Mutuality of Autonomy Scale: 以下，MOA）である（Urist, 1977）。MOA では，複数の対象間の相互作用や，それらの関係性に関する言及を含む反応が評定対象となる（例えば，「二人の人が一緒に楽しく踊っている」，「熊がもう一匹の熊を殺そうとしている」といった反応）。評定に際しては，反応に表現された関係の様相に注目する。MOA の分類基準で重視されるのが，相互性と自律性である。つまり MOA は，他者との相互的なやりとりを含む関係性（相互性）と，その関係における他者との分化（自律性）を査定のポイントに置いたものと理解できる。ここでは，相互的でありながら，自律性を保っている表象がより健康的なものとみなされる。逆に，自他未分化で，相互性のバランスが乏しい反応ほど健康度が低く，場合によっては病理的なものとみなされる。MOA は7段階の順序尺度であり，1が最も健康的で，7が最も病理的であることを意味する。そして，対象となる反応全てをこの7段階で評定する。指標化に際しては，もっとも良い評定値を採用する，もっとも悪い評定値を採用する，平均値を求める，合計値を求める，といった様々な方法が試されてきたが，最近の研究では，合計値を用いる方法が支持されているようだ。こうして得られた指標から，被検査者の対象関係を評価しようとするのが MOA である。

　手続きや評定基準について詳述する紙幅は無いが，MOA は本邦でも盛んに研究されてきたので，日本語で読める資料は豊富である。比較的新しいものとしては，高瀬による一連の研究が参考になるだろう。なかでも高瀬（2015）は，MOA の評定基準を詳細に検討したうえで，高い評定者間信頼性を有する評定基準表を提供しており，実用にあたって現状最も役立つ資料のひとつだと言える。なお，MOA は R-PAS にも採用されているが，そこでは MAH（相互自律性−健康）と MAP（相互自律性−病理）の2分類に簡略化されている。これは，7段階を2分類にすることで評定の複雑さを減らし，実用に際しての障壁を取り除くことを意図したものであった（Meyer, Viglione, Mihura, Erard, & Erdberg, 2011 高橋監訳 2014）。簡略化には恩恵もあるが，情報の損失を伴うのが常である。もしもその複雑さに宿る理論的豊かさに触れたければ，まずは元の MOA を学ぶのが良いだろう。

　他の対象関係指標としては，対象概念尺度（Concept of the Object on the Rorschach scale: 以下，COR）を挙げることができる（Blatt, Brenneis, Schimek, &

Glick, 1976）。この指標は，本邦ではよく DACOS（Developmental Analysis of the Concept of Object Scale）と呼ばれる。この別称からもわかるように，この指標は人間表象を発達的観点から分析するものである。COR では，人間表象を含む全ての反応を，その正確さに基づいて F+（正確）と F-（不正確）に分類する。さらに，各反応を分化，分節化，統合という 3 つの基準で評価し，正確さの分類ごとに合算することで，OR+ と OR- という 2 つのスコアを算出する。MOA ほどではないが，COR も本邦で比較的よく用いられる対象関係指標であり，特に鈴木による一連の研究が参考になる。たとえば，鈴木（1994）は COR の評定基準を紹介するとともに，それを用いた研究のレビューを行っている（ここではDACOSと表記されている）。より詳細な情報に触れたければ，開発者であるブラット（Blatt）も著者に加わった解説が出版されているので（Levy, Meehan, Auerbach, & Blatt, 2005），それを参照すると良い。また，OR+ と OR- を 1 つの指標にまとめる方法や，総反応数の影響を統制する方法も提案されており（Fritsch & Holmstrom, 1990），COR を研究で利用する際には特に参考になるだろう。

　『新装版 ロールシャッハ法と精神分析的視点』のなかで，ラーナーは対象関係に関する他のロールシャッハ指標を概観しており，自身もピアジェ（Piaget）の認知発達理論とマーラー（Mahler）の分離・個体化理論を統合したロールシャッハ指標を提案している。本邦ではあまり使われていない印象だが，特有の観点を持っているので，興味があればまず『新装版 ロールシャッハ法と精神分析的視点』を手にとると良い。他にも，欲動，自我，対象関係の観点を統合した指標として，精神分析的ロールシャッハ・プロフィール（Psychoanalytic Rorschach Profile）を挙げることができる（Burke, Friedman, & Gorlitz, 1988）。これは，心理性的発達の様相や自我構造の性質とともに，対象関係の特徴を指標化するという野心的なものだが，評定基準の詳細は公にされていない。

5.　身体像境界得点

　フィッシャー（Fisher）とクリーヴランド（Cleveland）によって開発されたロールシャッハ身体像境界得点（Body Image Boundary Score: 以下，BIBS）は，被検査者の身体像や自我境界に関する情報を提供する指標だと考えられている（Cleveland & Fisher, 1954; O'Neill, 2005）。BIBS はこれまでによく研究されてきた指標の 1 つであり，本邦でも比較的取り上げられることが多い（佐渡・伊藤・田中・

山本, 2009)。この指標は事物の境界や表面を強調した反応に注目するもので, 境界の強さや明確さを反映する防衛得点（Barrier Score）と, 境界の弱さや弾力性を反映する浸透得点（Penetration Score）という, 2つの下位尺度からなる。

　次に, BIBS の評定基準について述べるが, これにはいくつかのバージョンが存在するため, どの基準を用いるかは検討の余地があるかもしれない。ひとまずここでは, 木場・木場（1980）を基に簡単な説明を行う。防衛得点は, ものの表面の性質やその特徴について述べた反応, 保護的な性質を持つ反応, 表面を目立たせたり装飾したりする機能を持つ反応, 入れ物としての性質を持つ反応に対して評定される。たとえば, 衣類や装身具, 動物の表皮や殻, 器や建造物などがこれにあたる。浸透得点は, 出入り口としての穴, 表面の通過および透過, 表面の破壊や損傷, 変形, 脆さ, 弱さに言及された反応, 境界が不明確な反応に対して評定される。たとえば, 身体の開口部, 身体表面の損傷, 透けた表面, 洞窟など自然の出入り口, 幽霊のような輪郭の不明確なものがこれにあたる。防衛得点と浸透得点は, 上記の基準を満たした反応数を, 全反応数で割ることによって求められる。

　BIBS は独特の観点を持つロールシャッハ指標であり, 他では得難い情報を与えてくれる。また, 反応内容や言語表現をもとに評定されるため, どのようなシステムを用いていても導入しやすい。R-PAS には採用されなかったものの, 研究知見もそれなりに蓄積されており（O'Neill, 2005; 佐渡他, 2009）, 目的次第では, 研究にも臨床にも活用し得る指標のひとつだといえよう。

6.　最近の発展

　本章では, 様々な特徴に関するロールシャッハ指標を紹介してきた。上に挙げたものの他にも指標は数多く存在するが, 紙幅の都合上, その全てに言及することはできない。そこで, 近年の展開として比較的新しい指標を2つ紹介し, 本章を閉じることとする。

(1)　課題への関与（Task Engagement）

　Task Engagement（以下, TE）は, ロールシャッハ反応の主成分分析によって構成された指標であり（Meyer, 1997）, ロールシャッハ課題への関与の大きさという, 基本的な反応スタイルを反映したものと考えられている。この指標の算出

式は以下の通りである：TE = .436(Col Shd Blends) + .372(FY) + .325(FC′) + .300(FC) + .300(CF + C) + .290(m) + .290(R) + .270(S) + .240(FM) + .220(FV) + .210(W) + .190(MOR) + .180(M) − .240(L)。このとき，まずカッコ内の各反応数を z 変換し，それらをこの式に代入すれば，TE が求められる。z 変換は，得られたサンプルをもとに行われる。そのため，TE はもっぱら数量研究で利用されるものと理解してよい。ただし，信頼できる基準データが参照できるなら，それをもとに z 値を得ることで，臨床でも利用できる可能性はある。

　TE の妥当性を直接的に検証した研究は見当たらないが，いくらかの研究で，その有用性が示されてきた。マイヤー（Meyer）は，ロールシャッハ法とMMPI-2 とで反応スタイルが一貫している場合にのみ，両検査に含まれる類似した指標間に強い相関関係が認められることを示した（Meyer, 1997）。その際，ロールシャッハ法における反応スタイルの分類に TE が用いられている。さらに，TEが高い者は，ロールシャッハ法の結果が時間的に安定しやすいことが明らかにされている（Sultan, Andronikof, Réveillère, & Lemmel, 2006）。こうした知見は，ロールシャッハ法の数量研究を行う際，TE を考慮することで，より明確な知見が得られる可能性を示している。なお，R-PAS における複雑性スコアは，TE と類似した目的を有した指標だとされているが（Meyer et al., 2011），複雑性スコアは TEと若干異なる方法で算出される。複雑性スコアの詳細については，適宜 R-PASマニュアルを参照してほしい。

(2) 万能感指標

　ロールシャッハ万能感指標（Rorschach Omnipotence Scale: 以下，ROS）は，ノーヴィック（Novick）らによる精神分析的な万能感理論をもとに開発された新しい指標である（Homann, 2018）。万能感は先述した RDS でも測定の対象となっているが，そこでは自己愛性や尊大さといった側面が注目されており，権力や支配，コントロールといった万能感の重要な側面が十分に考慮されていない。ROS はこれらを含めた測定を意図した指標であり，強さとコントロール（Strength and Control: 以下，S/C），魔術性（Magic），万能的な陳述（Omnipotent Comments: 以下，Comm）という 3 つの下位尺度からなる。

　ROS の詳細な評定基準が，開発者であるホマン（Homann）によって公開されている（Homann, 2018, supplement 1）。ここでは，下位尺度ごとに概説しておくので，利用する際には上記資料を参照して欲しい。まず S/C では，社長や総理大

臣といった権力者，スーパーヒーローや巨人のような著しく強大な力を持つ者，強力な宗教的対象（神仏など），他者をコントロールする者，勝者やチャンピオン，完璧さを特徴とした人物，または上記に関連するような物品が，万能感を反映した対象として評定の対象となる。万能感には，権力や支配，コントロール，優越性，完璧主義といったテーマが含まれることから，S/C の評定対象となる反応は攻撃的なものになりやすいのだという。しかし，単なる攻撃は万能感を反映したものとはいえず，そこに権力や支配といったニュアンスが併存するときに，はじめて S/C の評定対象となる。たとえば，虎を単に攻撃するだけだと評定の対象にはならず，虎を調教するために攻撃するような場合には評定の対象となる。魔術性については，魔術師や魔女といった魔術性のある対象，魔法やテレパシーといった魔術性のある行為，さらには魔術や超自然的な力に関係する物体が評定の対象となる。Comm は，非検査者の言語反応に含まれる万能感のニュアンスに注目して評定される。具体的には，検査者に対する「どうするべき」とか「どう考えるべき」といった言及や，万能性を含む自己同一視，または被検査者自身が図版から知覚した対象に関する「明らかに」とか「絶対に」といった言及がこれにあたる。実際の評定に際しては，これらの基準を 1 つでも満たしていれば，その反応を 1 と評定する。そして，すべての評定値を合計することで，ROS の指標である OMN が求められる。

　ROS については，ホマンがいくらかの実証的な検討を行っているが，その心理測定的な性質については，まだほとんど明らかになっていない。しかしながら，その理論的背景は興味深く，今後さらに発展していく可能性は十分にあるものと思われる。

　以上，本章では代表的なロールシャッハ指標を紹介した。紙幅の都合上，本章での紹介を見送った尺度もあった。たとえば，レーヴン色彩マトリクスと極めて強く関連する発達指標（Developmental Index）などは（Stanfill. Viglione, & Resende, 2013; Resende, Viglione, Martins, & Yazigi, 2019），今後 R-PAS への導入も含めて注目されていくことだろう。

　本章で述べたことと相反するように思われるかもしれないが，ロールシャッハ指標は万能ではないし，極端な量的分析からは抜け落ちてしまう臨床的素材も少なくない。量的分析に関する議論は従来盛んに行われてきたが，最近のものでは田澤（2013, 2014）による論考が参考になるかもしれない。ロールシャッハ指標

を相対化する視点を持つうえで，一読を勧めたい。そうしたメタ的な視点を含め，本章で紹介したロールシャッハ指標に関する知見が，読者の臨床と研究に活かされることを期待したい。

引用文献

Blatt, S. J., Brenneis, C. B., Schimek, J. G., & Glick, M. (1976) Normal development and psycho-pathological impairment of the concept of the object on the Rorschach. *Journal of Abnormal Psychology*, 85, 364-373.

Burke, W. F., Friedman, G., & Gorlitz, P.（1988）The Psychoanalytic Rorschach Profile: An integration of drive, ego, and object relations perspectives. *Psychoanalytic Psychology*, 5, 193.

Cartwright, R. D.（1958）Predicting response to client-centered therapy with the Rorschach PR Scale. *Journal of Counseling Psychology*, 5, 11-17.

Cleveland, S. E., & Fisher, S.（1954）Behavior and unconscious fantasies of patients with rheumatoid arthritis. *Psychosomatic Medicine*, 16, 327-333.

Cooper, S. H., Perry, J. C., & Arnow, D.（1988）An empirical approach to the study of defense mechanisms: I. Reliability and preliminary validity of the Rorschach defense scales. *Journal of Personality Assessment*, 52, 187-203.

Fritsch, R. C., & Holmstrom, R. W.（1990）Assessing object representations as a continuous variable: A modification of the concept of the object on the Rorschach scale. *Journal of Personality Assessment*, 55, 319-334.

Holt, R. R.（2009）*Primary process thinking: Theory, measurement, and research.* London: Aronson

Holt, R. R., & Havel, J.（1960）A method for assessing primary and secondary process in the Rorschach. In Rickers-Ovsiankina, M. A.（Ed.）, *Rorschach psychology*. Oxford, UK: Wiley. pp. 263-315.

Homann, E.（2018）The Rorschach Omnipotence Scale and closed-system processing. *Psychoanalytic Psychology*, 35, 454-461.

Johnston, M. H., & Holzman, P. S.（1979）*Assessing schizophrenic thinking: A clinical and research instrument for measuring thought disorder*. San Francisco, CA: Jossey-Bass.

片口安史（1987）改訂 新・心理診断法．金子書房．

河合隼雄（1969）臨床場面におけるロールシャッハ法．岩崎学術出版社．

木場清子・木場深志（1980）ロールシャッハ身体像境界得点についての基礎的研究（第1報）．ロールシャッハ研究，22, 33-45.

Kleiger, J. H.（1999）*Disordered thinking and the Rorschach*. London: Routledge.［馬場禮子（監訳）吉村 聡・小嶋嘉子（訳）（2010）思考活動の障害とロールシャッハ法──理論・研究・鑑別診断の実際──．創元社.］

Klopfer, B., Kirkner, F., Wisham, W., & Baker, G.（1951）Rorschach Prognostic Rating Scale.

Journal of Projective Techniques and Personality Assessment, 15, 425-428.

Lerner, P. M.（2013）*Psychoanalytic perspectives on the Rorschach*. London: Routledge.［溝口純二・菊池道子（訳）（2016）新装版 ロールシャッハ法と精神分析的視点.　金剛出版.］

Levine, M., & Spivack, G.（1960）*The Rorschach Index of Repression: Manual of instructions for scoring*. Devon, PA: Devereux Foundation.

Levy, K. N., Meehan, K. B., Auerbach, J. S., & Blatt, S. J.（2005）Concept of the object on the Rorschach Scale. In Bornstein, R. F. & Masling, J. M.（Eds.）, *Scoring the Rorschach: Seven validated systems*. London: Routledge. pp. 97-134.

Meyer, G. J.（1997）On the integration of personality assessment methods: The Rorschach and MMPI. *Journal of Personality Assessment*, 68, 297-330.

Meyer, G. J., & Handler, L.（1997）The ability of the Rorschach to predict subsequent outcome: A meta-analysis of the Rorschach Prognostic Rating Scale. *Journal of Personality Assessment*, 69, 1-38.

Meyer, G. J., Viglione, D. J., Mihura, J. L., Erard, E. E., & Erdberg, P.（2011）*Rorschach Performance Assessment System: Administration, coding, interpretation, and technical manual*. Toredo, OH: R-PAS Products.［高橋依子（監訳）高橋真理子（訳）（2014）ロールシャッハ・アセスメント システム——実施，コーディング，解釈の手引き——.　金剛出版.］

O'Neill, R. M.（2005）Body Image, Body Boundary, and the Barrier and Penetration Rorschach Scoring System. In Bornstein, R. F. & Masling, J. M.（Ed.）, *Scoring the Rorschach: Seven Validated Systems*. London: Routledge. pp. 159-190.

Resende, A. C., Viglione, D. J., Martins, L. D., & Yazigi, L. (2019) Criterion validity of the Rorschach Developmental Index with children. *Journal of Personalirity Assessment*, 101, 191-198.

佐渡忠洋・伊藤宗親・田中生雅・山本眞由美（2009）わが国の身体像境界得点の文献展望.　岐阜大学カリキュラム開発研究，27, 100-108.

Stanfill, M. L., Viglionc, D. J., & Resende, A. C.（2013）Measuring psychological development with the Rorschach. *Journal of Personalirity Assessment, 95*, 174-186.

Sultan, S., Andronikof, A., Réveillère, C., & Lemmel, G.（2006）A Rorschach stability study in a nonpatient adult sample. *Journal of Personality Assessment*, 87, 330-348.

鈴木正義（1994）ロールシャッハ尺度による対象関係の発達的アセスメント—— DACOS と MOAS ——.　ロールシャッハ研究，36, 125-136.

高瀬由嗣（2015）ロールシャッハ相互自律性（MOA）尺度の評定基準と信頼性.　ロールシャッハ法研究，19, 65-74.

田澤安弘（2013）現行のロールシャッハ・テストへ の方法論的懐疑（その 1）.　北星学園社会福祉学部北星論集，50, 93-111.

田澤安弘（2014）現行のロールシャッハ・テストへの方法論的懐疑（その 2）.　北星学園社会福祉学部北星論集，51, 61-79.

Urist, J.（1977）The Rorschach test and the assessment of object relations. *Journal of Personality*

Assessment, 41, 3-9.

Wagner, E. E.（2001）*The logical Rorschach*. Los Angeles, CA: Western Psychological Services.

吉村　聡（2000）一次過程的思考と創造性——ロールシャッハ・テストと言語連想課題における連想の独創性に関する一考察——. ロールシャッハ法研究, 4, 1-10.

吉村　聡（2002）ロールシャッハ・テストにおける一次過程的思考と感情. 心理臨床学研究. 19, 598-607.

おわりに

　校正作業が終わりつつある現在，都内の感染者が緊急事態宣言解除後に再度増加し，第2波到来か，と騒がれている。この COVID-19 をめぐる状況は，人々を不安にさせ差別を生み，さらに豪雨災害も重なって暗澹たる思いにさせている。

　そのような中で，カウンセリングを求めて来院・来訪されるクライエントたちも，そうした不安からカウンセリングを一時中断したい，あるいはその頻度を下げてほしいと望む人もいれば，まったく外のことなど気にせずに毎回きちんとやってくる人もおり，受け止め方は人それぞれなのだと改めて思う次第である。

　加えて，マスクをしてのカウンセリング，ソーシャルディスタンスが推奨される状況下でのカウンセリングとは，私たち臨床家のスタンスとは逆ではないかという思いが拭えずに，この葛藤を生きていくしかない，この先には何があるのかという思いを禁じ得ない。したがって，現状でのロールシャッハの結果は，普段以上に C′ や Y 系の数が増えているのかと想像もするが，やはり人それぞれなのだろうと思い直したりもする。要するに，迷っているのである。

　さて，迷う日々の中でも紆余曲折を経てようやく本書も完成の日を迎えることができた。本書の編纂動機などは「はじめに」でも述べたが，各章の個性的な執筆陣—あえて統一したフォーマットを用意しなかったので，表などにも執筆者の個性が出ていると思われる—の尽力もさることながら，本書の意義に賛同してくださり，それぞれのデータ提供等に快く同意していただいたみなさまにあらためて感謝の意を表したい。彼（女）らの協力なくしては本書は成立し得なかったのであるから。そして，金子書房の井上誠氏には，企画段階から相談に乗っていただき，テレワークの中での丹念な編集作業を経て完成に至るまでお付き合いをいただいたことに改めて感謝する次第である。

　本書を手に取っていただいた感想はいかがであろうか。個人的には，さまざまな事例を掲載することができてよかったと思っている。最近の出版傾向としてわかりやすさが求められているが，そのような意味では本書はわかりにくいかもしれない。かつて，読書とは著者との対話である，と教わったものであるが，日常の臨床活動に際して迷いが生じたときに本書を参考にして，読者が本書との対話を通して，読者自身の答えを導くことに本書が貢献できるのであれば幸いである。

多様性が求められる現在,本書との対話も多様であってしかるべきであり,「正解」にこだわるのではなく,読者自身の答えを見つけてほしい。

編者　伊藤宗親

●執筆者紹介

伊藤宗親（いとう・むねちか）／岐阜大学（はじめに・第 2 章・第 6 章・第 7 章・第 12 章・おわりに）

小川俊樹（おがわ・としき）／筑波大学名誉教授（第 1 章・第 11 章）

服部信太郎（はっとり・しんたろう）／岐阜病院（第 2 章・第 6 章）

青木佐奈枝（あおき・さなえ）／筑波大学（第 3 章）

山崎恵莉菜（やまざき・えりな）／平川病院（第 4 章）

佐々木裕子（ささき・ひろこ）／聖徳大学（第 4 章・第 5 章）

柘植久恵（つげ・ひさえ）／岐阜病院（第 7 章）

小野聡士（おの・さとし）／筑波大学（第 8 章）

小粥展生（こがゆ・のぶお）／法務省矯正局（第 8 章）

髙岸百合子（たかぎし・ゆりこ）／駿河台大学（第 9 章）

坂本由紀子（さかもと・ゆきこ）／なでしこメンタルクリニック（第 10 章）

袴田雅大（はかまだ・まさひろ）／きまたクリニック（第 12 章）

岩佐和典（いわさ・かずのり）／就実大学（第 13 章）

（所属は執筆時）

●編者紹介

伊藤 宗親（いとう・むねちか）

岐阜大学教育学部教授　臨床心理士／公認心理師　専攻は臨床心理学

1967年東京都に生まれる。1995年筑波大学大学院心理学研究科単位取得退学。

主な著書　投影法の現在：現代のエスプリ（分担執筆　至文堂）

　　　　　精神病理学の蒼穹（分担執筆　金剛出版）

　　　　　アンチストレスぬりえ（日本語版監修　美術出版社）

　　　　　投影査定心理学特論（共編　放送大学出版局）

事例で学ぶ　ロールシャッハ法入門

2020年10月28日　初版第1刷発行　　　　　　　　　　　　　　　　　　　　　　検印省略
2023年10月26日　初版第2刷発行

編　　者　　伊藤宗親
発 行 者　　金子紀子
発 行 所　　株式会社金子書房
　　　　　　〒112-0012　東京都文京区大塚3-3-7
　　　　　　TEL 03-3941-0111　FAX 03-3941-0163
　　　　　　振替　00180-9-103376
　　　　　　URL　https://www.kanekoshobo.co.jp
印刷／藤原印刷株式会社
製本／有限会社井上製本所